Lect… …olari

Clasa a II-a

„Descoperă bucuria lecturii, iar când vei termina de citit cartea, îți dorim să spui: Îmi PLACE SĂ CITESC!".

Înv. [illegible]

Înv. [illegible]

Editura ASTRO

Editor: George Huzum
Coperta: Laura-Teodora Rădulescu

Descrierea CIP a Bibliotecii Naţionale a României
Lecturi pentru şcolari : clasa a II-a / selecţia textelor:
Daniela Dumitrescu. - Bucureşti : Astro, 2013
ISBN 978-606-8148-40-3

I. Dumitrescu, Daniela (antolog.)

821.135.1-93-822(075.33)
82-93-822=135.1(075.33)

Editura ASTRO
Ştr. Iacob Negruzzi, nr. 37A,
Sector 1, Bucureşti
Tel./Fax: 021 223 04 51

Comenzi la:
www.cartea-mea.ro
www.cartescolara.ro
www.depozit-de-carti.ro
www.pro-librarie.ro

EMIL GÂRLEANU (1878-1914)

Cioc! cioc! cioc!

Şi păsările se-nţeleg între ele. Dumneavoastră poate nu mă veţi crede. Atâta pagubă! Dar eu ştiu multe asupra lucrului ăstuia de la gaiţa mea, de la gaiţa mea care, fiindcă am învăţat-o să vorbească omeneşte, mi-a descoperit câteva taine ale graiului păsăresc. D-ta, spre pildă, auzi ciripind o rândunică, crezi că i-a venit, aşa, un gust să facă gălăgie, în vreme ce dânsa dă poveţe puişorilor ei: „Nu ieşiţi la marginea cuibului!" „Nu strigaţi când nu sunt eu cu voi!" „Tst! pisica!" O vrabie ciripeşte pe gard. D-tale puţin îţi pasă. Şi ei, biata! i-a sărit inima din loc: „Uliul!" În nopţile cu lună asculţi privighetoarea, – te încântă; ajungi să crezi că pentru tine îşi revarsă în gâlgâiri ploaia de mărgăritare. Nici nu bănuieşti că-şi plange numai dragostea ei

Aşa, mulţumită gaiţei mele, am ascultat, deunăzi, o convorbire între un măcăleandru şi-un scatiu. Să v-o spun.

„Cioc! cioc! cioc!" se aude de departe. Măcăleandrul zice:

— E ciocănitoarea!

— Ciocănitoarea, răspunse scatiul, ce-o fi ciocănind mereu?

— Caută veveriţa, îl desluşi măcăleandrul.

— Veveriţa? De ce?

— Urâţi îmi sunteţi voi, scatiii, că nu ştiţi nimic. Nu-i cunoşti povestea? Să ţi-o spun!

(Mărturisesc că vreo câteva ciripiri nu le-am înţeles, dar le-am ţinut însă minte. Acasă i le-am spus gaiţei, şi gaiţa mi le-a tălmăcit. Aşa vă pot spune întocmai, după zisele măcăleandrului, povestea ciocănitorii:)

— Demult, m-asculți, scatiule? începu măcăleandrul, demult tare, la-nceput, pe când oamenii erau puțini de tot, şi poamele şi mai puține, veverița a dat, într-o bună zi, peste un pom ciudat, cu roadă rotundă, tare, dar cu miezul dulce şi gustos. Dăduse, frate, peste alun. I-au plăcut alunele şi, vezi, ființă prevăzătoare, să nu mai pățească cum o pățise când rosese o iarnă întreagă coaja copacilor, să se hrănească, ce i-a venit în gând? Să strângă alune! Şi şi-a umplut scorbura de cu toamnă. Tocmai se bucura că dăduse norocul peste dânsa, făcea planuri mari, să nu se mişte toată iarna din căsuța ei, nici cu vârful botului să nu miroase vifornița, când, într-o bună dimineață, se zgârie la un picior într-o coajă. Caută, – coajă de alună! De unde? că ea nici nu se atinsese încă de merindele strânse. Cercetează: un sfert de alune mâncate! S-a mâhnit veverița, dar s-a și mâniat. S-a pus la pândă, să prindă pe hoț. S-a ghemuit în fundul scorburii, una cu copacul, și-a așteptat. Ce era? Ciocănitoarea, cum o vezi: sai ici, vâră-te colea, dă de scorbură, în scorbură de alune, și, cum e iscusită, a înțeles ea că-n alune trebuie să fie ceva. Plisc are, slavă Domnului! Craț! iaca și miezul. Bun! Craț-craț-craț, s-a pus pe mâncat. Din ziua aceea venea în fiece amiază să-și ia prânzul. În dimineața când o pândea veverița, a sosit tot așa zglobie, dar de-abia intră în scorbură, că veverița se repezi. Ciocănitoarea vroi s-o zbughească afară, dar veverița o prinsese de coadă! Dă-i în sus, dă-i în jos, lasă coada, ca șopârla, în laba veveriței, și pe ici ți-i drumul. Mai târziu, când i-a venit inima la loc și s-a văzut fără coadă, s-a întors la veveriță să se roage de dânsa. N-a mai intrat în scorbura ei și, smerită, a bătut cu ciocul: Cioc! cioc! cioc! Dar veverița își mutase culcușul! De atunci mereu ciocănește la fiecare copac, dar nici că dă de răspuns...

— Zi, de atunci, întrebă scatiul, n-are ciocănitoarea coadă?...

— Vezi bine... Ssst! Uite-o...

Mă uit și eu. O fulgerare roșie străbate luminișul. Ciocănitoarea se cațără cu ghearele de trunchiul unui mesteacăn și-l ciocănește de jos până sus. Apoi trece la alt copac, și la altul. Fagul sună mai tare, frasinul mai înăbușit. Un stejar găunos răsună ca un hârb. Și ciocănașul bate mereu, se duce, se șterge din ochii mei. De-abia se mai aude, departe:

Cioc! cioc! cioc!

Scatiul piruie iar:

— Știi una, frate măcăleandru? Eu cred că tot ce mi-ai spus sunt numai niște vorbe. Ea ciocănește fiindcă suge din mustul copacilor, i-o fi plăcând hrana asta.

Măcăleandrul se supără:

— Se cunoaște că ești pasăre neisprăvită. S-o fi hrănind ea cu mustul copacilor, dar ce și-o fi zis: „Dacă mi-i dat să ciocănesc mereu, cel puțin să trag din asta un folos, să mă hrănesc!"

— Așa-i! încheie scatiul.

Acestea le-am auzit mai deunăzi povestite de către un măcăleandru unui scatiu. Un lucru însă: dacă veniți cineva pe la mine, să nu spuneți cumva gaiței mele cele ce v-am destăinuit. Mă asurzește cu ocările. Vă rog!

Cât un fir de neghină

„Nu trebuie să fii cât un munte de mare ca să poți judeca. Ci de-ai fi cât o neghină, ori cât un fir de colb, dacă ai în căpușorul tău scânteia dumnezeiască ce cuprinde lumea, ţi-i de ajuns: ştii ce eşti, de unde vii şi-ncotro trebuie să te îndrepţi." Gândirea aceasta i-o spusese gânganiei o furnică. Şi spusa muncitoarei îi intrase atunci pe o ureche şi-i ieşise pe alta. De-abia văzuse de câteva zile lumina soarelui, pământul, florile! În iarbă i-au părut toate un rai; dar când a întins aripioarele şi-a zburat, mirându-se că poate să străbată aerul, când apoi a căzut istovită de oboseală, pe-o frunză, atunci întâiaşi dată a cunoscut greul. Şi spusele furnicii i-au venit în minte... Ce era? O gânganie mică, fără strălucire, rotundă, ca o sămânţă. De unde venea? Din iarbă; ţinea minte că se trezise sub o *rochiţa-rândunicii*. Dar încotro avea să se îndrepte? Ei, asta era greul!

S-a coborât de pe frunză şi-a purces să caute din nou furnica. A umblat încoace, încolo, – furnica nicăieri. Altele a întâlnit, dar grăbite. Furnicile nu prea stau de vorbă. A mers mult şi bine; altă gândire n-a mai auzit. „Înţelepciunea e rară", se gândea biata gânganie. Şi acesta a fost al doilea necaz al ei. E greu începutul! Într-o zi o prinse ploaia; din nebăgare de seamă, căzu într-un şivoi. De-abia scăpă, pe-un pai. Iar altă dată, ce spaimă, Doamne! stătu o clipă, fără suflare, sub talpa cizmei grădinarului. Avusese noroc de-o pietricică ce lăsase lângă dânsa un gol. De ce-ţi atârnă viaţa în ziua de azi! Dar trebuia să se păzească cu tot dinadinsul. Trai e acela când eşti nevoit să-l cumpăneşti în fiecare clipă? Umbla numai pe dibuitele: cercetând, ocolind, ispitind. Colo e apă, dincolo oameni, mai la o parte un cărucior cu copii. „La ce m-a lăsat Dumnezeu dacă n-am părticica mea de pământ? se întreba gângania. Unde să mă aşez ca să rămân liniştită?" Atunci în faţă i se ridică deodată casa, locuinţa stăpânului grădinii. „Sus, acolo, trebuie să fie bine... dar e prea înalt." Să se ridice cu cumpătare. Întâi zbură pe vârful unei gherghine; de acolo, pe-un copăcel, pe-un călin; pe urmă, pe iedera dimprejurul balconului. În sfârşit, iat-o: a ajuns. S-a aşezat pe marginea streşinii. Uf! Cum arde tabla. Soarele o dogoreşte, un chin! Vasăzică, şi aici, iad. Şi gândul o munci iar: Ce rost avea pe lume?... Toate celelalte vietăţi păreau că au o chemare. Şi fluturul? Cum de nu. Dar fluturul e încântarea ochilor, floare zburătoare, o picurare vie din curcubeu. Furnica îşi face casă, agoniseşte, trăiesc mii la un loc; furnica, dacă ar fi de o sută de ori mai mare, i-ar fi destulă mintea pe care o are acum, în vreme ce atâtea dobitoace, mari cât munţii, dacă ar fi de o sută de ori mai mici, nu le-ar ajunge mintea pe care o au cum sunt. Albina... toate, toate. Şi ea? Seama ei pe lume?...

În clipa aceea gâza prinse cu ochişorii o semene a ei zburând pe sus, căutând poate un loc de scăpare ca şi dânsa. Dar nici n-apucă bine să se uite la ea, când, ca o săgeată, o rândunică se repezi din cuibul de sub streaşină şi prinse din zbor tovarăşa de suferinţă. Peste o clipă se auziră ţipătele de bucurie ale puişorilor cărora rândunica le aducea hrană. Şi gângania, biata, îşi dete seama: „Vezi, asta e soarta noastră: să hrănim păsările, care au ce căuta pe lume!”...

... Gâza întinse aripioarele, se lăsă în gol, pluti puţin; apoi săgeată străbătu din nou aerul. Se auzi o pâlpâire de aripi. Şi, îndată, puişorii primeau, gălăgioşi, pe mama bună ce le aducea iar hrană.

Sărăcuţul

S-a iscat un vârtej ca din senin. S-a înşurubat în pământ, apoi a pornit-o, tehui, peste câmp, curţi şi livezi, luând cu el tot ce găsea mai uşor în cale. Şi dacă de pe jos fura flori, pene şi hârtii, de pe-o ramură luă un cărăbuş, un cărăbuş mititel, castaniu, cu aripile fragede, cu ochişorii ca două neghiniţe. Cărăbuş de primăvară. Când l-a luat vârtejul pe sus, și-a strâns și el piciorușele și a văzut că poate zbura fără să dea din aripi.

Vârtejul și-a făcut gustul, și-n mijlocul unui drum de țară, lângă o curte, s-a înțepenit o clipă ca un sfredel, apoi, s-a topit deodată, lăsând tot ce luase, baltă, la pământ. Când s-a trezit, privi împrejur: un drum prăfuit. Și din capătul drumului, țanțoș, cu pieptul în platoșă, cu pintenii arcuiți, venea un cocoș. „Ia! Scap de unul și dau peste altul, își zise cărăbușul; ăsta mă-nghite!" Cocoșul s-a apropiat, s-a uitat cu un ochi la cărăbuș și a trecut mândru înainte. „Am scăpat!" gândi cu bucurie cărăbușul, și se întoarse să privească după cocoș. Atunci încremeni de spaimă. Din celălalt capăt al drumului sosea un curcan. Cărăbușul se făcu mai mic decât era, ținându-și sufletul: „Acuma chiar c-am pățit-o!" Când ajunse curcanul în dreptul cocoșului, se înroti, își roși mărgelele și își dădu capul peste spate; iar cocoșul scoase pieptul și mai în afară, se înălță în picioare și forfecă aripile de câteva ori în pământ: își dădeau bинețe. Cocoșul s-a dus, curcanul se feri parcă să nu calce cărăbușul când îl ajunse, și acesta, bietul, răsuflă: „Bine c-am avut noroc!" Dar deodată, de după un gard, sări, mare, cu coada rotundă cât soarele la răsărit, un păun. Pasărea se legănă o clipă, apoi își strânse coada și zbură în drum. „De ăsta nu mai scap!" crezu cărăbușul. Păunul s-a apropiat, l-a răsturnat cu ciocul pe spate, apoi iar l-a întors cum îl găsise și, lăsându-l, își văzu de drum. Cărăbușului nu-i venea să-și creadă ochilor că mai e în viață. Dar uite: colo e drumul, sub el – hârtia, pe dreapta – gardul, – trăiește. Ia să zboare acuma, cât putea mai repede, de-acolo, pe vreo creangă de copac. Să-și încerce aripile. Și le desfăcu. În clipa aceea un pui de sturz, mai mărișor ceva decât o nucă, zbură spre el. „Ei! De așa păsări mici, mai de seama mea, mi-i drag și mie”, gândi cărăbușul, pregătindu-se chiar să dea sturzului „ziua-bună”. Dar sturzul se lăsă lângă bucățica de hârtie, deschise pliscul, apucă, cu lăcomie, cărăbușul și: hap! hap! mai să se înece, îl înghiți.

Sărăcuțul cărăbuș!

De pe gard, o vrabie, care văzuse multe în viața ei, își așezase puișorii în rând, să privească, de cum zărise cărăbușul jos. Și acum își lua zborul într-alt loc, strigându-și după dânsa odraslele care duceau în minte o învățătură mai mult.

O rază

S-a desprins raza din ghemul ei de aur și a rătăcit prin senin. Și-n întâia zi, tremurătoare, căută pe ce să se oprească.

Într-o poiană din mijlocul unei păduri găsi urma copitei unui cerb plină ochi de apa ploilor. Vroi să se strecoare în unda rece, dar în clipa aceea, un biet lup, slab de i se vedeau coastele, dădu buzna dintr-un desiș, se repezi, sorbi apa, tulbură ce mai rămase, apoi se prăbuși în cealaltă margine a pădurii, după o căprioară care tocmai trecea.

Raza călători mai departe.

Munți, dealuri, văi: ai ce cutreiera în lume când te-ai așternut la drum.

Pe-un câmp, o grămadă de oameni prăfuiți, osteniți, aduși de șale, merg delaolaltă. Pe umeri de-abia își duc puștile cu spăngile ascuțite. Raza îi urmărește; ar vrea să se înfășoare ca o sârmă de aur împrejurul spăngii călătorului celui mai obosit, rămas în urmă. Dar, deodată, un sunet de goarnă răzbate până în adâncuri. Călătorii se opresc, își îndreaptă trupurile, privesc, iscoditori și crunți, înainte, scot puștile, și-ntr-o clipă, dimpotriva lor alți oameni se arată. O sclipire: dușmanii se aruncă unii spre alții, puștile răzbubuie, spăngile se-nroșesc în piepturi. Călătorul obosit din urmă, însetat adineoare poate ca și lupul din pădure, acum e și el o fiară. Pe luciul de oțel al puștii lui se prelinge sângele.

Înfiorată, raza călătorește mai departe. Când vrei să rătăcești, ai unde. Așa, raza ajunge deasupra unui târg.

Într-o casă mare, bogată, într-un salon, o mulțime de femei și de bărbați sorb ceaiul aromat. Râs, vorbă; și-un vals molatic se desprinde de pe clapele pianului, sub degetele subțiri și albe ale cântăreței. Ce mâini frumoase! Iar la degetul cel mic, o piatră prețioasă, un diamant, parcă atrăgea raza: din înalt, ea se coboară, și-n clipa ceea degetul fetei părea că fulgeră de focuri. Uimită, mândră, cântăreața se oprește, frânge cântecul și se uită cu îngâmfare împrejur:

— Uitați-vă la diamantul meu, zice celor din odaie.

Dar raza se furișează, și ochii tuturor privesc răutăcioși.

Mai departe. Un colț curat, senin și liniștit nu e pe lumea aceasta?

Într-un alt târg, într-o mahala sărăcăcioasă, la o colibă. Fereastra mică e deschisă; lângă fereastră, mama, cu fața suptă de neodihnă, își leagănă copilașul bolnav pe genunchi. Micuțul stă cu ochișorii verzi deschiși, pieptul mai nu i se ridică, buzele albe mai nu se pot mișca. Se gândește mama: câte necazuri, câte nădejdi, și acum! Și cum gândea astfel, o lacrimă, curată ca un mărgăritar, îi izvorăşte din ochi, mamei, şi i se anină de geană. Şi-atunci raza pribeagă se topi în lacrimă şi o polei.

Iar copilaşul, care de mult nu se mai înviorase, o zări; întinse mânuşiţa spre obrazul mamei şi zâmbi usor.

Puişorii

Sub lumina trandafirie a unui blând apus de soare, pământul pare adâncit într-o odihnă neclintită: frunzele aţipesc, pregătindu-se pentru tihnitul somn al nopţii; în depărtări, miriştile scânteiază singuratice, ca nişte ţesături de fir; iazul îşi aşterne faţa umedă, sorbind, până în adânc, din lumina asfinţitului. Din jos, din văi, răsună talanca; iar pe deal, în vii, doineşte fluierul.

În aer, un popor întreg de rândunele se pregăteşte de plecare; s-au adunat rând pe rând de prin părţile acestea şi, de bucurie, în zbor nebun, străbat văzduhul ca nişte săgeţi. Atrase de întinsul sclipitor al iazului, ele se lasă deasupra lui, ca o perdea, apoi, răzleţindu-se în ciripiri ascuţite, se avântă cu toatele înspre păduricea de sălcii; ascunzându-se, rătăcesc prin frunzişul răcoros, apoi o iau de-a lungul miriştilor şi iar se întorc în bătaia lină a aripilor. De după deal vine în zbor rotat un uliu. Pasărea de pradă pare că nu ia în seamă mulţimea paserilor călătoare. Ele îl zăresc; un strigăt de îmbărbătare, şi stolul întreg năvăleşte la luptă. Uliul ocoleşte iscusit prin aer, şi piere cu repeziciunea fulgerului dincolo de deal. A scăpat! Rândunelele, vesele de această fugă, plutesc sus, crezând că l-or mai vedea; zarea rămîne însă limpede, şi dânsele se întorc obosite de se înşiră pe vârful şurelor de paie...

Pe prispa casei, copilaşul numai în cămăşuţă, cu capul gol, urmăreşte de mult jocul stolului de paseri, printre care se află şi cei trei pui ai lui, din cuibul de humă de sub streaşină.Îi căpătase dar de la mămuca lui.

De câte ori era neastâmpărat, mămuca îi zicea: „Fii cuminte, dacă vrei să-ţi dau puii când or creşte mari!"

Şi el a fost cuminte, puii au crescut mari, dar în urmă au zburat! El îi văzuse cum au ieşit zilele trecute de s-au jucat prin aer, dar parcă niciodată nu zburaseră mai mult ca astăzi.

Şi-şi cunoaşte el destul de bine puii: sunt cei de la mijlocul şurii din dreapta, trei, unul lângă altul, sau cei de lângă aceştia, dacă n-or fi chiar cei de la capăt. Toţi parcă seamănă unii cu alţii, şi-s aşa de sus, aşa de sus!...

Păsărelele s-au odihnit puţin, apoi şi-au şoptit nu ştiu ce, au scos un strigăt vesel şi s-au ridicat deodată cu toatele. Câteva din ele s-au despărţit o clipă din stol, au atins uşor streaşină casei, apoi s-au pierdut iarăşi în mulţimea celorlalte. Puişorii copilaşului îşi luau rămas bun de la el şi de la cuibul lor de humă.

Stolul mai ocoli de vreo două ori iazul, apoi se înălţă şi porni încet să lunece spre asfinţit.

Copilaşul privi lung stolul care se pierdea, ca o fluturare, în adânc, apoi duse mânuşiţele la ochi şi începu să plângă.

Maică-sa aruncă furca şi veni în fugă de-l luă în braţe; în cuvinte dezmierdătoare îl întrebă ce are.

Copilul nici nu poate vorbi de atâta năvală de lacrimi. Întinde mâna spre cer, îi arată stolul care lunecă în zbor necurmat, şi de-abia îi poate şopti:

— Puişorii...

Mama îl strânge la sân şi îl săruta cu drag:

— Nu plânge, puiul mamei, au să se-ntoarcă înapoi... la primăvară...

Copilaşul se linişteşte; punând mânuşiţa deasupra ochilor, ca mămucă-sa, privesc împreună stolul pe zarea depărtată a cerului.

Şi lumina slabă a duiosului asfinţit de toamnă le îneacă ochii înrouraţi acum la amândoi.

Fișă de lucru

1. Răspundeţi în scris la întrebări:

- Ce personaje recunoaşteţi în textele de mai sus?
- De ce era supărat copilul din *Puişorii*?
- Aţi citit şi alte povestiri de Emil Gârleanu?

2. Alcătuiţi propoziţii folosind cuvintele: frunză, fulger, zare, stol, vânt, trandafir, pui.

3. Despărţiţi în silabe cuvintele: fluier, copilaş, ghimpe, dimineață.

4. Desenaţi o imagine reprezentativă pentru povestirea *Sărăcuțul*.

5. Scrieţi o compunere cu titlul *O rază*.

OCTAVIAN GOGA (1881-1938)

Toamna

Văl de brumă argintie
Mi-a împodobit grădina
Firelor de lămâiţă
Li se uscă rădăcina.

Peste creştet de dumbravă
Norii suri îşi poartă plumbul,
Cu podoaba zdrenţuită
Tremură pe câmp porumbul.

Şi cum de la miazănoapte
Vine vântul fără milă,
De pe vârful şurii noastre
Smulge-n zbor câte-o şindrilă.

De vifornița păgână
Se-ndoiesc nucii, bătrânii,
Plânge-un pui de ciocârlie
Sus pe cumpăna fântânii.

Îl ascult şi simt sub gene
Cum o lacrimă-mi învie:
Ni se-aseamănă povestea,
Pui golaş de ciocârlie.

Moş Crăciun

Moş Crăciun cu barba albă, moş Crăciun cu traista plină,
Vechi stăpân atât de darnic al copilăriei mele,
Azi la noi în sat te-aşteaptă toată casa cu lumină,
Cu colinde şi cu cântec şi cu crai ceteţi de stele.

Tu te furişezi în taină pe la fiecare poartă,
Cu păşirea ta tiptilă nu laşi urme pe zăpadă,
Dar te simte-ntreg cuprinsul oropsiţilor de soartă,
Când laşi binecuvântarea peste capul lor să cadă.

Tu cobori şi-n sara asta, tu cobori ca totdeauna,
Pe pământul greu de rele, sol bătrân de gânduri bune,
Şi-nveşmânţi c-un văl de pace răzvrătirea-nviforată...
Cum te-aşteaptă-n sat la mine!... Du-te, du-te, Moş Crăciune...

De nu ţi-o fi peste mână treci şi pe la casa noastră,
Biată mama-ngândurată azi e singură la masă,
Tu măcar o rază-n suflet îi trimite pe fereastră,
Când vezi neatins şi vinul şi colacul de pe masă.

Apoi pleacă, Moş Crăciune... pe oriunde-şi duce darul
Bătrâneasca şi cinstita şi curata noastră lege;
Numa-n lumea mea străină nu-ncerca să treci hotarul,
Căci şi inima şi casa ţi-s închise-aici, moşnege!...

Asfinţit

Crai bătrân, pornit spre ruga,
Vine-Amurgul de pe munte,
Împărţind cernite-odăjdii

Brazilor cu bărbi cărunte.
Umiliţi se-ndoaie brazii,
I se-nchină, i s-apleacă,
Şi cu zvon de surle-l lasă
Pe Măria-Sa să treacă.

Stăruie domol moşneagul,
Mai coboară, mai se suie,
Şi-nspre marginea pădurii
Stă la colţ de cărăruie.
Ostenit, pe-un zgheab s-aşază
Şi clipind tremurătoare
Genele lui argintate,
Ce mi-şi vede, ce mi-l doare?

Măre, colo, mai departe,
Se îmbină două creste,
Şi-n poiană ce s-arată
E aievea, nu-i poveste.
Părul galben răsfirându-şi
Răsturnat peste răzoare,
— De huzur i-s roşi obrajii –
Doarme leneş craiul Soare.

Se încruntă greu bătrânul,
Murmurând încet în barbă,
De sfială se cutremur'
Firicelele de iarbă.
Îşi spun taina la ureche:
„Crai de glume, stai ş-adastă,
Moş Amurg aleanu-ţi poartă,
Nu-ţi dă fata de nevastă."

Craiul tânăr sus pe creste
Simte-a ierbilor povaţă,

Şi de jale, biet voinicul
Se întunecă la faţă.
Către casa lui din peşteri
Necăjit moşneagul pleacă.
Brazii-nfioraţi îl lasă
Pe Măria-Sa să treacă.

În oftat se-ndoaie fagii,
Tremură în crâng alunii
Şi deodat' pădurea-ntreagă
A-nţeles durerea Lunii...
Biată Lună tremurată,
În zadar te-arăţi în cale,
Toate florile surate
Plâng de dorurile tale.

Fișă de lucru

1. Răspundeţi în scris la întrebări:

- Cine tremură pe câmp în poezia *Toamna*?
- Ce moment al zilei surprinde poetul în poezia *Asfințit*?
- Ce expresii cunoașteți potrivite celor patru anotimpuri?

2. Alcătuiți propoziții folosind cuvintele: toamnă, plumb, porumb, şură.

3. Despărţiţi în silabe cuvintele: alun, moşneag, povață, îngândurat, pământ.

ION CREANGĂ (1837-1889)

Amintiri din copilărie

Domnişoarei L(ivia) M(Maiorescu)

I.
[Descrierea satului Humuleşti]

Stau câteodată şi-mi aduc aminte ce vremi şi ce oameni mai erau în părţile noastre, pe când începusem şi eu, dragăliţă-Doamne, a mă rădica băeţaş la casa părinţilor mei în satul Humuleşti, din târg drept peste apa Neamţului; sat mare şi vesel, împărţit în trei părţi, care se ţin tot una: Vatra Satului, Delenii şi Bejenii. Ş-apoi Humuleştii vremea aceea nu erau numai aşa, un sat de oameni fără căpătâiu, ci sat vechiu răzăşesc, întemeiat în toată puterea cuvântului: cu gospodari tot unul şi unul, cu flăcăi voinici şi fete mândre, care ştiau a învârti şi hora, dar şi suveica, de vuia satul de vătale în toate părţile; cu biserică frumoasă şi nişte preoţi şi dascăli şi poporani ca aceia, de făceau mare cinste satului lor. Şi părintele Ioan de sub deal, Doamne, ce om vrednic şi cu bunătate mai era! Prin îndemnul său, ce mai de pomi s-au pus în ţinterim, care era îngrădit cu zăplas de bârne, streşinit cu şindrilă, şi ce chilie durată s-a făcut la poarta bisericii, pentru şcoală; ş-apoi să fi văzut pe neobositul părinte cum umbla prin sat din casă în casă, împreună cu bădiţa Vasile a Ilioaiei, dascălul bisericii, un holtei zdravăn, frumos şi voinic, şi sfătuia pe oameni, să-şi deie copiii la învăţătură. Şi unde nu s-au adunat o mulţime de băieţi şi fete la şcoală, între care eram şi eu, un băiet prizărit, ruşinos şi fricos şi de umbra mea.

[Nică la şcolile din Humuleşti şi Broşteni]

Şi cea dintâi şcolăriţă a fost însăşi Smărăndiţa popii, o zgâtie de copilă ageră la minte şi aşa de silitoare, de întrecea mai pe toţi băieţii şi din carte, dar şi din nebunii. Însă părintele mai în toată ziua da pe la şcoală şi vedea ce se petrece... Şi ne pomenim într-una din zile că părintele vine la şcoală şi ne aduce un scaun nou şi lung, şi, după ce-a întrebat pe dascăl care cum ne purtăm, a stat puţin pe gânduri, apoi a pus nume scaunului: „Calul Bălan", şi l-a lăsat în şcoală.

În altă zi ne trezim că iar vine părintele la şcoală cu moş Fotea, cojocarul satului, care ne aduce dar de şcoală nouă, un drăguţ de biciuşor de curele, împletit frumos; şi părintele îi pune nume „Sfântul Nicolai", după cum este şi hramul bisericii din Humuleşti... Apoi pofteşte pe moş Fotea, că dacă i-or mai cădea ceva curele bune, să mai facă aşa din când în când câte unul, şi ceva mai grosuţ dacă se poate... Bădiţa Vasile a zâmbit atunci, iară noi şcolarii am rămas cu ochii holbaţi unii la alţii. Şi a pus părintele pravilă şi a zis: că în toată sâmbăta să se procitească băieţii şi fetele, adică să asculte dascălul pe fiecare de tot ce-a învăţat peste săptămână; şi câte greşeli va face să i le însemne cu cărbune pe ceva, iar la urma urmelor, de fiecare greşeală să-i ardă şcolarului câte un Sfânt-Nicolai. Atunci copila părintelui, cum era sprinţară şi plină de incuri, a bufnit de râs. Păcatul ei, sărmana!

— Ia poftim de încalecă pe Bălan, jupâneasă, zise părintele de tot posomorât, să facem pocinog Sfântului Nicolai cel din cui.

Şi cu toată stăruinţa lui Moş Fotea şi a lui bădiţa Vasile, Smărăndiţa a mâncat papara şi pe urmă şedea cu mâinile la ochi şi plângea ca o mireasă, de sărea cămeşa de pe dânsa. Noi, când am văzut asta, am rămas înlemniţi. Iar părintele, ba azi, ba mâine, aducând pitaci şi colaci din biserică a împărţit la fiecare, de ne-a îmblânzit şi treaba mergea strună; băieţii schimbau tabla în toate zilele, şi sâmbăta, procitanie.

Nu-i vorba, că noi tot ne făceam felul, aşa, câteodată, căci din băţul în care era aşezată fila cu cruce-ajută şi buchile scrise de bădiţa Vasile pentru fiecare, am ajuns la trătaji, de la trătaji la ceaslov, ş-apoi, dă, Doamne, bine! În lipsa părintelui şi dascălului intram în ţintirim, ţineam ceaslovul deschis, şi, cum erau filele cam unse, trăgeau muştele şi bondarii la el şi, când clămpăneam ceaslovul, câte zece, douăzeci de suflete prăpădeam deodată; potop era pe capul muştelor! Într-una din zile ce-i vine părintelui, ne caută ceasloavele, şi, când le vede aşa sângerate cum erau, îşi pune mâinile în cap de necaz. Şi cum află pricina, începe a ne pofti pe fiecare la Bălan şi a ne mângâia cu sfântul Ierarh Nicolai pentru durerile cuvioaselor muşte şi ale cuvioşilor bondari, care din pricina noastră au pătimit. Nu trece mult după asta şi într-o zi prin luna lui mai, aproape de Moşi, îndeamnă păcatul pe bădiţa Vasile tântul, că mai bine nu i-oi zice, să pună pe unul, Nic-a lui Costache, să mă procitească. Nică, băiet mai mare şi înaintat la învăţătură până la genunchiul broaştei, era sfădit cu mine din pricina Smărăndiţei popii, căreia, cu toată părerea mea de rău, i-am tras într-o zi o bleandă, pentru că nu-mi da pace să prind muşte... Şi Nică începe să mă asculte; şi mă ascultă el; şi mă ascultă, şi unde nu s-apucă de însemnat la greşeli cu ghiotura pe o draniţă: una, două, trei, până la douăzeci şi nouă. „Măi!!! s-a trecut de şagă, zic eu, în gândul meu, încă nu m-a gătit de ascultat şi câte au să mai fie!" Şi unde n-a început a mi se face negru pe dinaintea ochilor şi a tremura de mânios... Ei, ei! acu-i acu. „Ce-i de făcut, măi Nică?" îmi zic eu, în mine. Şi mă uitam pe furiş la uşa mântuirii şi tot scăpăram din picioare, aşteptând cu neastâmpăr să vină un lainic de şcolar de afară, căci era poruncă să nu ieşim câte doi deodată; şi-mi crăpa măseaua-n gură când vedeam că nu mai vine, să mă scutesc de călăria lui Bălan şi de blagoslovenia lui Nicolai, făcătorul de vânătăi. Dar adevăratul Sfânt Nicolai se vede că a ştiut de ştirea mea, că numai iaca ce intră afurisitul de băiet, în şcoală. Atunci eu, cu voie, fără voie, plec spre uşă, ies repede şi nu mă mai încurc prin prejurul şcoalei, ci o ieu la sănătoasa spre casă. Şi când mă uit înapoi, doi hojmalăi se şi luase după mine; şi unde nu încep a fugi de-mi scăpărau picioarele; şi trec pe lângă casa noastră, şi nu intru acasă, ci cotigesc în stânga şi întru în ograda unui megieş al nostru; şi din ogradă, în ocol; şi din ocol, în grădina cu păpuşoi, care erau chiar atunci prăşiţi de-al doilea; şi băieţii, după mine! Şi, până să mă ajungă, eu, de frică, cine ştie cum am izbutit de m-am îngropat în ţărnă, la rădăcina unui păpuşoi. Şi Nic-a lui Costache, duşmanul meu, şi cu Toader a Catincăi, alt hojmalău, au trecut pe lângă mine vorbind cu mare ciudă; şi se vede că i-a orbit Dumnezeu, de nu m-au putut găbui. Şi de la o vreme nemaiauzind nici o foşnitură de păpuşoi, nici o scurmătură de găină, am ţâşnit odată cu ţărna-n cap şi tiva la mama acasă; şi am început a-i spune cu lacrămi, că nu mă mai duc la şcoală măcar să ştiu bine că m-or omorî. A doua zi însă, a venit părintele pe la noi, s-a înţeles cu tata, m-au luat ei cu binişorul şi m-au dus iar la şcoală. „Că, dă, e păcat să rămâi fără leac de învăţătură, zicea părintele, doar ai trecut de bucheludeazla şi bucheriţazdra: eşti acum la ceaslov şi mâne – poimâine ai să treci la psaltire, care este cheia tuturor învăţăturilor şi, mai ştii cum vine vremea, poate să te faci şi popa aici, la biserica Sfântului Nicolai, că eu pentru voi mă străduiesc. Am o singură fată ş-oi vedea eu, pe cine mi-oi alege de ginere."

Hei, hei! când aud eu de popă şi de Smărândiţa popii, las muştele în pace şi-mi ieu alte gânduri, alte măsuri, încep a mă da şi la scris, şi la făcut cădelniţa în biserică, şi la ţinut isonul, de parcă eram băiet. Şi părintele mă ie la dragoste, şi Smărândiţa începe din când în când a mă fura cu ochiul, şi bădiţa Vasile mă pune să ascult pe alţii şi altă făină se macină acum la moară. Nica lui Costache cel răguşit, balcâz şi răutăcios, nu mai avea stăpânire asupra mea.

Dar nu-i cum gândeşte omul, ci-i cum vrea Domnul. Într-una din zile, şi chiar în ziua de Sfântul Foca, scoate vornicul din sat pe oamni la o clacă de dres drumul. Se zicea că are să treacă Vodă pe acolo spre mănăstiri. Şi bădiţa Vasile n-are ce lucra? Hai şi noi, măi băieţi, să dăm ajutor la drum, să nu zică Vodă, când a trece pe aici, că satul nostru e mai leneş decât alte sate. Şi ne luăm noi de la şcoală şi ne ducem cu toţii. Şi, care săpau cu cazmalele, care cărau cu tărăboanţele, care cu căruţele, care cu covăţile; în sfârşit, lucrau oamenii cu tragere de inimă. Iar vornicul Nic-a Petricăi, cu paznicul, vătămanul şi câţiva nespălaţi de mazili se purtau printre oameni de colo până colo; şi când deodată numai iaca vedem în prund câţiva oameni clae peste grămadă şi unul din ei mugind puternic. „Ce să fie acolo?" ziceau oamenii, alergând care de care din toate părţile.

Pe bădiţa Vasile îl prinsese la oaste cu arcanul, îl cetluiau acum zdravăn şi-l puneau în cătuşi să-l trimeată la Piatră... Iaca pentru ce scoase atunci vornicul oamenii la clacă. Aşa cu amăgele se prindeau pe vremea aceea flăcăii la oaste... Afurisită privelişte mai fu şi asta! Flăcăii ceilalţi, pe dată s-au făcut nevăzuţi, iară noi copiii ne-am întors plângând pe la casele noastre.

Afurisit să fie câneriul de vornic şi cum au ars el inima unei mame, aşa să-i ardă inima Sfântul Foca de astăzi, lui şi tuturor părtaşilor săi – blăstămau femeile din sat cu lacrimi de foc în toate părţile. Iar mama lui bădiţa Vasile îşi petrecea băietul la Piatră, bocindu-l ca pe un mort!

— Las', mamă, că lumea asta nu-i numai cât se vede cu ochii, zicea bădiţa Vasile mângâind-o; şi în oaste trăieşte omul bine, dacă este vrednic. Oştean a fost şi Sfântul Gheorghe şi Sfântul Dimitrie şi alţi sfinţi mucenici, care au pătimit pentru dragostea lui Hristos, măcar de-am fi şi noi ca dânşii!

Ei, ei! pe bădiţa Vasile l-am pierdut; s-a dus unde i-a fost scris. Şi părintele Ioan umblă acum cu pletele în vânt, să găsească alt dascăl, dar n-a mai găsit un bădiţa Vasile: cuminte, harnic şi ruşinos ca o fată mare. Era în sat şi dascălul Iordache, fârnâitul de la strana mare, dar ce ţi-i bun? Ştia şi el glasurile pe din afară de biserică, nu-i vorbă; dar clămpănia de bătrân ce era; ş-apoi mai avea şi darul suptului... Aşadar şcoala a rămas pustie pentru o bucată de vreme şi câţiva dintre noi, care ne ţineam de părintele Ioan, calea-valea; biserica deschide pe om. Duminicele, bâzâiam la strană şi hârşti! câte-un colac! Şi când veneau cele două ajunuri, câte treizeci, patruzeci de băieţi fugeam înaintea popii de rupeam omătul de la o casă la alta; şi la Crăciun nechezam ca mânzii, iar la Bobotează strigam chiraleisa, de clocotea satul. Şi când ajungea popa, noi ne aşezam în două rânduri şi-i deschideam calea, iară el îşi trăgea barba şi zicea cu mândrie către gazdă:

— Aiştia-s mânzii popii, fiule. Nişte zile mari ca aceste le aşteaptă şi ei cu mare bucurie tot anul. Gătitu-le-aţi ceva bob fiert, găluşte, turte cu julfă şi vărzare?

— Gătit, cinstite părinte; poftiţi de ne blagosloviţi casa şi masa, şi poftim de mai şedeţi să ne şadă peţitorii.

Când auzeam noi de masă, tăbăram pe dânsa ş-apoi aţin-te gură. Vorba ceea:

De plăcinte râde gura;
De vărzare şi mai tare.

Ce să faci, că doar numai de două ori pe an este ajunul? Ba la un loc, mi-aduc aminte, ne-am grămădit aşa de tare şi am răsturnat masa omului cu bucate cu tot în mijlocul casei, de i-a dogorit obrazul părintelui de ruşine. Dar el tot cu bunătate:

— De unde nu-i, de-acolo nu se varsă, fiilor, însă mai multă băgare de seamă nu strică!

Apoi la hramul bisericii se ţinea praznicul câte o săptămână încheiată, şi numai să fi avut pântece unde să pui coliva şi bucatele, atât de multe erau. Şi dascăli, şi popi, şi vlădici, şi de tot soiul de oameni din toate părţile, se adunau la hramul bisericii din Humuleşti; şi toţi ieşeau mulţumiţi. Ba şi pe la casele oamenilor se ospătau o mulţime de străini. Şi mama, Dumnezeu s-o ierte, straşnic se mai bucura, când se întâmplau oaspeţi la casa noastră şi avea prilej să-şi împartă pâinea cu dânşii.

— Ori mi-or da feciorii după moarte de pomană, ori ba, mai bine să-mi dau eu cu mâna mea. Că oricum ar fi tot îs mai aproape dinţii decât părinţii. S-au văzut de acestea!

Şi când învăţam eu la şcoală, mama învăţa cu mine acasă şi citea acum la ceaslov, la psaltire şi Alexandria, mai bine decât mine; şi se bucura grozav când vedea că mă trag la carte;

Din partea tatei, care ades îmi zicea în bătaie de joc:

Logofete, brânză-n cuiu,
Lapte acru-n călămări,

Chiu și vai prin buzunări!

puteam să rămân cum era mai bine: „Nic-a lui Ștefan a Petrei", om de treabă și gospodar în Humulești. Vorba ceea:

Decât codaș în oraș,
Mai bine-n satul tău fruntaș.

Mama însă era în stare să toarcă-n furcă și să învăț mai departe. Și tot cihăia mama pe tata să mă mai dea undeva la școală, căci auzise ea spunând la biserică în Parimii că omul învățat, înțelept va fi, și pe cel neînvățat slugă-l va avea.

Și afară de aceasta, babele care trag pe fundul sitei în 41 de bobi, toți zodierii și cărturăresile pe la care căutase pentru mine, și femeile bisericoase din sat îi băgase mamei o mulțime de bazaconii în cap, care de care mai ciudate: ba că am să petrec între oameni mari; ba că-s plin de noroc, ca broasca de păr; ba că am un glas de înger și multe altele minunății; încât mama, în slăbiciunea ei pentru mine, ajunsese a crede că am să ies un al doilea Cucuzel, podoaba creștinătății, care scotea lacrămi din orice inimă împietrită, aduna lumea de pe lume în pustiul codrilor și veselea întreaga făptură cu versul său.

— Doamne, măi femeie, Doamne, multă minte-ți mai trebuie, zicea tata, văzând-o așa de ahotnică pentru mine. Dacă ar fi să iasă toți învățați, după cum socoți tu, n-ar mai avea cine să ne tragă ciubotele. N-ai auzit că unul, cică s-a dus bou la Paris, unde-a fi acolo, și a venit vacă? Oare Grigore a lui Petre Lucăi de la noi din sat, pe la ce şcoli a învăţat, de ştie a spune atâtea bongoase şi conăcăria pe la nunţi? Nu vezi tu, că dacă nu-i glagore-n cap, nu-i, şi pace bună!

— Aşa a fi, n-a fi aşa, zise mama, vreu să-mi fac băietul popă, ce ai tu?

— Numaidecât popă, zise tata. Auzi, măi! Nu-l vezi că-i tigoare de băiet, cobăit şi leneş, de n-are pereche. Dimineaţa! până-l scoli îţi stupeşti sufletul. Cum îl scoli, cere demâncare. Cât îi mic, prinde muşte cu ceaslovul şi toată ziulica bate prundurile după scăldat, în loc să pască cei cârlani şi să-mi dea ajutor la trebi, după cât îl ajută puterea. Iarna pe ghiaţă şi la săniuş. Tu cu şcoala ta, l-ai deprins cu nărav. Când s-a face mai mărişor, are să înceapă a-i mirosi a catrinţă şi cu astă rânduială n-am să am folos de el niciodată.

Şi, după cum am cinste a vă spune, multă vorbă s-a făcut între tata şi mama pentru mine, până ce a venit în vara aceea, pe la august, şi cinstita holeră de la 48 şi a început a secera prin Humuleşti, în dreapta şi în stânga, de se auzea numai chiu şi vai în toate părţile. Şi eu, neastâmpărat cum eram, ba ieşeam la pârlez, când trecea cu mortul pe la poarta noastră, şi-l boscorodeam cu cimilitura:

Chiţigae, gae, ce ai în tigae?
Papa puilor duc în valea socilor
Ferice de gangur, că şede într-un vârf de soc
Şi se roagă rugului, şi se închină cucului.
Nici pentru mine, nici pentru tine,
Ci pentru budihacea de la groapă,
Să-i dai vacă de vacă şi doi boi să tacă.

Ba îl petreceam până la biserică şi apoi veneam acasă cu sânul încărcat de covrigi, mere, turte, nuci poleite, roşcove şi smochine din pomul mortului, de se încruciau tata şi mama, când mă vedeau cu dânsele. Şi, ca să mă scape de belea, m-au trimis la stână în dumbrava Agapiei, lângă podul Cără-Giţei, unde erau şi oile noastre, să şed acolo până s-a mai potoli boliştea; însă peste noapte a şi dat holera peste mine; şi m-a frământat, şi m-a zgârcit cârcel, şi-mi ardea sufletul în mine de sete; şi ciobanii şi baciul habar nu aveau de asta; numai se întorceau pe ceea parte în ţipetele mele şi horăiau mereu. Iară eu mă târâiam cum puteam până la fântână, în dosul stânei, şi pe nimica pe ceas beam câte un cofăiel întreg de apă; pot zice că în noaptea aceea la fântână mi-a fost masul şi n-am închis ochii, nici cât ai scapără din amnar. Abia despre ziuă s-a îndurat Vasile Bordeianu, strungarul nostru, de s-a dus în Humuleşti, cale de două ceasuri cu piciorul şi a înştiinţat pe tata de a venit cu căruţa şi m-a luat acasă. Şi pe drum necontenit ceream apă, iar tata mă amâna cu momele de la o fântână la alta, până a dat Dumnezeu de am ajuns în Humuleşti. Şi când colo, doftorii satului, moş Vasile Ţandură şi altul, nu-mi aduc aminte, erau la noi acasă şi prăjeau pe foc într-un ceaun mare nişte hoştine cu său; şi după ce mi-au tras o frecătură bună cu oţet de leuştean, mi-aduc aminte ca acum, au întins hoştinele fierbincioare pe o pânzătură şi m-au înfăşat cu ele peste tot, ca pe un copil; şi nu pot şti cât a fi trecut la mijloc, până ce am adormit mort şi de-abia a doua zi, pe la toacă, m-am trezit sănătos, ca toţi sănătoşii:nezeu să odihnească pe moş Ţandură şi tovarăşul său! Şi vorbaceea: „Lucrul rău nu piere cu una cu două”. Până-n sară am şi colindat mai tot satul; ba şi pe la scăldat am tras o raită cu prietenul meu Chiriac a lui Goian, un lainic şi un pierde-vară ca şi mine. Dar tata nu mi-a mai zis atunci nimică; m-a lăsat în voia mea pentru o bucată de vreme.

Peste iarnă, mama iar s-a pus pe capul tatei, să mă deie undeva la şcoală. Dar tata spunea că nu mai are bani de dat pentru mine.

— Lui dascălul Vasile a Vasilcăi îi plătiam numai câte un sorocovăţ pe lună. Iar postoronca de dascălul Simion Fosa din Ţuţuieni, numai pentru că vorbeşte mai în tâlcuri decât alţii şi sfârcăieşte toată ziua la tabac, cere câte trei husăşi pe lună; auzi vorbă? Nu face băietul ista atâţia husăşi cu strae cu tot, câţi am dat eu pentru dânsul până acum!

Când a mai auzit mama şi asta, s-a făcut foc.

— Sărmane omule! Dacă nu ştii boabă de carte, cum ai să mă înţelegi? Când tragi sorocoveţii la musteaţă, de ce nu te olicăieşti atâta? Petre Todosiicăi, crâşmarul nostru, aşă-i că ţi-a mâncat nouă sute de lei; Vasile Roibu din Bejeni, mai pe-atâţia, şi alţii câţi? Ruştei lui Valică şi Măriucăi lui Onofreiu găseşti să le dai şi să le răzdai? Ştiu eu, să nu crezi că doarme Smaranda, dormire-ai somnul de veci, să dormi! Şi pentru băiet n-ai de unde da? Măi omule, măi! Ai să te duci în fundul iadului şi n-are să aibe cine te scoate, dacă nu te-i sili să-ţi faci un băiet popă. De spovedanie fugi ca dracul de tămâie. La biserică mergi din Paşti în Paşti. Aşa cauţi tu de suflet?

— Ian taci, măi femeie, că biserica-i în inima omului; şi dacă voi muri tot la biserică am să şed, zise tata; nu mai face şi tu atâta vorbă, ca fariseul cel făţarnic. Bate-te mai bine cu mâna peste gură şi zi ca vameşul: „Doamne, milostiv fie mie păcătoasei, care-mi tot îmbălorez gura pe bărbat degeaba".

În sfârşit, cât s-a bălăbănit mama cu tata, din pricina mea, tot pe-a mamei a rămas; căci într-o duminică prin câmeleaga, a venit tatăl mamei, bunicu-meu, David Creangă din Pipirig, la noi şi, văzând cearta iscată între tata şi mama din pricina mea, a zis:

— Las', măi Ştefane şi Smărăndücă, nu vă mai îngrijiţi atâta, că azi e duminică, mâine luni şi zi de târg, dar marţi de-om ajunge cu sănătate, am să ieu nepotul cu mine şi am să-l duc la Broşteni cu Dumitru al meu, la profesorul Nicolai Nanu de la şcoala lui Baloş, şi-ţi vede ce-a scoate el din băiet, că de ceilalţi băieţi ai mei, Vasile şi Gheorghe, am rămas tare mulţămit, cât au învăţat acolo. De douăzeci şi mai bine de ani, de când port vornicia în Pipirig, am dus-o cam anevoie numai cu răbuşul. Ce folos că citesc orice carte bisericească, dacă nu ştii a însemna măcar câtuşi de cât, e greu. Însă de când mi-au venit băieţii de la învăţătură îmi ţin socoteala ban cu ban şi huzuresc de bine; acum zic şi eu, că poţi duce vornicia pe viaţă, fără să te simţi. Zău, mare pomană şi-a mai făcut Alecu Baloş cu şcoala ceea a lui, cine vrea să înţeleagă; şi, Doamne, peste ce profesor înţelept şi iscusit a dat? Aşa vorbeşte de blând şi primeşte cu bunătate pe fiecare, de ţi-i mai mare dragul să te duci la el. Ferice de părinţii care l-au născut, că bun suflet de om este, n-am ce zice. Şi mai ales pentru noi, ţăranii munteni, este o mare facere de bine! Când am venit eu cu tata şi cu fraţii mei Petrea şi Alexandru şi Nică din Ardeal în Pipirig, acum şasezeci de ani trecuţi, unde se pomeneau şcoli ca a lui Baloş în Moldova? Doar la Iaşi să fi fost aşa ceva şi la Mănăstirea Neamţului, pe vremea lui mitropolitul Iacob, care era oleacă de cimotie cu noi, de pe Ciubuc Clopotarul de la Mănăstirea Neamţului, bunicul mâne-ta, Smarandă, al cărui nume stă scris şi astăzi pe clopotul bisericii din Pipirig. Ciubuc Clopotarul tot din Ardeal ştia puţină carte, ca şi mine, şi apoi a pribegit de-acolo, ca şi noi: s-a tras cu bucatele încoace ca şi moş Dediu din Vânători şi alţi mocani, din pricina papistăşiei mai mult, pe cât ştiu eu; şi atât era de cuprins, de s-au umplut munţi: Hălăuca, Piatra lui Iepure, Bărnariul, Cotnărelul și Boampele până dincolo peste Patru Vodă, de turmele și tamazlâcurile lui. Și se pomenește că Ciubuc era om de omenie; fiecare oaspe ce trăgea la odaia lui era primit cu dragă inimă și ospătat cu îndestulare. Și se dusese vestea în toate părțile despre bunătatea și bogăția sa. Până și Vodă cică ar fi tras odată în gazdă la Ciubuc; și întrebându-l cu cine mai ține atâta amar de bucate, el ar fi răspuns: „Cu cei slabi de minte și tari de vârtute, măria ta". Atunci Vodă nu s-a putut stăpâni de mirare, spunând: „Ia, asta-i om zic și eu; de-ar fi mulți ca dânsul în domnia mea, puțină lipsă ar duce țara la nevoi!" Și l-a bătut Vodă cu mâna pe umăr, zicându-i:

— Moșule, să știi că de azi înainte ești omul meu și la domnie ți-i deschisă ușa oricând.

Și de atunci i-a mers lui Ciubuc numele de „omul lui Vodă"; încât și până astăzi, un deal în partea despre Plotunul, unde era mai mult așezarea lui Ciubuc, se cheamă „Dealul Omului".

Pe acest deal, Smarandă am fugit în vremea zaverei cu mă-ta, cu tine și cu frate-său Ioan, de frica unei cete de turci, care se bătuse chiar atunci cu volintirii la Secu, și apoi se îndreptară spre Pipirig după jefuit: iar pe soră-ta Măriuca, de grăbiți ce-am fost, o uitasem acasă, pe prispă în albiuță. Și mă-ta, când a dat de copilă că nu-i, a început a-și smulge părul din cap și a o boci înnădușit, zicând:

— Vai de mine și de mine, copila mea au străpuns-o turcii!

Eu însă m-am suit în vârful unui brad și, cum am văzut că apucă turcii spre Plotunul, m-am azvârlit fără sine pe părul unui cal, am alergat acasă și, când colo, am găsit copila teafără; însă răsturnată cu albiuța de niște porci, care grohăiau împrejurul ei, cât pe ce s-o rupă. Iar pe la capătul albiuței am găsit câteva rubiele, puse de turci – se vede – la capul copilei. Atunci am luat copila şi de bucurie nici nu ştiu când am ajuns cu dânsa la mă-ta, în Dealul Omului. Şi după ce mi-am venit puţin în sine, am zis şi eu în amărăciune, ca mulţi înainte de mine: Cei cari n-au copii, nu ştiu ce-i năcazul. Bună minte mai au unii în felul acesta de nu se însoară. Şi unul dintre aceştia a fost şi Ciubuc mocanul, care neavând femeie, nici copii, ce i-a venit mai târziu, de evlavia cea multă ce avea, sau din alte împrejurări, a închinat toată averea sa Mănăstirii Neamţului şi el s-a călugărit mai cu toţi haidăii lui, făcând multe pomeniri cât a fost în viaţă; iar astăzi petrece în linişte lângă zidurile mănăstirii, Dumnezeu să-l ierte şi să-l odihnească întru împărăţia cerească! Căci şi noi, ca mâne avem a ne duce acolo! Aşa că voi habar nu aveţi de toate aceste, de nu v-aş fi spus eu, zise bunicul oftând.

— Nu-i rău, măi Ştefane!, să ştie şi băiatul tău oleacă de carte, nu numai decât pentru popie, cum chiteşte Smaranda; că şi popia are multe năcăfale, e greu de purtat. Şi decât n-a fi cum se cade, mai bine să nu fie. Dar cartea îţi aduce şi oarecare mângâiere. Eu să nu fi ştiut a ceti, demult aş fi înnebunit, câte am avut pe capul meu. Însă deschid *Vieţile Sfinţilor* şi văd atâtea şi atâtea, şi zic: „Doamne, multă răbdare ai dat aleşilor tăi. Ale noastre sunt flori la ureche, pe lângă cele ce spune în cărţi". Ş-apoi să fie cineva de tot bou, încă nu este bine. Din cărţi culegi multă înţelepciune; şi la drept vorbind, nu eşti numai aşa, o vacă de muls pentru fiecare. Băietul văd că are ţinere de minte; şi numai după cât a învăţat, cântă şi citeşte cât se poate de bine.

De aceste şi altele ca aceste a vorbit bunicul David cu mama şi cu tata, mai toată noaptea, duminică spre luni şi luni spre marţi; căci la noi mânea când venea din Pipirig la târg, să-şi cumpere cele trebuitoare.

Iar marţi, des-dimineaţă, puse tarniţele şi desagii pe cai şi, legându-i frumuşel cu căpăstrul: pe cel de-al doilea de coada celui întâi, pe cel de-al treilea de coada celui al doilea, pe cel de-al patrulea de coada celui al treilea, cum îi leagă muntenii, a zis:

— Ei, măi Ştefane şi Smărănducă, mai rămâneţi cu sănătate, că eu m-am dusu-m-am; Hai, nepoate, gata eşti?

— Gata, bunicule, haidem! zisei necăjindu-mă cu nişte costiţe de porc afumate şi cu nişte cârnaţi fripţi, ce mi-i pusese mama dinainte. Şi luându-mi rămas bun de la părinţi, am purces cu bunicul spre Pipirig. Şi era un pui de ger în dimineaţa aceea, de crăpau lemnele. Şi din sus de Vânători, cum treceam puntea peste apa Neamţului, bunicul în urmă cu caii de căpăstru şi eu înainte, mi-au lunecat ciubotele şi am căzut în Ozana cât mi ţi-i băietul! Noroc de bunicul.

— Şi scroambele ieste a voastre îs pocite, zise el, scoţându-mă repede, murat până la piele şi îngheţat băt bine, căci năboise apa în toate părţile. Şi iute mi-a scos ciubotele din picioare, că se făcuse bocnă.

— Opinca-i bună, săraca! îţi şede piciorul hodinit şi la ger huzureşte cu dânsa. Şi până a vorbit acestea, eram şi învălit într-o sarică ghiţoasă de Caşina, băgat într-o desagă pe cal, purces pe drum şi hai la Pipirig. Şi când m-a văzut bunica în ce hal mă aflam, ghemuit în desagă, ca un pui de bogdaproste, cât pe ce să se prăpădească plângând. Încă n-am văzut aşa femeie, să plângă de toate cele: era miloasă din cale-afară. Carne de vită nu mânca în viaţă, tot din astă pricină; când se ducea sărbătoarea la biserică, bocea toţi morţii din ţintirim, fie rudă, fie străin, fără deosebire. Bunicul, însă, era aşezat la mintea lui; îşi căuta de trebi cum ştia el şi lăsa pe bunica într-ale sale, ca un cap de femeie ce se găsea.

— Oi, Doamne, Davide, cum nu te mai astâmperi; de ce-ai scos băietul din casă pe vremea asta?

— Ca să te miri tu, Nastasie, zise bunicul, scoţând o piele de porc sălbatic din cămară şi croind câte o pereche de opinci pentru Dumitru şi pentru mine; apoi le-a îngurzit frumos şi a petrecut câte o pereche de aţă neagră de păr de cal prin cele nojiţe. Şi a treia zi după asta, dându-ne schimburi şi câte două perechi de obiele de suman alb, ne-am încălţat cu opincile binişor, şi, sărutând mâna bunică-i, am luat-o prin Boboieşti iar cu bunicul şi cu Dumitru, fratele mamei, cel mai mic, şi suind pe la fundul Hălăucei, am ajuns după un târziu în Fărcaşa, unde ne-a fost şi masul împreună cu părintele Dumitru de la Pârăul Cârjei, care avea o guşe la gât cât o ploscă de cele mari şi gârâia dintr-însa ca dintr-un cimpoi, de n-am putut închide ochii de răul său, mai toată noaptea. Nu era vinovat bietul preot şi, după cum spunea şi el, e mai rău de cei ce au guşa în cap decât de cei ce o poartă pe dinafară.

A doua zi am purces din Fărcaşa pe la Borca spre Pârâul Cârjei şi Cotârgaş, până ce am ajuns şi la Broşteni. Şi după ce ne-a aşezat bunicul în gazdă, cu toată cheltuiala lui, la una Irinuca, apoi ne-a dus pe la profesor şi pe la biserică de ne-a închinat pe la icoane; şi pe urmă ne-a lăsat cu sănătate şi s-a întors acasă, trimiţându-ne din când în când cele trebuitoare.

Şi satul Broşteni fiind împrăştiat, mai ca toate satele de la munte, nu se ruşina lupul şi ursul a se arăta ziua-n amiaza mare prin el; o casă ici sub tihăraia asta, alta dincolo de Bistriţă, sub altă tihăraie; mă rog, unde i-a venit omului îndemână să şi-o facă. Şi Irinuca avea o cocioabă veche de bârne, cu ferestrele cât palma, acoperită cu scânduri, îngrădită cu răzlogi de brad şi aşezată chiar sub munte, pe malul stâng al Bistriţei, aproape de pod. Irinuca era o femeie nici tânără, nici tocmai bătrână; avea bărbat şi o fată balcâză şi lălâie, de-ţi era frică să înnoptezi cu dânsa. Noroc numai că de luni dimineaţa şi până sâmbătă seara n-o mai vedeai; se ducea cu tatăl său în munte la făcut ferestrea, şi lucra toată săptămâna ca un bărbat pentru nimica toată: doi oameni cu doi boi, la vreme de iarnă, abia îşi puteau scoate mămăliga. Ba la mulţi se întâmpla de veneau sâmbătă noaptea câte cu un picior frânt sau cu boii stâlciţi, şi aceasta le era câştig pe deasupra.

Cocioaba de pe malul stâng al Bistriţei, bărbatul, fata şi boii din pădure, un ţap şi două capre slabe şi râioase ce dormeau pururea în tindă, era toată averea Irinucăi. Dar şi asta-i o avere, când e omul sănătos. Însă ce mă priveşte? Mai bine să ne căutăm de ale noastre.

Noi, cum a plecat bunicul, a doua zi ne-am dus la şcoală; şi văzând profesorul că purtăm plete, a poruncit unuia dintre şcolari să ne tundă. Când am auzit noi una ca asta, am început a plânge cu zece rânduri de lacrămi şi a ne ruga de toţi Dumnezeii, să nu ne sluţească. Dar ţi-ai găsit; profesorul a stat lângă noi, până ce ne-a tuns chilug. Apoi ne-a pus în rând cu ceilalţi şcolari şi ne-a dat de învăţat după puterea noastră; între una-alta şi „Îngerul a strigat" pe dinafară.

Şi am dus-o noi aşa pană la Mezii-Păresii. Şi unde nu ne trezim într-o bună dimineaţă plini ciucur de râie căprească de la caprele Irinucăi. Ei, ei, ce-i de făcut? Dascălul nu ne mai primea în şcoală, Irinuca nu ne putea vindeca, pe bunicul nu avea cine-l înştiinţa, merindele erau pe sfârşite; rău de noi!

Nu ştiu cum se întâmplă, că aproape de Buna-Vestire, unde nu dă o căldură ca aceea, şi se topeşte omătul, şi curg pâraiele, şi se umflă Bistriţa din mal în mal, decât pe ce să iee casa Irinucăi. Şi noi, pe căldurile cele, ne ungeam cu leşie tulbure, şedeam afară la soare cu pielea goală, până se usca cenuşa pe noi şi apoi ne băgăm în

Bistriţa de ne scăldam. Aşa ne învăţase o babă să facem, ca să ne treacă de râie. Vă puteţi închipui ce vrea să zică a te scălda în Bistriţa, la Broşteni, de două ori pe zi, tocmai în postul cel mare. Şi nici tu junghi, nici tu friguri, nici altă boală nu s-a lipit de noi; dar nici de râie n-am scăpat. Vorba ceea: „Se ţine ca râia de om".

Într-o zi, fiind Irinuca dusă în sat şi având obiceiul a şedea uitată ca fata vătămanului, noi nu avem ce lucra? Ne suim pe munte, la deal de casa ei, câte c-o bucată de răzlog în mână; şi cum curgeau pâraiale grozav, mai ales unul alb cum îi laptele, ne pune dracul de urnim o stâncă din locul ei, care era numai întinată; şi unde nu porneşte stânca la vale săltând tot mai sus de un stat de om; şi trece prin gardul şi prin tinda Irinucăi, pe la capre, şi se duce drept în Bistriţă, de clocotea apa. Asta era în Sâmbăta lui Lazăr, pe la amiază. Ei, ei! ce-i de făcut? Gardul şi casa femeii dărâmate la pământ, o capră ruptă în bucăţi, nu-i lucru de şagă. Uitasem acum şi râie şi tot, de spaimă.

— Strânge repede ce mai ai, până când nu vine baba şi hai să fugim cu pluta ceea la frate-meu Vasile, în Borca, zise Dumitru; căci plutele începuse a umbla. Înşfăcăm noi te miri ce mai avem, ne ducem de grabă la plută şi plutaşii de cuvânt, şi pornesc. Ce a fi zis Irinuca, în urma noastră, ce n-a fi zis, nu ştiu; dar ştiu atâta, că eram cu ghiaţa-n spate de frică până am ajuns la Borca, unde ne-a fost şi masul. Iar a doua zi, în Duminica de Florii, des-dimineaţă am plecat din Borca, pe Plaiul-Bătrân, împreună cu doi plăieşi călări, spre Pipirig. Era o zi frumoasă în duminica aceea şi plăieşii spuneau că n-au mai apucat aşa primăvară de vreme, de când îs ei.

Eu cu Dumitru însă o duceam într-un cântec, strângând viorele şi toporaşi de pe lângă plai şi mergeam tot zburdând şi jârjonindu-ne, de parcă nu eram noi râioşii din Broşteni, care făcusem atâta bucurie la casa Irinucăi.

Şi mergând noi tot aşa, cam pe la amiază deodată s-a schimbat vremea cea frumoasă într-o vijelie cumplită, să răstoarne brazii la pământ nu altceva. Pesemne, baba Dochia nu-şi lepădase toate cojoacele. Începe a bura, apoi o întoarce în lapoviţă, pe urmă o dă în frig şi ninsoare cum se cade, şi într-un buc ne astupă calea, de nu ştiai încotro să mergi. Şi tot ninsoare şi pâclă în pământ, de nu se vedea om pe om alături fiind.

— Aşa-i că s-a deochiat vremea, zise unul dintre plăieşi oftând. Mă miram eu să fi mâncat lupul iarna asta aşa de în pripă. De pe la Înţercători, am prăpădit drumul. De acum s-o luăm de-a chioara, şi unde ne-a fi scris, acolo vom ieşi.

— I-auziţi glasul unui cocoş, zise celălalt plăieş. Haideţi să apucăm într-acolo şi să ieşim în sat, undeva.

Şi ne coborâm noi, şi ne tot coborâm cu mare greutate pe nişte povârnişuri primejdioase; şi ne încurcăm printre ciritei de brad, şi caii lunecau şi se duceau de-a rostogolul şi eu cu Dumitru mergeam zgribuliţi şi plângeam în pumni de frig; şi plăieşii numai icneau şi-şi muşcau buzele de frig şi necaz; şi omătul se pusese pe unele locuri până la brâu şi începuse a înnopta, când am ajuns într-o înfundătură de munţi, unde se auzirä răsunând glasul unui pârâiaş ce venea ca şi noi din deal în vale, prăvălindu-se şi izbindu-se de cele stânci fără voinţa sa... Numai atâta, că el a trecut mai departe în drumul său, iar noi am stat pe loc şi am pus-o de mămăligă fără apă.

— Ei, măi băieţi, ia amu trageţi la aghioase, zise un plăieş, scăpărând şi dând foc unui brad.

— Ce ţi-i scris, în frunte ţi-i pus; chef şi voie bună, zise celălalt, scoţând o hrincă îngheţată din desagi, pârpălind-o pe jăratec şi dându-ne şi nouă câte o harchină.

Şi aşa luneca hrinca aceea de uşor pe gât, parcă era unsă cu unt! După ce ne-am pus bine-rău gura la cale, ne-am covrigit împrejurul focului; şi deasupra ninsoare, dedesubt udeală; pe-o parte îngheţai, pe una te frigeai, ca la vremea şi locul acela. Şi tot chinuindu-ne aşa era să ne pască alt păcat: cât pe ce să ne toropească bradul aprins, de nu băga de seamă unul dintre plăieşi. Pesemne, blestemul Irinucăi ne ajunsese.

În sfârşit, se face ziuă şi, după ce ne spălăm cu omăt şi ne închinăm după obiceiul creştinesc, pornim apoi cu plăieşii la deal, pe unde ne coborâsem. Ninsoarea mai încetase, şi după multă trudă am găsit drumul; şi hai, hai! hai, hai! către seară am ajuns la bunicul David, în Pipirig. Şi când ne-a văzut bunica, de bucurie a şi tras un bocit.

— David al meu are de gând să mă bage de vie în mormânt cu apucăturile lui, cum văd eu. Iaca ce rană-i pe dânşii, sărmanii băieţi! Cum i-a mâncat râia prin străini, mititeii!

Şi după ce ne-a căinat şi ne-a plâns bunica, după obiceiul ei, şi după ce ne-a dat de mâncare tot ce avea mai bun şi ne-a îndopat bine, degrabă s-a dus în cămară, a scos un ulcior cu dohot de mesteacăn, ne-a uns peste tot trupul din creştet până în tălpi şi apoi ne-a culcat pe cuptor, la căldură. Şi tot aşa ne-a uns de câte două-trei ori pe zi cu noapte, până ce în Vinerea-Seacă ne-am trezit vindecaţi tafta. Dar până atunci a venit şi veste de la Broşteni despre stricăciunea ce făcusem, şi bunicul fără vorbă, a mulţumit pe Irinuca cu patru galbeni. Apoi, în Sâmbăta Paştilor, m-a trimis la părinţi acasă, în Humuleşti. Şi în ziua de Paşti am tras un „Îngerul a strigat" la biserică, de au rămas toţi oamenii cu gurile căscate la mine. Şi mamei îi venea să mă înghită de bucurie. Şi părintele Ioan m-a pus la masă cu dânsul, şi Smărândiţa a ciocnit o mulţime de ouă roşii cu mine. Şi bucurie peste bucurie venea pe capul meu. Iar la Învierea a doua, nu mi-a mai mers aşa de bine; căci toate fetele din sat, venind la biserică, şi unele din ele fiind mai drăcoase, cum au dat cu ochii de mine, le-a şi bufnit râsul şi au început a-mi zice:

Tunsul felegunsul,
Tunsul felegunsul,
Câinii după dânsul!

Bucureşti, 1880, septembrie

II.
[Portretul mamei]

Nu ştiu alţii cum sunt, dar eu, când mă gândesc la locul naşterii mele, la casa părintească din Humuleşti, la stâlpul hornului unde lega mama o şfară cu motocei la capăt, de crăpau mâţele jucându-se cu ei, la prichiciul vetrei cel humuit, de care mă ţineam când începusem a merge copăcel, la cuptorul pe care mă ascundeam, când ne jucam noi, băieţii, de-a mijoarca, şi la alte jocuri şi jucării pline de hazul şi farmecul copilăresc, parcă-mi saltă şi acum inima de bucurie! Şi, Doamne, frumos era pe atunci, căci şi părinţii, şi fraţii, şi surorile îmi erau sănătoşi, şi casa ni era îndestulată, şi copiii şi copilele megieşilor erau de-a pururea în petrecere cu noi, şi toate îmi mergeau după plac, fără leac de supărare, de parcă era toată lumea a mea!

Şi eu eram vesel ca vremea cea bună, şi sturlubatic şi copilăros ca vântul în tulburarea sa.

Şi mama care era vestită pentru năzdrăvăniile sale, îmi zicea cu zâmbet uneori, când începea a se ivi soarele dintre nori după o ploaie îndelungată: „Ieşi, copile, cu părul bălan, afară şi râde la soare, doar s-a îndrepta vremea”. Şi vremea se îndrepta după râsul meu...

Ştia, vezi bine, soarele cu cine are de-a face, căci eram feciorul mamei, care şi ea cu adevărat că ştia a face multe şi mări minunăţii: alunga norii cei negri de pe deasupra satului nostru şi abătea grindina în alte părţi, înfigând toporul în pământ, afară dinaintea uşii; închega apa numai cu două picioare de vacă, de se încrucea lumea de mirare; bătea pământul sau păretele, sau vreun lemn, de care mă păleam la cap, la mână sau la picior, zicând: „Na, na!" şi îndată-mi trecea durerea... Când vuia în sobă tăciunele aprins, care se zice că face a vânt şi vreme rea, sau când ţiuia tăciunele despre care se zice, că te vorbeşte cineva de rău, mama îl mustra acolo, în vatra focului, şi-l buchisa cu cleştele să se mai potolească duşmanul; şi mai mult decât atâta: oleacă de nu-i venea mamei la socoteală căutătura mea, îndată pregătea, cu degetul îmbălat, puţină tină din colbul adunat pe opsasul încălţării; ori mai în grabă lua funingenă de la gura sobei, zicând: „Cum nu se dioache călcâiul sau gura sobei, aşa să nu mi se dioache copilaşul!" Şi-mi făcea apoi câte un benchiu boghet în frunte, ca să nu-şi prăpădească odorul!... Şi alte multe încă făcea.

Aşa era mama în vremea copilăriei mele, plină de minunăţii, pe cât mi-aduc aminte, şi-mi aduc bine aminte, căci braţele ei m-au legănat, când îi sugeam ţâţa cea dulce şi mă alintam la sânu-i gângurind şi uitându-mă în ochii ei cu drag! Şi sânge din sângele ei şi carnea din carnea ei am împrumutat; şi a vorbi de la dânsa am învăţat. Iar înţelepciunea de la Dumnezeu, când vine vremea de a pricepe omul ce-i bine şi ce-i rău.

Dar vremea trecea cu amăgele şi eu creşteam pe nesimţite; şi tot alte gânduri îmi zburau prin cap şi alte plăceri mi se deşteptau în suflet; şi în loc de înţelepciune, mă făceam tot mai neastâmpărat şi dorul meu era acum nemărginit; căci sprinţar şi înşelător este gândul omului, pe ale cărui aripi te poartă dorul necontenit şi nu te lasă în pace până ce intri în mormânt!

Însă, vai de omul care se ia pe gânduri! Uite, cum te trage pe furiş apa la adânc; şi din veselia cea mai mare, cazi deodată în uricioasa întristare.

Hai mai bine despre copilărie să povestim, căci ea singură este veselă şi nevinovată. Şi, drept vorbind, acesta-i adevărul.

Ce-i pasă copilului când mama şi tata se gândesc la neajunsurile vieţii, la ce poate să le aducă ziua de mâine, sau că-i frământă alte gânduri pline de îngrijire. Copilul, încălecat pe băţul său, gândeşte că se află călare pe un cal de cei mai straşnici, pe care aleargă cu voie bună, şi-l bate cu biciul, şi-l struneşte cu tot dinadinsul, şi răcneşte la el din toată inima, de-ţi ia auzul; şi de cade jos, crede că l-a trântit calul, şi pe băţ îşi descarcă mânia în toată puterea cuvântului...

Aşa eram eu la vârsta cea fericită, şi aşa cred că au fost toţi copiii, de când este lumea asta şi pământul, măcar să zică cine ce-a zice.

Când mama nu mai putea de obosită, şi se lăsa câte oleacă ziua, să se odihnească, noi, băieţii, tocmai atunci ridicam casa în slavă. Când venea tata, noaptea, de la pădure din Dumesnicu, îngheţat de frig şi plin de promoroacă, noi îl speriam sărindu-i în spate pe întuneric. Şi el, cât era de ostenit, ne prindea câte pe unul, ca la „baba-oarba", ne ridica în grindă, zicând: „'tâta mare!" şi ne săruta mereu pe fiecare. Iar după ce se aprindea opaiţul şi tata se punea să mănânce, noi scoatem mâţele de prin ocniţe şi cotruţă şi le flocăiam, şi le şmotream dinaintea lui, de le mergea colbul; şi nu puteau scăpa bietele mâţe din mâinile noastre, până ce nu ne zgâriau şi ne stupiau ca pe noi.

— Încă te uiţi la ei, bărbate, zicea mama, şi le dai paiele! Aşa-i?... Ha, ha! bine v-au mai făcut, pughibale spurcate ce sunteţi! Că nici o lighioaie nu se poate aciua pe lângă casă de răul vostru. Iaca, dacă nu v-am săcelat astăzi, faceţi otrocol prin cele mâţe şi daţi la om ca câinii prin băţ. Ira! d-apoi aveţi la ştiinţă că vă prea întreceţi cu dedeochiul. Acuş ieu varga din coardă şi vă croiesc de vă merg petecile.

— Ia lasă-i şi tu, măi nevastă, lasă-i; că se bucură de venirea mea, zicea tata, dându-ne huţa. Ce le pasă: lemne la trunchiu sânt; slănină şi făină în pod este de-a volma; brânză în putină, asemenea; curechiu în poloboc, slavă Domnului! Numai de-ar fi sănătoşi, să mănânce şi să se joace acum cât îs mititei; că le-a trece lor zburdăciunea, când or fi mai mari şi i-or lua grijile înainte; nu te teme că n-or scăpa de asta. Ş-apoi nu ştii că este o vorbă: „Dacă-i copil, să se joace; dacă-i cal să tragă şi dacă-i popă să citească...”

— Ţie, omule, zise mama, aşa ţi-i a zice, că nu şezi cu dânşii în casă toată ziulica, să-ţi scoată peri albi mânca-i-ar pământul, să-i mănânce, Doamne, iartă-mă! De-ar mai veni vara, să se mai joace şi pe-afară; că m-am săturat de ei ca de mere pădureţe. Câte drăcării le vin în cap, toate le fac; când începe a toca la biserică, Zahei al tău cel cuminte fuga şi el afară şi începe a toca în stative, de pârâie pereţii casei şi duduie ferestrele. Iar stropşitul de Ion, cu talanca de la oi, cu cleştele şi vătraiul, face o hodorogeală şi un tărăboi de-ţi ie auzul; apoi îşi pun câte-o ţoală în spate şi câte un coif de hârtie în cap, şi cântă „aleluia” şi „Doamne milueşte, popa prinde peşte”, de te scot din casă. Şi asta în toate zilele de câte două, trei ori, de-ţi vine câteodată, să-i coseşti în bătaie, dacă ai sta să te potriveşti lor.

— 'Poi dă, măi femeie, tot eşti tu bisericoasă, de s-a dus vestea; încaltea ţi-au făcut şi băieţii biserică aici pe loc, după cheful tău; măcar că-ţi intră biserica în casă, de departe ce-i... De-amu puneti-vă pe făcut privighetori de toată noaptea şi parascovenii câte vă place, măi băieţi, dacă vi-i voia să vă dea mă-ta în toate zilele numai colaci de cei unşi cu miere de la „Patruzeci de sfinţi" şi colivă cu miez de nucă.

— Ei, apoi! minte ai omului? mă miram eu, de ce-s şi ei aşa de cuminţi, mititeii; că tu le dai nas şi le ţii hangul. Ia priveşte-i cum stau toţi treji şi se uită ţintă în ochii noştri; parcă au de gând să ne zugrăvească. Ian să-i fi sculat la treabă, ş-apoi să-i vezi cum se codesc, să drâmboiesc şi se sclifosesc, zise mama. Hai! la culcat, băieţi, că trece noaptea; vouă ce vă pasă, când aveţi de mâncare sub nas!

Şi după ce ne culcam cu toţii, noi, băieţii, ca băieţii, ne luăm la hârjoană, şi nu puteam adormi de incuri, până ce era nevoită biata mamă să ne facă musai câte un şurub două prin cap, şi să ne dea câteva tapangele la spinare. Şi tata, săturându-se câteodată de atâta gălăgie, zicea mamei:

— Ei, taci, taci, ajungă-ţi de-amu, herghelie! Ştiu că doar nu-s babe să chirotească din picioare!

Însă mama ne mai da atunci câteva pe deasupra şi mai îndesate, zicând:

— Na-vă de cheltuială, ghiavoli ce sunteţi! Nici noaptea să nu mă pot odihni de incotele voastre?

Şi numai aşa se putea linişti biata mamă de răul nostru, biată să fie de păcate! Ş-apoi socotiţi că se mântuia numai cu-atâta? Ţi-ai găsit! A doua zi, des-dimineaţă le începeam din capăt: şi iar lua mama nănaşa din coardă, şi iar ne jnăpăia, dar noi parcă bindiseam de asta?... Vorba ceea:

Pielea rea şi răpănoasă
Ori o bate, ori o lasă.

Şi câte nu ne venea în cap, şi câte nu făceam cu vârf şi îndesate! Mi-aduc aminte, de parcă acum mi se întâmplă. Mai pasă de ţine minte toate cele şi acum aşa, dacă te slujeşte capul, bade Ioane!

La Crăciun, când tăia tata porcul şi-l pârlea şi-l opărea, şi-l învăluia iute cu paie, de-l înăduşea, ca să se poată rade mai frumos, eu încălecam pe porc deasupra paielor, şi făceam un chef de mii de lei, ştiind că mie are să-mi dea coada porcului s-o frig şi beşica s-o umplu cu grăunţe, s-o umflu şi s-o zurăiesc după ce s-a usca; ş-apoi vai de urechile mamei, până ce nu mi-o spărgea de cap.

Şi, să nu-mi uit cuvântul! Odată, la un sfântul Vasile, ne prindem noi, vreo câţiva băieţi din sat, să ne ducem cu plugul; căci eram şi eu mărişor acum, din păcate. Şi în ajunul sfântului Vasile, toată ziua am stat de capul tatei, să-mi facă şi mie un buhai; ori de nu, batăr un harapnic.

— Doamne, ce harapnic ţ-oi da eu, zise tata de la o vreme. N-ai ce mânca la casa mea? Vrei să te buşească cei nandralăi prin omăt? Acuş te descalţ!

Văzând eu că mi-am aprins paie-n cap cu asta, am ştergelit-o de acasă numai cu beşica cea de porc, nu cumva să-mi ie tata ciubotele şi să rămân de ruşine înaintea tovarăşilor. Şi nu ştiu cum s-a întâmplat, că nici unul dintre tovarăşi nu avea clopot. Talanca mea era acasă. Dar mă puteam duce s-o ieu? În sfârşit, facem noi ce facem, şi sclipuim de cole o coasă ruptă, de ici o cârceie de tânjală, mai un vătrar cu belciug, mai beşica cea de porc a mea, şi, pe după toacă şi pornim pe la case. Ş-o luăm noi, de la popa Oşlobanu, tocmai din capul satului din sus, cu gând să umblăm tot satul... Când colo, popa tăia lemne la trunchi, afară; şi cum a văzut că ne aşezăm la fereastră şi ne pregătim de urat, a început a ne trage câteva naşteri îndesate şi a zice:

— De-abia s-au culcat găinile şi voi aţi şi început? Ia staţi oleacă, blestemaţilor, să vă dau eu!

Noi, atunci, am pârlit-o la fugă. Iar el, zvârr! cu o scurtătură în urma noastră; căci era om ursuz şi pâclişit popa Oşlobanu. Şi din spaima ceea, am fugit noi mai jumătate de sat înapoi, fără să avem când îi zice popii:

Drele pe podele
Şi bureţi pe păreţi;
Câte pene pe cucoşi,
Atâţia copii burduhoşi,

cum obişnuiesc a zice plugarii pe la casele ce nu-i primesc.

— Măi! al dracului venetic şi ceapcân de popă, zicem noi, după ce ne adunăm toţi la un loc, îngheţaţi de frig şi spărieţi; cât pe ce era să ne ologească boaita cea îndrăcită; vede-l-am dus pe năsălie la biserica sfântului Dumitru, de sub cetate, unde slujeşte; curat Ucigă-l-crucea l-a colăcit să vie şi să-şi facă budihacea casă la noi în sat. Ferească Dumnezeu, să fie preoţii noştri aşa, că nu te-ai mai înfrupta cu nimica de la biserică, în vecii vecilor! Şi până-l mai menim noi pe popă, până-l mai boscorodim, până una alta amurgeşte bine.

— Ei, amu, ce-i de făcut? Hai să intrăm ici în ograda asta, zise Zaharia lui Gâtlan, că ne trecem vremea, stând în mijlocul drumului.

Şi intrăm noi la Vasile-Aniţei şi ne aşezăm la fereastră după obicei. Dar parcă naiba vrăjeşte: cela nu sună coasa, că-i frig; celuia, că-i înghiaţă mâinile pe cârceie; văru-meu, Ion Mogorocea, cu vătrarul subsuoară, se punea de pricină că nu ură, şi numa-ţi crăpa inima în tine de necaz!

— Ură tu, măi Chiriece, zic eu lui Goian; şi noi, măi Zaharie, să prufnim din gură ca buhaiul; iar iştialalţi să strige: hăi, hăi!

Ş-odată şi începem. Şi ce să vezi? Unde nu se ia hapsâna de nevastă lui Vasile-Aniţei cu cociorva aprinsă după noi, căci tocmai atunci trăgea focul să deie colacii în cuptor.

— Vai, aprinde-v-ar focul, să vă aprindă, zise ea, burzuluită grozav; dar cum se cheamă asta? În obrazul cui v-a învăţat!

Atunci noi, la fugă, băieţi, mai dihai decât la popa Oşlobanu... „Dar bun pocinog a mai fost ş-aista, zicem noi, oprindu-ne în răscrucile drumului, din mijlocul satului, aproape de biserică, încă una-două de-acestea, şi ne scot oamenii din sat afară, ca pe nişte lăieşi. Mai bine să mergem la culcare." Şi după ce ne arvonim noi şi pe la anul, cu jurământ să umblăm tot împreună, ne-am despărţit unul de altul, răzbiţi de frig şi hămisiţi de foame; şi hai fiecare pe la casa cui ne are, că mai bine-i pare. Şi iaca aşa ne-a fost umblarea cu plugul în anul acela.

D-apoi cu smântânitul oalelor, ce calamandros făceam! Când punea mama laptele la prins, eu, fie post, fie câşlegi, de pe-a doua zi şi începeam a linchi groşciorul de pe deasupra oalelor; şi tot aşa în toate zilele, până ce dam de chişleag. Şi când căuta mama să smântânească oalele, smântâneşte, Smaranda, dacă ai ce... Poate c-au luat strigoaicele mana de la vaci, mămucă, ziceam eu, şezând închincit şi cu limba scoasă afară dinaintea mamei, jos lângă oale.

— Doamne, prinde-l-voi strigoiul cela odată la oala cu smântână, zicea mama, uitându-se lung la mine, ş-apoi las!

Nănaşa din grindă are să-i ştie de ştire, de nu l-or putea scoate din mâna mea tot neamul strigoilor şi al strigoaicelor din lume... Se cunoaşte el strigoiul care a mâncat smântână, de pe limbă... Urât mi-a fost în viaţa mea omul viclean şi lingău, drept să-ţi spun, dragul mamei; şi să ştii de la mine, că Dumnezeu nu ajută celui care umblă cu furtuşag fie lucru de purtat, fie de-a mâncării, fie ori de ce-a fi.

Ei, apoi! unde-o plesneşte mama şi unde crapă, zic eu, în gândul meu, că doar tot nu eram aşa de prost până pe acolo, să nu pricep atâta lucru.

D-apoi cu moş Chiorpec ciubotarul, megieşul nostru, ce necaz aveam – ba adică, drept vorbind, el avea necaz cu mine; căci una-două, mă duceam la om şi-l tot sucăleam să-mi deie curele, ca să-mi fac bici.

Şi cele mai de multe ori găseam pe moş Chiorpec răbuind ciubotele cu dohot de cel bun, care face pielea moale cum îi bumbacul. Şi dacă vedea omul şi vedea că nu se poate descotorosi de mine cu vorbe, mă lua frumuşel de bărbie cu mâna stângă, iar cu cea dreaptă muia feleştiocul în strachina cu dohot, şi-mi trăgea un pui de răbuială ca aceea, pe la bot, de-i bufnea râsul pe toţi ucenicii din ciubotarie. Şi când îmi da drumul, mă duceam tot într-o fugă acasă, la mama, plângând şi stupind în dreapta şi în stânga.

— Uite, mamă, Chiorpecul dracului, ce mi-a făcut!

— Doamne, parcă l-am învăţat eu, zice mama cu părere de bine; am să-l cinstesc, zău aşa, când l-oi întâlni; că şezi lipcă unde te duci şi scoţi sufletul din om cu obrăzniciile tale, uşernic ce eşti!

Dacă auzeam aşa, mă spălam binişor pe la gură, şi-mi căutam de nevoie... Şi cum uitam ciuda, fuga iar la moş Chiorpec după curele; şi el, când mă vedea intrând pe uşă, îmi zicea cu chef: „He, he! bine-ai venit, nepurcele!” Şi iar mă răbuia, făcându-mă de râs; şi eu iar fugeam acasă, plângând, stupind şi blăstămându-l; şi mama avea un chin cu mine din pricina asta...

— Of! de-ar veni iarna, să te mai dau odată la şcoală undeva, zice mama, şi să cer dascălului să-mi deie numai pielea şi ciolanele de pe tine.

[La cireşe]

Odată, vara pe aproape de Moşi, mă furişez din casă şi mă duc, ziua-miaza mare, la moş Vasile, fratele tatei, cel mai mare, să fur nişte cireşe; căci numai la dânsul şi încă la vreo două locuri din sat era câte un cireş văratic care se cocea – pălea de Duminica-Mare. Şi mă chitesc eu în mine, cum s-o dau, ca să nu mă prindă. Intru mai întâi în casa omului şi mă fac a cere pe Ion, să ne ducem la scăldat.

— Nu-i acasă Ion, zise mătuşa Mărioara; s-a dus cu moşul său Vasile, sub cetate, la o chiuă din Codreni, s-aducă nişte sumani.

Căci trebuie să vă spun că la Humuleşti torc şi fetele şi băieţii, şi femeile şi bărbaţii; şi se fac multe giguri de sumani, şi lai, şi de noaten, care se vând, şi pănură, şi cusute; şi acolo, pe loc, la negustori armeni, veniţi înadins din alte târguri – Focşani, Bacău, Roman, Târgu-Frumos şi de pe aiurea, precum şi pe la iarmaroace în toate părţile. Cu asta se hrănesc mai mult humuleştenii, răzăşi fără pământuri, şi cu negustoria din picioare: vite, cai, porci, oi, brânză, lână, oloiu, sare şi făină de păpuşoi; sumane mari, genunchere şi sărdace; iţari, bernevici, cămeşoaie, lăicere şi scorţuri înflorite; ştergare de burangic alese, şi alte lucruri, ce le duceau lunia în târg de vânzare, sau joia pe la mănăstirile de maici, cărora le vine cam peste mână târgul.

— Apoi, dar, mai rămâi sănătoasă, mătuşă Mărioara! vorba de dinioarea; şi-mi pare rău că nu-i văru Ion acasă; că tare-aş fi avut plăcere să ne scăldăm împreună... Dar în gândul meu: Ştii c-am nimerit-o? Bine că nu-s acasă; şi de n-ar veni degrabă, şi mai bine-ar fi...

Şi scurt şi cuprinzător: sărut mâna mătuşei luându-mi ziua bună, ca un băiat de treabă; ies din casă, cu chip că mă duc la scăldat, mă şupuresc pe unde pot şi, când colo, mă trezesc în cireşul femeii, şi încep a cărăbăni la cireşe în sân, crude, coapte, cum se găseau. Şi cum eram îngrijit şi mă sileam să fac ce-oi face mai degrabă, iaca mătuşa Mărioara c-o jordie în mână, la tulpina cireşului!...

— Dar bine, ghiavole, aici ţi-i scăldatul? zise ea, cu ochii holbaţi la mine; scoboară-te jos, tâlharule, că te-oi învăţa eu!

Dar cum să te cobori, căci jos era prăpădenie! Dacă vede ea şi vede, că nu mă dau, zvârr! de vreo două-trei ori cu bulgări în mine, dar nu mă chiteşte. Apoi începe a se aburca pe cireş în sus, zicând: „Stai, măi porcane, că te căptuşeşte ea, Mărioara, acuş!" Atunci eu mă dau iute pe o creangă mai spre poale, şi odată fac: zup! în nişte cânepă care se întindea de la cireş înainte, şi era crudă şi până la brâu de naltă. Şi nebuna de mătuşa Mărioara, după mine; şi eu fuga iepureşte prin cânepă şi ea pe urma mea, până la gardul din fundul grădinii, pe care neavând vreme să-l sar, o cotigeam înapoi, iar prin cânepă, fugând tot iepureşte, şi ea după mine până în dreptul ocolului, pe unde-mi era iar greu de sărit; de pe laturi, iar gard; şi hârsita de mătuşă nu mă slăbea din fugă nici în ruptul capului! Cât pe ce să pună mâna pe mine! Şi eu fuga şi ea fuga, şi eu fuga şi ea fuga: până ce dăm cânepa toată palanca la pământ; căci să nu spun minciuni, erau vreo zece-douăsprezece prăjini de cânepă frumoasă şi deasă cum îi peria, de care nu s-a ales nimica. Şi după ce facem noi trebuşoara asta, mătuşa nu ştiu cum se încâlceşte prin cânepă ori se împiedică de ceva, şi cade jos. Eu, atunci, iute mă răsucesc într-un picior, fac vreo două sărituri mai potrivite, mă azvârl peste gard de parcă nici nu l-am atins şi-mi pierd urma, ducându-mă acasă şi fiind foarte cuminte în ziua aceea.

Dar mai în desară, iaca şi moş Vasile, cu vornicul şi pasnicul, strigă pe tata la poartă, îi spun pricina, şi-l cheamă să fie de faţă, când s-a ispăşi cânepa şi cireşele, căci pe drept vorbind, şi moş Vasile era un cărpănos şi un pui de zgârie-brânză, ca şi mătuşa Mărioara. Vorba ceea: „A tunat şi i-au adunat". însă degeaba mai clămpănesc eu din gură: cine ce are cu munca omului? Stricăciunea se făcuse, şi vinovatul trebuia să plătească. Vorba ceea: „Nu plăteşte bogatul, ci vinovatul!" Aşa şi tata, a dat gloabă pentru mine şi pace bună. Şi după ce-a venit el, ruşinat, de la ispaşă, mi-a tras o chelfăneală ca aceea, zicând:

— Na! satură-te de cireşe! De amu' să ştii că ţi-ai mâncat lifteria de la mine, spânzuratule! Oare multe stricăciuni am să mai plătesc eu, pe urma ta?

Şi iaca aşa, cu cireşele! S-a împlinit vorba mamei, sărmana, iute şi degrabă: „Că Dumnezeu nu ajută celui care umblă cu furtuşag". însă ce ţi-i bună pocăinţa după moarte? D-apoi ruşinea mea, unde o pui? Mai pasă de dă ochi cu mătuşa Mărioara, cu moş Vasile, cu văru Ion, şi chiar cu băieţii şi fetele din sat; mai ales duminica, la biserică, la horă, unde-i frumos de privit şi pe la scăldat, în Cierul Cucului, unde era băteliştea flăcăilor şi a fetelor, doriţi unii de alţii toată săptămâna de pe la lucru!

Mă rog, mi se dusese buhul despre pozna ce făcusem, de nu aveai cap să scoţi obrazul în lume de ruşine; şi mai ales acum, când se rădicase câteva fete frumuşele în sat la noi şi începuse a mă scormoli şi pe mine la inimă. Vorba ceea:

— Măi Ioane, dragi ţi-s fetele?

— Dragi!

— Dar tu lor?

— Si ele mie!!....

Însă ce-i de făcut?... S-a trece ea şi asta; obraz de scoarţă, şi las-o moartă-n păpuşoi, ca multe altele ce mi s-au întâmplat în viaţă... nu aşa, într-un an, doi şi deodată, ci în mai mulţi ani şi pe rând, ca la moară. Şi doar mă şi feream eu, într-o părere, să nu mai dau peste vreo pacoste, dar parcă naiba mă împingea, de le făceam atunci cu chiuita. Şi tocmai-mi-te! Îndată după cea cu cireşele, vine alta la rând.

[Pupăza din tei]

Mă trezeşte mama într-o dimineaţă din somn cu vai-nevoie, zicându-mi: „Scoală, duglişule, înainte de răsăritul soarelui; iar vrei să te pupe cucul armenesc şi să te spurce, ca să nu-ţi meargă bine toată ziua?"... Căci aşa ne amăgia mama, cu o pupăză, care-şi făcea cuib de mulţi ani într-un tei foarte bătrân şi scorburos, pe coasta dealului, la moş Andrei, fratele tatei, cel mai mic. Şi numai ce-o auzeai vara: „Pu-pu-pup! Pu-pu-pup! des-dimineaţă în toate zilele, de vuia satul. Şi cum mă scol, îndată mă trimite mama cu demâncare la ţarină, la nişte lingurari ce-i aveam tocmiţi prăşitori, tocmai în Valea Seacă, aproape de Topoliţă. Şi pornind eu cu demâncarea, numai ce şi aud pupăza cântând:

— Pu-pup! pu-pu-pup! pu-pu-pup!

Eu, atunci, să nu-mi caut de drum tot înainte? Mă abat pe la tei, cu gând să prind pupăza, căci aveam grozavă ciudă pe dânsa; nu numai decât pentru pupat, cum zicea mama, ci pentru că mă scula în toate zilele cu noaptea-n cap din pricina ei. Şi cum ajung în dreptul teiului, pun demâncarea jos, în cărare pe muchia dealului, mă sui încetişor în teiul care te adormea de mirosul... floarei, bag mâna în scorbură, unde ştiam, şi norocul meu!... găbuiesc pupăza pe ouă şi zic plin de mulţămire: „Taci, leliţă, că te-am căptuşit eu; îi mai pupa şi tu pe dracul de-acum!" Şi când aproape să scot pupăza afară, nu ştiu cum se face, că mă spariu de creasta ei cea rotată de pene, căci nu mai văzusem pupăză până atunci, şi-i dau iar drumul în scorbură. Şi cum stam eu şi mă chiteam în capul meu, că şerpe cu pene nu poate să fie – după cum auzisem din oameni, că se află prin scorburi câteodată şi şerpi – unde nu mă îmbărbătez în sine-mi şi bag iar mâna să scot pupăza... pe ce-a fi... dar ea, sărmana, se vede că se mistuise de frica mea prin cotloanele scorburii, undeva, căci n-am mai dat de dânsa nicăieri; parcă intrase în pământ. „Măi! anapoda lucru ş-aista" zic eu înciudat, scoţând căciula din cap şi tuflind-o în gura scorburii. Apoi mă dau jos, caut o lespede potrivită, mă sui cu dânsa iar în tei, îmi ieu căciula, şi în locul ei pun lespedea, cu gând c-a ieşi ea, pupăza, de undeva, până m-oi întoarce eu din ţarină. După aceea mă dau iar jos şi pornesc repede cu demâncarea la lingurari... Şi oricât oi fi mers eu de tare, vreme trecuse la mijloc doar, cât am umblat horhăind cine ştie pe unde şi cât am bojbăit şi mocoşit prin tei să prind pupăza, şi lingurarilor, nici mai rămâne cuvânt, li se lungise urechile de foame aşteptând. Ş-apoi vorba ceea: „Ţiganul când i-e foame cântă; boierul se plimbă cu mâinile dinapoi, iar ţăranul nostru îşi arde luleaua şi mocneşte într-însul". Aşa şi lingurarii noştri; cântau acum îndrăcit pe ogor, şezând în coada sapei, cu ochii păianjeniţi de atâta uitat, să vadă nu le vine mâncare din cotrova? Când, pe la prânzul cel mare, numai iacătă-mă-s şi eu de după un dâmb, cu mâncarea sleită, veneam, nu veneam, auzindu-i lălăind aşa de cu chef... Atunci au şi tăbărât balaurii pe mine, şi cât pe ce să mă înghită, de nu era o chirandă mai tânără între dânşii să-mi ţină parte.

— Hauileo, mo! ogoiţi-vă; ce tolocăniţi băiatul; cu tatu-său aveţi ce aveţi, iar nu cu dânsul!

Atunci, lingurarii, nemaipunându-şi mintea cu mine, s-au aşternut pe mâncare tăcând molcum. Şi scăpând eu cu obraz curat, îmi ieu traista cu blidele, pornesc spre sat, mă abat iar pe la tei, mă sui într-însul, pun urechea la gura scorburii, şi aud ceva zbătându-se înlăuntru; atunci ieu lespedea cu îngrijire, bag mâna şi scot pupăza vlăguită de atâta zbucium, iar ouăle, când am vrut să le ieu, erau toate numai o chisăliţă. După asta, vin acasă, leg pupăza de picior c-o aţă, ş-o îndosesc de mama vreo două zile în pod prin cele putini hârbuite; şi una-două, la pupăză, de nu ştiau cei din casă, ce tot caut prin pod aşa de des. În a doua zi după asta, iaca şi mătuşa Măriuca lui moş Andrei vine la noi c-o falcă în cer şi una în pământ, şi se ia la ciondănit cu mama din pricina mea:

— Mai auzit-ai, dumneata, cumnată, una ca asta: să fure Ion pupăza, care, zicea mătuşa cu jale, ne trezeşte des-dimineaţă la lucru de atâţia ani!

Grozav era de turburată şi numa nu-i venea să lăcrimeze, când spunea aceste, şi acum văd eu, că avea mare dreptate mătuşa, căci pupăza era ceasornicul satului. însă mama, sărmana, nu ştia de asta nici cu spatele.

— Ce spui, cumnată?! Da' că l-aş ucide în bătaie, când aş afla că el a prins pupăza s-o chinuiască. De-amu, bine că mi-ai spus; las pe mine, că ţi-l iau eu la depănat.

— Nici te mai îndoi despre asta, cumnată Smarandă, zise mătuşa, căci de zbânţuitul ista al dumitale, nimica nu scăpă. Ce mai atâta? Mi-au spus mie cine l-au văzut că Ion a luat-o; gâtul îmi pun la mijloc.

Eu, fiind ascuns în cămară, cum aud unele ca aceste, iute mă sui în pod, umflu pupăza de unde era, sai cu dânsa pe sub streşina casei şi mă duc de-a dreptul în târgul vitelor, s-o vând; căci era tocmai lunea, într-o zi de târg.

Şi cum ajung în iarmaroc, încep a mă purta ţanţoş printre oameni de acolo până colo, cu pupăza în mâna, că doar şi eu eram oleacă de fecior de negustor. Un moşneag nebun, c-o viţică de funie, n-are ce lucra?

— De vânzare ţi-e găinuşa ceea, măi băiate?

— De vânzare, moşule!

— Şi cât cei pe dânsa?

— Cât crezi şi dumneata că face!

— Ia ad-o-ncoace la moşul, s-o drămăluiască!

Şi cum i-o dau în mână, javra dracului se face a o căuta de ou şi-i dezleagă atunci frumuşel aţa de la picior; apoi mi-o aruncă-n sus, zicând: „Iaca poznă, c-am scăpat-o!” Pupăza zburr! pe-o dugheană şi, după ce se mai odihneşte puţin, îşi ie apoi drumul spre Humuleşti şi mă lasă mare şi devreme cu lacrimile pe obraz, uitându-mă după dânsa! Eu, atunci, haţ! de sumanul moşneagului, să-mi plătească pasărea...

— Ce gândeşti dumneata, moşule? Te joci cu marfa omului? Dacă nu ţi-a fost de cumpărat, la ce i-ai dat drumul? Că nu scapi nici cu giunca asta de mine. Înţeles-ai? Nu-ţi pară lucru de şagă. Şi mă băgăm în ochii moşneagului, şi făceam un tărăboi, de strânsese lumea ca la comedie împrejurul nostru; dă, iarmaroc nu era?

— Dar ştii că eşti amarnic la viaţă, măi băiete?! zise moşneagul de la o vreme, râzând. În ce te bizui, de te îndârjeşti aşa, nepoate? Dec! nu cumva ai pofti să-mi iei viţica pentru un cuc armenesc? Pesemne te mănâncă spinarea cum văd eu, măi ţică; şi ia acuş te scarpin, dacă vrei: ba ş-un topor îţi fac, dacă mă crezi, de-i zice „aman, puiule!” când îi scăpa din mâna mea!

— Dă pace băiatului, moşule, zise un humuleştean de-ai noştri, că-i feciorul lui Ştefan al Petrei, gospodar de la noi din sat, şi ţi-i găsi beleaua cu dânsul pentru asta...

— He, he! să fie sănătos dumnealui, om bun, d-apoi chiteşti dumneata că nu ne cunoaştem noi cu Ştefan a Petrei? zise moşneagul; chiar mai dinioarea l-am văzut umblând prin târg cu cotul subsuoară, după cumpărat sumani, cum îi e negustoria; şi trebuie să fie pe-aici undeva, ori în vreo dugheană la băut adălmaşul. Apoi bine că ştiu a cui eşti, măi ţică! ian stai oleacă, să te duc eu la tată-tău şi să văd, el te-a trimis cu pupăzi de vânzare, să spurci iarmarocul?!

Toate ca toate, dar când am auzit eu de tata, pe loc mi s-a muiat gura; apoi încet-încet m-am furişat printre oameni şi unde am croit-o la fugă spre Humuleşti, uitându-mă înapoi, să văd, nu mă ajunge moşneagul: căci îmi era acum a scăpare de dânsul, drept să vă spun. Vorba ceea: „Lasă-l, măi! L-aş lăsa eu, dar vezi că nu mă lasă el acum!" Tocmai aşa păţisem şi eu; ba eram încă bucuros, că am scăpat numai cu atâta. „Bine-ar fi s-o pot scoate la capăt, măcar aşa, cu mama şi cu mătuşa Măriuca" – gândeam eu, bătându-mi-se inima ca într-un iepure, de frică şi de osteneală. Şi când ajung acasă, aflu că tata şi mama erau duşi în târg; şi fraţii îmi spun cu spaimă, că-i poznă cu mătuşa lui moş Andrei; a sculat mai tot satul în picioare, din pricina pupăzei din tei; zice că i-am fi luat-o noi şi pe mama a pus-o în mare supărare cu asta. Ştii că şi mătuşa Măriuca e una din cele care scoate mahmurul din om; nu-i o femeie de înţeles, ca mătuşa Anghiliţa lui moş Chiriac, s-a mântuit vorba. Şi cum îmi spuneau ei îngrijiţi, numai ce şi auzim cântând în tei:

Pu-pu-pup! pu-pu-pup! pu-pu-pup!

Soră-mea, Catrina, zice atunci cu mirare:

— I-auzi, bădiţă! Doamne, cum sunt unii de năpăstuiesc omul chiar pe sfânta dreptate!

— Mai aşa, surioară!... Dar în gândul meu: „Când aţi şti voi câte a pătimit săraca, din pricina mea şi eu din pricina ei, i-aţi plânge de milă!"

Zahei însă ne lăsase vorbind şi se dusese în târg după mama, să-i spună bucurie despre pupăză. Şi a doua zi, marţi, taman în ziua de lăsatul secului de postul Sfântului Petru, făcând mama un cuptor zdravăn de alivenci şi plăcinte cu poalele-n brâu şi pârpălind nişte pui tineri la frigare, ş-apoi tăvălindu-i prin unt, pe la prânzul cel mic, cheamă pe mătuşa Măriuca lui moş Andrei la noi şi-i zice cu dragă inimă:

— Doamne, cumnăţică-hăi, cum se pot învrăjbi oamenii din nimica toată, luându-se după gurile cele rele! Ia poftim, soro, mai bine, să mâncăm ceva din ce-a dat Dumnezeu, să cinstim câte un pahar de vin în sănătatea gospodarilor noştri şi:

Cele rele să se spele,
Cele bune să se adune,
Vrajba dintre noi să piară
Şi neghina din ogoară!

Căci dacă ai sta să faci voie rea de toate, zău, ar trebui de la o vreme să apuci câmpii!

— Aşa, cumnată dragă, zise mătuşa Măriuca, strângând cu nedumerire din umere, când se punea la masă. Văzut-ai dumneata? Să mai pui altădată temei pe vorbele oamenilor!

Apoi începem cu toţii a mânca; şi alţii ca alţii, dar eu ştiu că mi-am pus bine gura la cale, să-mi fie pe toată ziua. Şi îndată ce m-am sculat de la masă. luându-mi rămas bun de la călcâie, fuga la scăldat: si când sar odată voiniceşte de pe un mal înalt în ştioalnă, din greşeală, drept cu faţa în jos, numai scântei mi s-au făcut pe dinaintea ochilor de durere; şi am crezut că mi-a plesnit pântecele, nu altceva. Şi după ce am ieşit cu mare greu din apă, şi m-am pus pe mal ţinându-mă cu mâinile de inimă, băieţii s-au strâns ciotcă împrejurul meu şi m-au înmormântat cu nisip, şi m-au prohodit cum ştiau ei, şi de-abia mi-am venit în simţire peste vreun ceas; ş-apoi am început a mă scălda în ticnă până pe la sfinţitul soarelui, potrivind-o să viu acasă odată cu vacile şi spunând mamei, că scăpându-le văcarul din ocol pe ale noastre, la amiază, eu singur le-am dus la păscut şi de aceea m-am întârziet până acum. Şi mama, creştină bună, crezându-le toate lăptoase, după răbuş, cum i le spusesem eu cu măgulele, m-a lăudat de vrednicia ce făcusem, şi mi-a dat şi demâncare. Iară eu, mâncând lupeşte, mă făceam smerit şi numai râdeam în mine, mierându-mă tot atunci de dibăcia minciunilor ce potrivisem, de-mi venea mai-mai să le cred şi eu singur pe jumătate.

Iaca aşa se poate înşela omul de multe ori, când nici n-a gândit, dacă nu ştie judeca bine. însă iar mă întorc şi zic: „Tot păţitu-i priceput!"

Într-o zi, pe-aproape de Sânt Ilie, se îngrămădise, ca mai totdeauna, o mulţime de treburi pe capul mamei: nişte sumani să-i scoată din stative; alţii să-i nividească şi să înceapă a-i ţese din nou; un teanc de sumane croite, nalt până în grindă, aştepta cusutul; pieptănuşii în laiţă nu avea cine-i ţinea de coadă; roata şedea în mijlocul casei, şi canură toarsă nu era pentru bătătură. Ş-apoi vorba ceea: „Nu şedea, că-ţi şede norocul". Ţevi de făcut la sucală; copil de ţâţă în albie, pe lângă alţi vreo cinci-şase, care aşteptau să le faci demâncare: treabă era acolo nu încurcală; şi încă se cerea degrabă, căci venea cu fuga iarmarocul de Folticeni, care, acela este, ce este. Şi mă scoală mama atunci mai de dimineaţă decât alte daţi şi-mi zice cu toată inima:

— Nică, dragul mamei! vezi că tată-tău e dus la coasă, căci se scutură ovăzul cela pe jos; şi eu asemenea nu-mi văd capul de treburi; tu mai lasă drumurile şi stai lângă mămuca, de-i fă ţevi şi leagănă copilul; c-apoi şi eu ţi-oi lua de la Folticeni o pălăriuţă cu tăsma ş-o curăluşă de cele cu chimeriu, ştii cole, ca pentru tine!

— Bine, mamă! dar în gândul meu numai eu ştiam.

Toate ca toatele, dar la cusut şi sărăduit sumane şi mai ales la roată, mă întreceam cu fetele cele mari din tors; şi din astă pricină, răutăcioasa de Măriuca Săvucului, care drept să vă spun, nu-mi era urâtă, făcea adeseori în ciuda mea, şi-mi bătea din pumni, poreclindu-mă „Ion Torcălău", cum îi zicea unui ţigan din Vânători. Însă pentru asta, tot îmi era dragă şi torceam împreună cu dânsa, la umbra nucului lor, câte o movilă de drugi de canură, de mă săruta mama când i le arătam sara acasă.

Aşa ne duceam băieţii şi fetele unii la alţii cu lucrul, ca să ne luăm de urât, ceea ce la ţară se cheamă şezătoare, şi se face mai mult noaptea, lucrând fiecare al său. Cum torceam eu, de-a mai mare dragul, pe întrecute cu Măriuca, şi cum sfârâia fusul roţii, aşa-mi sfârâia inima-n mine de dragostea Măriucăi! Martur îmi este Dumnezeu! Şi-mi aduc aminte că odată, noaptea, la o clacă de dezghiocat păpuşoi i-am scos Măriucăi un şoarec din sân, care era s-o bage în boale pe biata copilă, de n-aş fi fost eu acolo. D-apoi vara, în zilele de sărbătoare, cu fetele pe câmpie, pe colnice şi mai ales prin luncile şi dumbrăvile cele pline de mândreţe, după cules răchiţică de făcut gălbenele, sovârv de umplut flori, dumbravnic şi sulcină de pus printre straie, cine umblă? Povestea cântecului:

Fă-mă, Doamne, val de tei
Şi m-aruncă-ntre femei!

Şi, scurtă vorbă, unde erau trei, eu eram al patrulea.

[La scăldat]

Dar când auzeam de legănat copilul, nu ştiu cum îmi venea; căci tocmai pe mine căzuse păcatul, să fiu mai mare între fraţi, însă ce era să faci, când te roagă mama? Dar în ziua aceea, în care mă rugase ea, era un senin pe cer şi aşa de frumos şi de cald afară că-ţi venea să te scalzi pe uscat, ca găinile. Văzând eu o vreme ca asta, am şparlit-o la baltă, cu gând rău asupra mamei, cât îmi era de mamă şi de necăjită. Adevăr spun, căci Dumnezeu e deasupra! De la o vreme, mama, crezând că-s prin livadă undeva, iese afară şi începe a striga, de da duhul dintr-nsa: „Ioane! Ioane, Ioane!" şi Ion, pace! Văzând ea că nu dau răspuns de nicăieri, lasă toate în pământ şi se ia după mine la baltă, unde ştia că mă duc; şi când colo, mă vede tolăgit cu pielea goală pe nisip, cât îmi ţi-i gliganul; apoi în picioare ţinând la urechi câte o lespegioară fierbinte de la soare, cu argint printr-nsele, şi aci săream într-un picior, aci în celălalt; aci plecam capul în dreapta şi la stânga, spunând cuvintele:

Auraş, păcuraş,
Scoate apa din urechi,
Că ţi-oi da parale vechi;
Şi ţi-oi spăla cofele,
Şi ţi-oi bate dobele!

După aceea zvârleam pietrele, pe rând, în ştioalna unde mă scăldam: una pentru Dumnezeu şi una pentru dracul, făcând parte dreaptă la amândoi; apoi mai zvârleam câteva de încuiam pe dracul în fundul ştioalnei, cu bulbuci la gură; ş-apoi, huştiuliuc! şi eu în ştioalnă, de-a cufundul, să prind pe dracul de-un picior, căci aşa ni era obiceiul să facem la scăldat, de pe când Adam-Babadam. După asta, mă mai cufundam de trei ori în rând, pentru

Tatăl, Fiul şi Duhul Sfânt, şi înc-o dată pentru Amin. Apoi mă trăgeam încetişor pe-o coastă, la marginea bălţii, cât mi ţi-i moronul, şi mă uitam pe furiş cum se joacă apa cu picioruşele cele mândre ale unor fete ce ghileau pânză din susul meu. Mai frumos lucru nici că se mai poate, cred!

Toate acestea le privea biata mamă, uitată cu mâinile subsuoară, cum e omul necăjit, de după un dâmb de prund, aproape de mine. Dar eu n-o vedeam pe dânsa, căci eram în treabă. În totului-tot, a fi trecut la mijloc vreo jumătate de ceas, cât a zăbovit mama acolo, mai vreo trei-patru de când fugisem de acasă, ş-ar fi trebuit să înceapă a mi se pune soarele drept inimă, după cum se zice, căci era trecut de amiază. însă eu, în starea în care mă aflam, fiind cuprins de fericire, uitasem că mai trăiesc pe lume! În sfârşit, mama cât era de ea tare de cap, de la o vreme pierde răbdarea şi vine, tiptil, în vârful degetelor, pe la spatele meu, când mă uitam la fete, cum vă spun, îmi ia toate hainele frumuşel de pe mal şi mă lasă cu pielea goală în baltă, zicându-mi cu năduh:

— Îi veni tu acasă, coropcarule, dacă te-a răzbi foamea, ş-apoi atunci vom avea altă vorbă. Şi se tot duce.

Ei, ei! ce-i de făcut, Ioane? Fetele de la ghilit, care văzuse asta, numa-şi dau ghiont una alteia şi chicoteau pe socoteala mea, de răsuna prundul. Iară eu intram în pământ de ruşine şi cât pe ce să mă înec, de ciudă ce-mi era. Şi din dragostea cea mare de mai dinioarea, îmi venea acum să le strâng de gât, nu altceva. Dar vorba ceea: „Poţi opri vântul, apa şi gurile oamenilor?" De aceea le-am lăsat şi eu pe fete să râdă, până li se duce gura la urechi, şi pândind vreme pe când şed ele plecate şi dau pânza în apă la ghilit, fac ţuşti! din baltă, s-o iau la sănătoasa; şi aşa fugeam de tare pe prund, de săreau pietrele, pe care le stârneam cu picioarele, cât mine de sus. Şi fuga, şi fuga, fără să mai mă uit în urmă, până ce dau între hudiţi, pe drumul care ducea la noi acasă. Dar nu merg pe drum, de ruşine să nu întâlnesc vreun om; ci sar în grădină la Costache, şi merg tupiluş prin păpuşoi; apoi într-o hudiţă, din hudiţă în grădină la Trăsnea, şi iar prin păpuşoi; şi când aproape să ies din grădină, mă simţesc cânii lui Trăsnea, şi la mine, să mă rupă. Ce-i de făcut? Auzisem eu din oameni, că dacă vrei să nu te muşte câinii şi să te lase în pace, cum îi vezi că sar la tine, să te tupilezi jos, la pământ, şi să-i laşi să te latre cât le place, fără să te urneşti din loc. Căci ei bat cât bat, şi de la o vreme, te părăsesc şi se duc. Şi adevărat este; căci aşa am scăpat şi eu de cânii lui Trăsnea, atunci când am dat peste păcat cu ei şi ei cu mine. Noroc din ceriu până în pământ, că nu m-a prins melianul şi haramninul de Trăsnea, care avea mare ciudă pe mine, de când mă zăpsise în grădina lui, la furat mere domneşti şi pere sântilieşti, căci m-ar fi znopit în bătaie. Ş-apoi numai asta mi-ar fi mai trebuit acum, cât eram de pricopsit! În sfârşit, după ce m-au lăsat câinii lui Trăsnea în pace, cum v-am spus, am sărit în răspintenele unui drum; de acolo în grădină, la noi, şi atunci mi s-a părut că mă aflu în sânul lui Dumnezeu. Şi merg eu acum fără pasăre prin păpuşoi până în dreptul ogrăzii şi mă uit printre gard, şi văd pe mama cum se dă în vânt după treburi, când în casă, când afară: şi-mi era mai mare mila de dânsa, dar şi de pântecele meu cel stocit de apă încă îmi era milă. Vorba ceea: „Milă mi-e de tine, dar de mine mi se rupe inima de milă ce-mi este". Şi nemaiputând suferi foamea, încep a mărnăi ugilit printre gard: „Mămucă, iacătă-mă-s"! Ş-odată şi sar în ogradă, mă înfăţoşez dinaintea mamei, aşa chipos, cum eram, îi apuc mână cu sila, o sărut şi zic, scâncind: „Mamă, bate-mă, ucide-mă, spânzură-mă, fă ce ştii cu mine; numai dă-mi ceva de mâncare, că mor de foame!". Vorba ceea: „Golătatea înconjură, iară foamea dă de-a dreptul". Ea atunci, cum e mama cu bunătate, se uită galiş la mine şi zice oftând:

— Bine-ţi şede, coşcogeme coblizan, să umbli lela pe drumuri, în halul acesta, şi să mă laşi la vremea asta fără leac de ajutor! Hai de mănâncă, dar să ştii, că mi te-ai lehămetit de la inimă; doar să te porţi de acum tare bine, să mai fiu ceea ce am fost pentru tine; dar nu ştiu, zău!

Şi, scurtă vorbă, văzând că m-am pus rău cu mama, îi giuruiesc eu, că ce-am făcut n-oi mai face; apoi umblu tot cu binişorul pe lângă dânsa şi nu ies din cuvântul ei afară nici cu fapta, nici cu vorba; căci „Vorba dulce mult aduce"; la trebi-s hărnicuţ cât se poate; derdicam şi măturam prin casă, ca o fată mare, de nu avea mama grijă, când se ducea undeva. Şi într-o zi o văd că mă sărută şi-mi zice cu blândeţe:

— Dumnezeu să te înzilească, Ionică, dragul mamei, şi să-şi deie toate darurile sale cele bogate, dacă te-i purta cum văd că te porţi de o bucată de vreme încoace.

Atunci, eu, pe loc am început a plânge şi bucuria mea n-a fost proastă. Şi mai multă mustrare am simţit în cugetul meu, decât oricând. Şi de m-ar fi bătut mama cu toate gardurile şi de m-ar fi izgonit de la casă, ca pe un străin, tot n-aş fi rămas aşa de umilit în faţa ei, ca atunci când m-a luat cu binişorul. Şi să nu credeţi că nu mi-am ţinut cuvântul de joi mai de-apoi, pentru că aşa am fost eu, răbdător şi statornic la vorbă în felul meu. Şi nu că mă laud, căci lauda-i faţă: prin somn, nu cerearn demâncare; dacă mă sculam, numai aşteptam să-mi dea alţii; şi când era de făcut ceva treabă, o cam răream de pe-acasă. Ş-apoi mai aveam şi alte bunuri: când mă lua cineva cu răul, puţină treabă făcea cu mine; când mă lua cu binişorul, nici atâta; iar când mă lăsa de capul meu, făceam câte o drăguţă de trebuşoară ca aceea, de nici Sfânta Nastasia, izbăvitoarea de otravă, nu era în stare a o desface cu tot meşteşugul ei.

Povestea ceea: „Un nebun arunc-o piatră în baltă, şi zece cuminţi n-o pot scoate".

În sfârşit, ce mai atâta vorbă pentru nimica toată? Ia, am fost şi eu, în lumea asta, un boţ cu ochi, o bucată de humă însufleţită din Humuleşti, care nici frumos până la douăzeci de ani, nici cuminte până la treizeci şi nici bogat până la patruzeci, nu m-am făcut. Dar şi sărac aşa ca în anul acesta, ca în anul trecut şi ca de când sunt, niciodată n-am fost!

III.

Nu mi-ar fi ciudă încaltea, când ai fi şi tu ceva şi de te miri unde, îmi zice cugetul meu; dar aşa, un boţ cu ochi ce te găseşti o bucată de humă însufleţită din sat de la noi şi nu te lasă inima să taci: asurzeşti lumea cu ţărăniile tale!

— Nu mă lasă, vezi bine, cugete, căci şi eu sunt om din doi oameni; şi satul Humuleşti în care m-am trezit, nu-i un sat lăturalnic, mocnit şi lipsit de priveliştea lumii, ca alte sate; şi locurile care înconjoară satul nostru încă-s vrednice de amintiri. Din sus de Humuleşti vin Vânătorii Neamţului, cu sămânţă de oameni de aceia, care s-au hărţuit odinioară cu Şobietzki, craiul polonilor. Şi mai din sus, monăstirile Secul şi Neamţul, altădată fala bisericii române şi a doua visterie a Moldovei. Din jos vin satele Boiştea şi Ghindăoani, care înjugă numai boi ungureşti la carele lor; unde plugurile rămân singurele pe brazdă în ţarină, cu săptămânile; prisăcile, fără prisăcar; holdele, fără jitar; şi nimeni nu se atinge de ele; iar oamenii din aceste sate nu ştiu ce-i judecata. Aproape de Boişte vine satul Blebea, care mai mult de jumătate, după ce-şi scapă căciula pe baltă, zice: „Să fie de sufletul tatei!"

Înspre apus-miazăzi, vin monăstirile: Agapia, cea tăinuită de lume; Văraticul, unde şi-a petrecut viaţa Brâncoveanca cea bogată şi milostivă; şi satele Filioara, hăţaşul căprioarelor cu sprâncene, scăpate din monăstire; Bălţăteştii, cei plini de salamură, şi Ceahlăieştii, Topoliţa şi Ocea, care alungă cioara cu perja-n gură tocmai dincolo peste hotar; iar spre Crivăţ, peste Ozană, vine Târgul-Neamţului, cu mahalalele Pometea de sub dealul Cociorva, unde la toată casa este livadă mare; Ţuţuienii, veniţi din Ardeal, care mănâncă slănina râncedă, se ţin de coada oilor, lucrează lână şi sunt vestiţi pentru teascurile de făcut ulei; şi Condrenii cu morile de pe Nemţişor şi piuăle de făcut sumani. Iar deasupra Condrenilor, pe vârful unui deal nalt şi plin de tihărăi se află vestita Cetatea Neamţului, îngrădită cu pustiu, acoperită de fulger, locuită vara de vitele fugărite de strechie şi străjuită de ceucele şi vindereii care au găsit-o bună de făcut cuiburi într-însa... Dar asta nu mă priveşte pe mine, băiet din Humuleşti. Eu am altă treabă de făcut; vreau să-mi dau seama despre satul nostru, despre copilăria petrecută în el şi atâta-i tot.

Câţi domnitori şi mitropoliţi s-au rânduit la scaunul Moldovei, de când e ţara asta, au trebuit să treacă măcar o dată prin Humuleşti spre monăstiri. Apoi, unde pui cealaltă lume care s-a purtat prin satul nostru, şi tot lume mai mult bogată şi aleasă; mă rog, la Monăstirea Neamţului: icoană făcătoare de minuni, casă de nebuni, hram de Ispas şi iarmaroc în târg, tot atunci; apoi tot pe aici, treacăt spre iarmaroace: la Piatră, de Duminica Mare şi la Folticeni de Sânt-Ilie, la Secu, hram de Tăierea capului Sf. Ioan Botezătorul; la Agapia-n deal, hram de Schimbarea la Faţă; la Agapia-n vale, hram de Sfinţii Voievozi; şi la Văraticu, hram de Sfântă Măria Mare; lume şi iar lume! Şi câte târnosiri şi sfinţiri de biserici din nou; şi câte soboare şi revizii de feţe bisericeşti şi politiceşti; şi câţi străini din toată lumea, şi câte inimi purtate de dor; şi câte suflete zdrobite şi rătăcite n-au trecut prin satul nostru spre mânăstiri? Lume, lume şi iar lume! Şi câte oştiri străine şi o droaie de cătane călări, tot nemţi de cei mari, îmbrăcaţi numai în fir, au trecut în vremea copilăriei mele, cu săbiile scoase prin Humuleşti, spre mânăstirile de maice, după Nataliţa cea frumoasă; şi au făcut nemţii mare tărăboi prin mânăstiri, şi au răscolit de-a fir-a-păr toate chiliile maicilor, dar n-au găsit-o, căci beciul privighetorului Pârvu din Târgul-Neamţului putea să tăinuiască, la nevoie, o Domniţă. Şi noroc de vărăticence, care au ştiut a-i domoli, luându-i cu binişorul şi a-i face să-şi bage săbiile în teacă, spunându-le că cei ce scot sabia, de sabie vor peri!

Dar ce-mi bat eu capul cu craii şi cu împăraţii, şi nu îmi caut copilăria petrecută în Humuleşti şi de nevoile mele? Aşa era cu cale, să fac de la început; dar am ţinut să arăt că humuleştenii nu-s trăiţi ca în bârlogul ursului, ci au fericirea de a vedea lume de toată mâna.

La 1852, în ziua când s-a sfinţit paraclisul spitalului din Târgul-Neamţului şi s-a deschis şcoala domnească de acolo, eu, împreună cu alţi băieţi, isonari ai bisericii, stăm aproape de Ghica-Vodă, care era faţă la acea serbare, înconjurat de o mulţime de lume, şi nu ne mai săturam privindu-l. Şi el, frumos la chip şi blând cum era, văzându-ne pe mai toţi de-a rândul îmbrăcaţi cu cămeşuice cusute cu bibiluri şi albe cum e helgea, cu bondiţe mândre, cu iţari de ţigae şi încălţaţi cu opincuţe, spălaţi curat şi pieptănaţi, cu ruşinea zugrăvită în faţă şi cu frica lui Dumnezeu în inimă, aruncă o privire părintească spre noi, şi zise:

— Iată, copii, şcoala şi sfânta biserică, izvoarele mângâierii şi ale fericii sufleteşti; folosiţi-vă de ele şi vă luminaţi, şi pre Domnul lăudaţi!

Aceste vorbe, rostite din gura domnească, au brăzdat adânc inima norodului adunat acolo, şi fără întârziere, şcoala s-a umplut de băieţi doriţi de învăţătură, între care eram şi eu, cel mai bun de hârjoană şi slăvit de leneş; leneş fără pereche mă făcusem, căci mama, după câtă minte avea, nu se îndura să mă mai trimită acum nici la o cofă de apă, numai să învăţ carte şi să mă fac popă, ca părintele Isaia Duhu, profesorul nostru. Bun mai era şi părintele Duhu, când se afla în toane bune, Dumnezeu să-l ierte! Pus-a el băieţii în rânduială cum nu mai văzusem până atunci; cumpăra-ni el, vara, din banii săi, cofe de zmeură şi fel de fel de puricale, de ni da să mâncăm, şi mai în toată sâmbăta, ne încărca în o droagă de-a Monăstirii Neamţului şi ne ducea la stăriţie, să dăm esamen dinaintea stariţului Neonil, un bătrân olog, care ne sfătuia cu duhul blândeţei, să ne ţinem de ceaslov şi psaltire; căci toate celelalte învăţături, zicea el, sunt numai nişte ereticii, care mai mult amărăsc inima şi tulbură sufletul omului. Dar fost-a scris părintelui Duhu să nu asculte în totul sfaturile cuviosului stariţ, ci să ne înveţe şi câte oleacă de aritmetică, de gramatică, de geografie şi din toate câte ceva, după priceperea noastră.

Odată, venind părintele Duhu supărat foc de la mănăstire, ne dete la regula de trei tema următoare:

— Dacă o para luată pe nedreptul îţi mănâncă o sută drepte, apoi şase mii de lei (leafa mea pe un an), care mi-a oprit-o stariţul Neonil, pe nedreptul, câte parale drepte vor mânca de la Monăstirea Neamţului?

— Douăzeci şi patru de milioane de parale, cinstite părinte, sau şase sute de mii de lei, răspunse unul dintre noi, cu crida la tabelă.

— Ia să-mi facă Nică Oşlobanu încredinţarea, zise părintele Duhu.

Nică Oşlobanu, ca de obicei, se scoală în picioare, cât mi ţi-i melianul şi se roagă de iertare, spunând că-l doare capul. Şi atunci nu ştiu cum îi cade un urs mare din sân şi de-a dura prin clasă; nu de cei pe care-i joacă ursarii, ci de mămăligă, umplut cu brânză, rotund, prăjit pe jăratic şi bun de pus drept inimă, când ţi-e foame. Băieţii dau să-l prindă, Oşlobanu se aruncă în mijlocul lor, să şi-l ieie; şi se face o chirfosală şi-un râs în şcoală din pricina ursului celuia, de-i pozně. Atunci, parcă-l văd cum s-a plesnit părintele Duhu cu palma peste frunte, zicând c-un oftat adânc:

— Pesemne păcatele mele cele mari şi grele m-au aruncat şi aici, să învăţ nişte ţopârlani sălbatici. Mai fericit erai de-o mie de ori să paşti porcii la Cogeasca-Veche, Isaie decât să mai fi ajuns şi zilele aceste! Iar tu, moglanule de Oşlobane, care te robeşti pântecelui şi nu-ţi dai câtuşi de puţină osteneală minţii, te-i face popă, ca tată-tău, când s-or pusnici toţi bivolii din Monăstirea Neamţului!...

Oşlobanu, prost-prost, dar să nu-l atingă cineva cu cât e negru sub unghie, că-şi azvârle ţărnă după cap ca buhaiul. Cum se duce sara acasă, şi spune tatâne-său ce a zis părintele Isaia. Ş-apoi las' pe popa Niculai Oşlobanu, căci el nu prea ştie multe; slujeşte câte trei liturghii pe zi şi pomeneşte la hurtă: pe monachi şi ieromonachi, pe stariţi, pe mitropoliţi şi pe soţiile şi copiii lor, de le merge colbul...

Într-o dimineaţă, n-are ce lucra părintele Duhu? Ie pe Teofan, alt călugăr de la spital, şi se duc împreună la biserica Sfântului Lazăr de sub dealul cetăţii. Şi cum intră în biserică încep a căuta pricină părintelui Oşlobanu, care slujea, că nu se ţine de tipic.

— Tipic, boaite făţarnice? Ia să vă dau eu tipic, zise părintele Oşlobanu, lăsând sfintele încolo. Ne-aţi luat cu şmichirie pe marele mucenic Dimitrie, izvorâtorul de mir şi ne-aţi dat în locul acestui sfânt vestit, pe Lazăr, un jidan tremţuros, care tot moare şi iar învie; şi învie şi iar moare, de nu mai ştie nimeni de numele lui. Acesta-i hram? Şi după ce ne-aţi calicit luându-ne moşia şi închizându-ne biserica cu zid, închideţi acum în ciudă şi poarta spitalului; ba până şi clopotele ni le-au oprit de tras cânerii de doftori, tot din pricina voastră, de ni s-au împrăştiat poporenii; nici chioară de babă nu mai dă pe la biserică! Şi încă una: de şaizeci şi mai bine de ani, de când slujesc preuţia, voi aveţi să mă învăţaţi tipicul, pui de năpârcă ce sunteţi? Ia staţi oleacă, să vă scot eu gărgăunii din cap!...

Şi zvârr! cu pravila cea mare după călugări. Apoi, umflând un sfeşnic zdravăn de alamă, după dânşii, să-i afurisească... Şi, na! părintele Duhu şi Teofan şi-au prăpădit papucii, fugind mai mult pe brânci decât în picioare; chiar după tipic...

A doua zi, Nică Oşlobanu, ca mai ba să deie pe la şcoală; dar nici părintele Duhu pe la biserica Sfântului Lazăr, că l-ar fi pironit părintele Oşlobanu pe cruce şi l-ar fi pus în podul bisericii spre păstrare, cu parte din icoanele rămase aici de la Cetatea Neamţului. Şi mi se pare că avea mare dreptate bietul bătrân; căci în locul bisericii Sfântului Lazăr, fusese altă biserică de lemn, al cărei hram era Sfântul Dimitrie, făcută şi înzestrată cu moşie de Vasile Lupu voivod, ca şi cea de la noi, din Humuleşti. însă Monăstirea Neamţului, bună mehenghe, când a făcut spitalul Târgul-Neamţului, face şi biserica Sfântului Dumitru de piatră, îi schimbă hramul, numind-o Sfântul Lazăr, o închide cu zid în cuprinsul spitalului, şi hramul Sfântului Dumitru l-a pus în paraclisul de la spital. Iar moşia preuţilor au păpat-o ca şi pe moşia Humuleştii. Şi de aici supărarea părintelui Oşlobanu ajunsese la culme; să nu vadă sământă de călugăr pe la biserica lui, că-i potopeşte! Ca prin urechile acului de n-a făcut mucenic pe părintele Duhu, în locul Sfântului Dumitru, izvorâtorul de mir.

Peste câteva zile după asta, auzim că Nică Oşlobanu s-a dus să înveţe la şcoala catihetică din Folticeni, vorbă să fie! Văru-meu Ion Mogorogea, Gâtlan, Trăsnea şi alţi cunoscuţi ai mei se dusese tot acolo mai de mult; bineînţeles, pe socoteala pungii părinţilor lor. Şi eu, rămânând fără tovarăşi de ispravă, şi mai dându-mi şi părintele Isaia un pui de bate, aşa din senin, cihăiam pe mama, să se pună pe lângă tata, ca doar m-a da şi pe mine la catihet; măcar că eram un ghibirdic şi jumătate.

Galbeni, stupi, oi, cai, boi şi alte bagateluri de alde aceste, prefăcute în parale, trebuia să ducă dascălii plocon catihetului de la fabrica de popi din Folticeni; ş-apoi lasă-te în *Conta* sfinţiei-sale, că te scoate poponeţ ca din cutie... Pentru mine însă numai două merţe de orz şi două de ovăz a dat cui se cuvine, de am fost primit în Folticeni, căci şcoala era numai de mântuială; boii să iasă! Ajungând acolo toamna târziu, m-am aşezat în gazdă la Pavel ciubotarul din uliţa Rădăşenii, unde erau şi ceilalţi tovarăşi ai mei. Catihetul, care făcea ziua noaptea şi noaptea zi, jucând stos, rar venea pe la şcoală. Noi, dacă vedeam aşa, ne duceam şi mai rar; dar nebunii ştiu că făceam de-ajuns.

Pavăl era holtei şi casa lui destul de încăpătoare: lăiţi şi paturi de jur-împrejur; lângă sobă, altul; şi toate erau prinse. Iară gazda, robotind zi şi noaptea, se proslăvea pe cuptor, între şanuri, calupuri, astrăgaciu, bedreag, dichiciu şi alte custuri tăioase, muşchea, piedică, hască şi clin, ace, sule, cleşte, pilă, ciocan, ghinţ, piele, aţă, hârbul cu călacan, clei şi tot ce trebuie unui ciubotar. Cu noi şedea şi Bodrângă, un moşneag fără căpătâi, însă de tot hazul. Pentru puţină mâncare şi câte-oleacă de pască de cea de trei ocă la para, slujea toată casa; tăia lemne, aţâţa focul, aducea apă, mătura, ne spunea la poveşti nopţi întregi, şezând cu nasul în tăciuni, şi ne cânta din fluier: Doina, care te umple de fiori, Corăbiasca, Măriuţa, Horodinca, Alivencile, Ţiitura, Ca la uşa cortului, Hori şi alte cântece sculăţele ca aceste, de jucam până ce asudau podelele şi ne sărea talpele de la ciubote cu călcâie cu tot; că doar acum o dădusem şi eu pe ciubote. Şi din pricina lui Pepelea de moş Bodrângă, Pavel mai nu le putea dovedi din cârpit; ba şi el, uneori, sărindu-şi din minţi, îşi rupea ciubotele ferfeniţă, jucând împreună cu noi.

Odată venise lui Oşlobanu rândul să cumpere lemne; şi aşa, cu toată cărpănoşia lui, iese câne-câneşte în medean, aproape de gazda noastră, şi găseşte un ţăran de la Sasca, pare-mi-se, ori de la Baia, cu un car încărcat cu lodbe de fag.

— Cât cei pe car bade? zise Oşlobanu, căruia nu-i era a cumpăra lemne, cum nu mi-e mie acum a mă face popă.

— Trei husăşi, dascăle.

— Ce spui, bădişorule; pentru un braţ de lemne? Dacă le duc în spate pe toate o dată până acasă.

— Dacă le-i duce, dascăle, ţi le dau degeaba.

— Zău, nu şuguieşti, bade?

— Nici o şagă, să vedem cum le-i duce şi halal să-ţi fie! Oşlobanu ia atunci lemnele din carul omului câte unul-unul şi le reazămă în picioare lângă braţu-i; după aceea descinge brâu! de pe lângă sine şi le împrejură, legându-le frumuşel, să nu se hrenţuiasă; apoi, săltându-le şi aburcându-le cam nevoie, le umflă în spate şi la gazdă cu dânsele. Un băietan nebunatic de alăturea, văzând asta, zise cu glas mare:

Dascăle,
Trascăle,
Be-he-he!
Dracul să te ie!

Iar ţăranul, făcându-şi cruce, a rămas cu gura căscată, fără să bleştească un cuvânt. Acum nu vă mai spun cât era de încărcat carul de lemne, care la aşa loc, ţinea pe vremea aceea şapte lei şi jumătate, şi cât era de mare şi de tare Nică Oşlobanu şi alţi vreo şaizeci ca dânsul, între care mulţi lăsându-şi nevestele câte cu doi-trei copii acasă în creierii munţilor, venise la Folticeni, să se pricopsească de învăţătură... Ş-apoi carte se învăţa acolo, nu glumă: unii cântau la psaltichie, colea, cu ifos:

Ison, oligon, petasti,
Două chendime; homili

până ce răguşeau ca măgarii; alţii dintr-o răsuflare spuneau cu ochii închişi cele şapte taine din catihisul cel mare. Gâtlan se certă şi prin somn cu uriaşul Goliat. Musteciosul Davidică de la Fărcaşa, până tipăria o mămăligă, mântuia de spus pe de rost, repede şi fără greş, toată istoria Vechiului Testament de Filaret Scriban, împărţită în perioade; şi pronumele conjunctive de dativ şi acuzativ din gramatica lui Măcărescu:

— Mi-ţi-i, ni-vi-li, me-te-îl-o, ne-ve-i-le, me-te-îl-o, ne-ve-i-le, mi-ţi-i, ni-vi-li.

Ce-a fi aceea, ducă-se pe pustii! Unii dondăniau ca nebunii, până-i apuca ameţeală; alţii o duceau numai într-un muget, cetind până le pierea vederea; la unii le umblau buzele parcă erau cuprinşi de pedepsie; cei mai mulţi umblau bezmetici şi stăteau pe gânduri, văzând cum îşi pierd vremea, şi numai oftau din greu, ştiind câte nevoi îi aşteaptă acasă. Şi turbare de cap şi frântură de limbă ca la aceşti nefericiţi dascăli nu mi s-a mai dat a vedea; cumplit meşteşug de tâmpenie, Doamne fereşte!

De-a mai mare dragul să fi privit pe Davidică, flăcău de munte: cu barba în furculiţă şi favorite frumoase; cu pletele creţe şi negre ca pana corbului; cu fruntea lată şi senină; cu sprâncenele stufoase; cu ochii mari, negri ca murele şi scânteietori ca fulgerul; cu obrajii rumeni ca doi bujori; nalt la stat, lat în spete, subţire la mijloc, mlădios ca un mesteacăn, uşor ca o căprioară şi ruşinos ca o fată mare. Dumnezeu să-l ierte! că nu avu parte să se preuţească; a murit, sărmanul, înainte de vreme, înecat cu pronumele conjunctive, peritu-le-ar fi numele să le peară, că au mâncat juvaier de flăcău!

Mai bună minte avea Mirăuţă din Grumăzeşti, care umbla trela-lela în puterea iernii pe la tărăbile jidoveşti, întrebând: ba teacă de cosor, ba căpestre de purici, ba cuie de la corabia lui Noe, ba fragi şi căpşune pentru cineva care pornise într-adaos, ba cânta în pildă jidovilor:

Nu mi-e ciudă pe gândac,
C-a mâncat frunza de fag;
Dar mi-e ciudă pe omidă,
C-a mâncat frunza de crudă:
N-a lăsat să odrăslească,
Voinicii să se umbrească.

Şi alte drăcării ce-i trăsneau în cap. Nebun era el, să-şi piardă viaţa din pricina lui „mi-ţi-i, ni-vi-li, me-te-îl-o, ne-ve-i-le", ca Davidică?

Eu, ca şi Mirăuţă, nu mă prea osteneam până într-atâta, să mor învăţând; că doar nu-mi plângeau copii acasă, nici dădusem catihetului cel poclon mare până pe acolo. Pentru două merţe de orz şi două de ovăz, nu era să las copila popei de la Folticenii-Vechi nemângâiată. Afară de aceasta, când mă uitam în oglindă, barbă şi musteţe ca în palmă; şi doar le pârleam eu într-o privire şi le ungeam în toată sara cu său amestecat cu muc de lumânare şi alună arsă; dar degeaba muncă! Ş-apoi, intrat în asemenea şcoală, mai numai barba şi punga, bat-o pustia, te făcea să calci a popă!

D-apoi lui Trăsnea, săracul, ce-i păţea sufletul cu gramatica! Odată îmi zise el, plin de mâhnire:

— Ştefănescule (căci aşa mă numeam la Folticeni), astăzi nu mai mergeam la şcoală, că nu ştiu tabla şi vreau să învăţ pe mâne la gramatică. Mă rog ţie, hai cu mine la câmp spre Folticenii-Vechi, vom învăţa împreună, sau câte unul; eu la gramatică şi tu la ce-i vrea; apoi mi-i asculta, să vedem nu s-a prinde şi de capul meu ceva? Las' că nici la celelalte nu prea pot învăţa cu slova asta nouă care a ieşit; însă afurisita de gramatică îmi scoate peri albi, trăsni-o-ar fi s-o trăsnească! Parcă ai ce face cu dânsa la biserică? Dar dacă se cere!... Am s-o iau şi eu din capăt, şi poate cu tine, care ai trecut pe la părintele Duhu, să mă pot desluşi...

Fiindcă la Folticenii-Vechi era ceva mângâiere pentru mine, mă potrivesc lui Trăsnea şi ne ducem împreună. Şi era un ger uscat prin luna lui noemvrie, şi bătea un vântişor subţire în ziua aceea, de-ţi frigea obrazul! Cum ajungem la câmp, Trăsnea se tologeşte pe un hat, şi începe la gramatică din capăt, întrebarea şi răspunsul întâiu:

Întrebare: Ce este Gramatica română?

Răspuns: Gramatica română este cartea ce ne învaţă a vorbi şi a scrie o limbă corect.

Iar în altă ediţie:

Gramatica este o învăţătură ce ne arată modul de a vorbi şi de a scrie bine într-o limbă.

Asta-i asta; din ceaslov şi psaltire, şi acele bălmujite rău ca vai de ele, să treci la gramatică. Şi încă ce gramatică! Nu ca aceste de acum, pozderie de gramatici, unele „raţionale”, altele „dezvoltate” şi ticsite de „complimente” care, trebuie spus fără compliment, îţi esplică... până ce nu se mai înţelege nimica: adică făcute anume pentru copii, de se joacă cu dânsele, de uşoare ce sunt!... însă ce folos?! Peste Trăsnea n-a dat asemenea noroc... să umble într-ales... El, păcătosul, uitaţi-vă ce fel de gramatică trebuia să înveţe: „artea, corect, într-o limbă; silabă numim un sunet deplin, simplu sau compus cu una din consune şi cu mai multe consune, care însă să se pronunţe cu o scoatere de voce". Iar în altă ediţie: „Prin silabă înţelegem rostitura unei părţi de cuvânt ş.c.l".

Ei, ei! de acum drege-ţi „voacea" şi descurcă-te, măi Trăsne, dacă poţi. Iar la a treia pagină, îndată altă năzbâtie:

Întrebare: Câte părţi are Gramatica română?

Răspuns: Gramatica română are patru părţi, care sunt:

1. Etimologia; 2. Sintaxa; 3. Ortografia şi 4. Prozodia.

Întrebare: Ce ne învaţă fiecare din părţile acestea?

Răspuns: 1. Etimologia ne învaţă a cunoaşte părţile vorbei, adică analizul gramatical.

2. Sintaxa ne învaţă a lega părţile vorbei după firea limbii noastre, adică sintesul gramatical.

3. Ortografia ne învaţă a scrie bine, adică după regulile gramaticei.

4. Prosodia ne învaţă a accentua silabele şi a le rosti după firea cuvintelor şi scopul ce-l avem în vorbire.

Apoi: mi-ţi-i, ni-vi-li, me-te-îl-o, ne-ve-i-le. Şi alte iznoave hăzoase ca aceste! Mai pune la socoteală, că şi Trăsnea era înaintat în vârstă, bucher de frunte şi tâmp în felul său; că profesorul, care şi el se mira cum a ajuns profesor, zicea: „Luaţi de ici până ici", cum mi se pare că se mai face pe unele locuri şi astăzi, şi poate că nu veţi aduce bănat, ci nici gramaticului, nici profesorului, nici lui Trăsnea ci întâmplării, care a făcut pe oameni aşa cum sunt: ori cuţite de oţel, ori de tinichea...

Ş-apoi gândiţi că Trăsnea citea întrebarea şi răspunsul, fiecare pe rând, rar şi lămurit, ca să se poate înţelege ceva? Nu aşa, necredincioşilor, ci iată cum: „Ce este gramatica română, este... ce este este... arata... nu artea, artea... artea, ce... ce.... ce ne învaţă... învaţă... învaţă... ce ne învaţă: a vorbi... bi... bi..., ce ne învaţă... ce este, este... este arata, uite dracu! nu arata, artea ce ne învaţă... ce este, este..." Şi tot aşa dondănind foarte repede, bâlbâit şi fără pic de cugetare; până la „a scrie într-o limbă corect" rar ajungea, sărmanul! Şi după ce turba de cap hăt-bine, mă striga să-l ascult, că ştie. Luam eu cartea din mâna lui şi-l întrebam: „Ce este gramatica, măi Trăsnea?" Iar el, închizând ochii, răspundea iute-iute şi mornăit, cum cer calicii la pod:

— Ce este gramatica română, este... ce este, este... şi celelalte, după obiceiu, schimonosind cuvintele şi îndrugându-le fără nici o noimă, de-ţi venea să-i plângi de milă!

— Nu aşa, măi Trăsne!

— Dar cum?

— Nu mai zice română, şi spune numai răspunsul; ce ai cu întrebarea?

Şi se şi opintea el, într-o privire, să răspundă bine, dar degeaba; se încurca şi mai rău, începea a ofta şi-i venea să-şi spargă capul.

— Mai lasă-mă oleacă, zicea el necăjit; şi când te-oi striga, să vii iar să mă asculţi; şi de n-oi şti nici atunci, apoi dracul să mă ieie! Dă, gramatica să zicem că n-o înţeleg şi s-o lăsăm la o parte; artea, asemenea; corect, tiji. D-apoi „română, este... ce... ne învaţă a vorbi şi a scrie bine într-o limbă" parcă-s cuvinte româneşti; ce naiba! Numai şi aici trebuie să fie ceva: „a vorbi şi a scrie bine într-o limbă", îndrăcit lucru! Cum „să scrii într-o limbă?..." Poate cu limba, mai ştii păcatul? Pesemne că noi, cum s-ar prinde, las' că, de scris, talpa gâştei; dar apoi şi de vorbit, păcatele noastre, se vede că vorbim pogan şi rău de tot; nu româneşte, ci ţărăneşte... Doamne, Doamne! Învăţat mai trebuie să fie cel care face gramatici! Însă şi-n gramatică stau eu şi văd că masa tot masă, casa tot casă şi boul tot bou se zice, cum le ştiu eu, de la mama. Poate celelalte bâzdâgănii: „rostitură, artea, corect, pronunţe, analizul, sintezul, prosodia, ortografia, sintaxa, etimologia, concrete, abstracte, conjunctive: mi-ţi-i, ni-vi-li, me-te-îl-o, ne-ve-i-le" şi altele de seama acestora, să fie mai româneşti; şi noi, prostimea, habar nu aveam de dânsele! Noroc mare, că nu ne pune să le şi cântăm, c-ar fi şi mai rău de capul nostru cel hodorogit! Decât ţăran, mai bine să mori! Hai, du-te, Ştefănescule, că mă apuc de învăţat...

Şi lăsându-l, m-am dus şi eu în ciudă la fata popii, am găsit-o singură-singurică şi m-am jucat cu dânsa în ticnă până-ndesară; căci mamă nu avea şi tată-său, ca popa, umbla după căpătat... Apoi, m-am întors la câmp, cu zgărdiţa de la gâtul copilei, c-o năframă cusută frumos cu flori de mătasă şi cu sânul plin de mere domneşti; şi, când colo, zărghitul de Trăsnea dormea pe hat, cu gramatica sub nas, şi habar nu avea de frig. „Sărace, sărace! Nu eşti nici de zama ouălor; decât aşa, mai bine te făcea mă-ta un mânz şi te mâncau lupii" zic eu în mine.

— He! Trăsnea, mă! scoală! Ştii tabla? Sare el de jos, îl ascult: clei. Haidem acasă, măi Trăsne, că m-a răzbit foamea şi frigul, şi mor de urât aicea pe câmp!

— Da, că şi eu... Ducă-se dracului de gramatică! Mi s-a înăcrit sufletul de dânsa! Şi osebit de asta, nici nu mi-e bine.

— Un fel de lene, amestecată cu slăbiciune, mă Trăsne, nu-i aşa?

— Ba chiar ai nimerit: un fel de leşin la inimă, amestecat cu întinsori sau cam aşa ceva.

— Poate florile gramaticii, zic eu.

— Mai ştii păcatul? Poate că ş-aceea să fie, zise Trăsnea; căci dracul s-o iee! cum pui mâna pe dânsa, îndată-ţi vine somn... Flecuşteţe de-aceste nu se potrivesc cu rânduiala bisericii, s-a mântuit vorba... „Osmoglasnicul" este ce este... Vorba tatei: „Condacul umple sacul, şi troparul hambarul, măi băiete!" Ce umblăm noi chinuindu-ne cu gramatica, Ştefănescule? Haidem!

Şi ne întoarcem noi la gazdă pe la asfinţitul soarelui, mâncăm ce mâncăm ş-apoi rugăm pe moş Bodrângă să ne cânte; şi unde nu se adună o mulţime de dăscălime la noi, căci aici era staniştea lor; şi ne întărtăm la joc, ştii cole, ca la vârsta aceea, de nici simţirăm când a trecut noaptea. Şi aşa, am scăpat şi eu de urât şi Trăsnea a bolborosit prin somn: „ce este gramatica română, este... ce este, este...", ca alte dăţi.

Însă veselia nu s-a încheiat numai cu atâta; alta şi mai şi s-a început din capăt. N-apucase moş Bodrângă a lua bine fluierul de la gură, şi iaca ne trezim cu popa Buligă, ce-i ziceau şi Ciucălău, din uliţa Buciumenii, tămâiet şi aghezmuit gata des-dimineaţă, Dumnezeu să-l iepure! Şi cum ne binecuvântează, după obiceiul său, cu amândouă mâinile, ca vlădicii, ne şi trage câte un ibrişin pe la nas despre fata popei de la Folticenii-Vechi: ba că-i fată cuminte, ba că-i bună de preuteasă, ba c-ar fi potrivită cu mine, ba că are să mi-o lege tată-său de gât şi câte ponosuri şi tâlcuri de-a lui popa Buligă cel buclucaş, pân-a început Gâtlan a-l lua cu măgulele, zicând:

— Ia las', las', cinstite părinte; nu mai umbla şi sfinţia-ta cu scornituri de aceste chiar în ziua de lăsatul secului. Mai cântă încaltea, moş Bodrângă, un răstimp, să ne înveselim de ajuns, că părintele a fi bun şi ne-a ierta...

Moş Bodrângă, de cuvânt; iar începe a cânta şi, la joc, băieţi! Popa Buligă, deşi era bătrân, dacă vede că ni-i treaba de-aşa, unde nu-şi pune poalele antereului în brâu, zicând:

— Din partea mea, tot chef şi voie bună să vă dea Domnul, fiilor, cât a fi şi-ţi trăi!

Apoi zvârle potcapul deoparte; şi la joc de-a valma cu noi, de-i pălălăiau pletele. Şi tragem un ropot, şi două, şi trei, de era cât pe ce să scoatem sufletul din popă. Şi aşa l-am vlăguit, de-i era acum lehamite de noi. Dar vorba ceea: „Dacă te-ai băgat în joc, trebuie să joci!" De la o vreme, văzând bietul popă că s-a pus în cârd cu nebunii, începe s-o întoarcă la şurub:

— Mă aşteaptă nişte fii de duhovnicie, dragii mei, şi trebuie să mă duc mort-copt, căci acesta ni-i plugul.

Pavăl, gazda noastră, şi pune atunci un talger de uscături ş-o garafă cu vin dinaintea părintelui Buligă, zicând:

— Ia poftim, cinstite părinte, de-ţi lua din masa noastră oleacă de gustare şi un pahar-două de vin; ş-apoi văţi duce, dacă spuneţi c-aveţi aşa de mare grabă.

Sfinţia sa, nemaipunându-se de pricină, încrucişează mâinile, după obiceiu, îşi drege glasul şi spune cu smerenie:

— Binecuvântează, Doamne, mâncarea şi băuturica robilor tăi, amin! După aceea ridică un pahar, zicând: „Mă închin, băieţi, la faţa voastră cu sănătate, ca la un codru verde! Când ne-a fi mai rău, tot aşa să ne fie!" Şi dă paharul de duşcă; apoi încă vreo două-trei şi peste acele alte câteva! După aceea ne binecuvântează iar cu amândouă mâinile, zicând: „Ei, băieţi, de-acum liniştiţi-vă!" Şi apoi ne lasă în pace şi-şi caută de drum. Însă noi, vorba ceea:

Nici toate-ale doftorului,
Nici toate-a duhovnicului;
De ce petreci,
De ce-ai mai petrece!

Cam pe-nserate, ne luăm târâş, cu moş Bodrângă cu tot, şi ne băgăm într-o cinstită crâşmă, la fata vornicului de la Rădăşeni, unde mai multă lume se aduna de dragostea crâşmăriţei, decât de dorul vinului; căci era şi frumoasă, bat-o hazul s-o bată! Ş-apoi, măritată de curând după un vădăoiu bătrân ş-un „lă-mă, mamă”, cum e mai bine de tras la om în gazdă. Crâşmăriţa, cum ne-a văzut, pe loc ne-a sărit înainte şi ne-a dus deoparte, într-o odaie mare, cu obloane la fereşti şi podită pe jos, unde eram numai înde noi şi crâşmăriţa, când poftea, ca la casa ei.

Într-un colţ al odăii, câteva merţe de fasole: în altul, sămânţă de cânepă; în al treilea, o movilă de mere domneşti şi pere de Rădăşeni, care trăiesc pană pe după Paşti; în al patrulea, mazăre şi bob, despărţite prin o scândură lată, iar alături nişte bostani turceşti; într-o putină, pere uscate şi dulci ca smochinele; mai încolo, un teanc de chite de cânepă şi de in; pe o grindă, călepe de tort şi lânuri boite fel de fel pentru scoarţe şi lăicere; apoi câlţi, buci şi alte lucruri, zăhăite prin cele poliţi şi colţare, ca la casa unui gospodar fruntaş de pe vremea aceea.

Şi cum ne aflam noi în această binecuvântată casă, crâşmăriţa iute a lăsat obloanele în jos, a aprins lumânarea şi, cât ai bate din palme, ni s-a şi înfăţoşat cu o cană mare de lut, plină cu vin de Odobeşti; şi turnând prin pahare, săreau stropii de vin de-o şchioapă în sus, de tare ce era. Gâtlan, bun mehenghiu, ie un pahar şi-l întinde gazdei, zicând:

— Ia poftim, puiculiţă, de cinsteşte dumneata întâiu! Să vedem, poate c-ai pus ceva într-însul.

Crâşmăriţa cea frumoasă, luând paharul, se închină la toţi cu sănătate, râzându-i ochii, şi, după ce gustă puţin, se roagă să n-o zăbovim, că mai are şi alţi muşterei şi bărbatu-său nu poate dovedi singur. Dar ţi-ai găsit; noi aţiindu-i calea, o pofteam cu stăruinţă, să cinstească de la fiecare. Şi ea, tot ar fi stat mai mult cu noi, dacă n-am fi alungat-o prosteşte, mulţămindu-i câte c-o sărutare plină de foc!

— Aşa e tineretul ista, bată-l să-l bată, zise moş Bodrângă, şezând cucuiet pe nişte buci şi molfăind la pere uscate. Aveţi dreptate, băieţi, acum vi-i vremea!

— Şi cum zici, moşule, răspunse crâşmăriţa, intrând atunci pe uşă c-o strachină de plăcinte fierbinţi, c-o găină friptă şi punându-le pe masă dinaintea noastră. Şi, zău, mare pomană şi-a făcut, căci eram flămânzi ca nişte lupi! După ce mântuim de băut cana ceea, ni se aduce alta pentru care mulţumim crâşmăriţei tot cu sărutări, până ce se făcea că se mânie şi iar fugea dintre noi. Mai pe urmă, iar venea şi iar fugea, căci cam aşa se vinde vinul, pe unde se vinde... Ori mai ştii păcatul? Poate că nici crâşmăriţei nu-i era tocmai urât a sta între noi, de ne cerca aşa des. La urma urmelor, unde nu-i dă şi Trăsnea, cel urâcios, un pupoiu, fără veste.

Căci la de-aceste mai tot prostul se pricepe. Şi atunci crâşmăriţa cea frumoasă, curat că s-o mâniet. Dar ce să facem? Vorba ceea: „în care cămeşă s-a mâniet, într-aceea, s-a dezmâniat". Că altfel n-ai cum s-o ghilbăceşti.

De la o vreme, prinzând moş Bodrângă la inimă, să nu înceapă a cânta din fluier o Corăbiască din cele frământate în loc? Noi, atunce, să nu ne întărâtăm la joc? Şi aşa o fierbeam de tare, de nu ne-ajungea casa, şi dam chiorâş prin fasole, prin mazăre şi bob, şi sămânţa de cânepă se făcea oloiu, pârâind sub talpele noastre.

Cam pe după miezul nopţii, văzând că moş Bodrângă ne-a părăsit, începem şi noi a ne strecura câte unul, unul spre gazdă; eu cu sânul încărcat de pere uscate şi c-un bostan mare ce mi l-a dat crâşmăriţa; căci, pe cât era de frumoasă, pe atât era şi de darnică mititica... Şi când ajung la gazdă ce să vezi? Mai fiecare tovarăş al meu furase câte ceva; unul mere domneşti, altul pere de Rădăşeni, moş Bodrângă paşlise o grămadă de buci pentru aţâţat focul, şi Trăsnea, sământă de cânepă. Iar Oşlobanu, cu ciubotele dintr-o vacă şi cu talpele din alta, viind mai în urma tuturor, numai ce-l vedem că se pune cu creştetul pe pat şi cu talpele în grindă, aşa încălţat şi îmbrăcat cum era; şi ce să-ţi mai vadă ochii? Să nu spun minciuni, dar peste-o dimerlie de fasole i-au curs atunci din turetce, pe care de obicei le purta suflecate iar atunci le desuflecase anume pentru trebuşoara asta... Numai văru-meu, Ioan Mogorogea, fecior de gospodar cinstit, nu luase nici un capăt de aţă. Iar Zaharia lui Gâtlan se mulţumise cu un sărutat din partea frumoasei crâşmăriţe. Mare mângâiere pentru un băiat străin, în ziua de lăsatul secului!... Şi ia acum înţeleg eu că Gâtlan, căruia-i zicea în şcoală Zaharia Simionescu, a fost mai cuminte decât noi toţi; căci el, din cele aduse de noi, s-a folosit; iar noi din fericirea lui – pace!

Ei, ei, toate bune şi frumoase la vremea lor; dar de acum trebuie să ne mai punem şi câte oleacă de carte, căci mâne-poimâne vine vacanţa de Crăciun şi noi stricăm pânea părinţilor degeaba; nimic fără cheltuială şi banii nu se ieu din drum. Unul cu altul la un loc aveam acum, la începutul postului, vro patru-cinci ulcioare de oloiu, trei-patru saci de făină de păpuşoi, câteva oca de peşte sărat, perje uscate, fasole, mazăre bob, sare şi lemne peste câteva săptămâni; căci stăm la masă toţi împreună, făcând mâncare cu rândul; fiecare dintr-al său pentru o zi. Însă Oşlobanu, care mânca cât şeptesprezece, ne cam pusese pe gânduri. Tată-său, popa Necului, nu-i vorbă, avea de unde să-i trimeată; dar „Ce-i în mână nu-i minciună”.

Multe sunt de făcut şi puţine de vorbit, dacă ai cu cine te înţelege. Mă sfătuiesc eu într-o zi cu Gâtlan, căci ar trebui ceva de făcut, să putem scăpa de câţiva mâncăi;

căci tovărăşia nu ni se părea dreaptă. Şi găsim un mijloc, nu se poate mai nimerit: noaptea, când vor adormi cu toţi, să punem poştă la talpe cui vom socoti noi; mai ales că vreo câţiva adormeau duşi, cum începea moş Bodrângă a spune la poveşti. Şi după ce am pus la cale ca aceste, pândim când erau ceilalţi duşi de acasă şi ne apucăm de făcut poşte, ca să avem pe mai multă vreme. Câteva pături de hârtie, lipite una peste alta cu său de lumânare topit pe lângă foc, pus încet la talpe când doarme omul greu, şi aprinse cu un chibrit, mai sfânt lucru nici că se poate!... Şi fiindcă pe Oşlobanu toţi aveau ciudă mai mare, lui i-am făcut pocinog întâi. Şi când l-a ajuns arsura la os, a sărit din somn, răcnind ca un taur, şi nu-şi găsea loc prin casă, de usturime. Dar neaflând care e vinovatul şi nebizuindu-se în putere a se bate cu toţi, se puse la făcut metanii şi ne blestema, de-i curgea foc din gură. Noi însă, cu toate blestemele lui, mai punându-i în alte nopţi câteva poşte, şi făcându-i-se talpele numai o rană, a fost nevoit să-şi ieie tălpăşiţa spre Humuleşti, lehămetindu-se de popie şi lăsând toate merindele sale în stăpânirea noastră. îndată după asta, Gâtlan scrie lui Oşlobanu:

„Iubite Oşlobene,

Mă închin cu sănătate de la golătate, despoieţii din urmă. De n-aveţi ce mânca acolo, poftim la noi să postim cu toţii.

Al tău voitor de bine,
Zaharia,
Mare căpitan de poşte"

Peste vreo câteva zile am mai tăiat gustul de popie unuia, care venise în gazdă la noi din proaspăt; Nic-a lui Constantin al Cosmei, din Humuleşti, se dusese şi el cu talpele beşicate pe urma lui Oşlobanu. Şi cu atât mai bine; căci tot îşi pierdeau vremea în zadar. Iar Trăsnea, fiind mai chilos şi mai tare de cap, rabdă el cât rabdă, şi dacă vede că-l răzbim cu poştele, se mută la altă gazdă, luându-şi partea de merinde. Şi cu astă rânduială am rămas noi, acum, numai trei, la Pavăl ciubotarul: eu, Gâtlan, văru-meu Ioan, poreclit Mogorogea, şi moş Bodrângă pe deasupra. Văru-meu, care văzuse de patima celorlalţi, luase obicei în toată sara, la culcare, a-şi coase mânecile contăşului, şi vârându-şi picioarele într-nsele dormea fără grijă. Vorba aceea: „Paza bună trece primejdia rea".

Aproape de Crăciun, Pavăl făcu o pereche de ciubote de iuft vărului meu Ioan, cu care era prietin unghie şi carne. Doi icusari plătise Mogorogea lui Pavăl pentru ciubote. Dar, ce-i drept, făceau paralele acele; căci pusese piele bună, talpă de fund şi erau cusute de tocmală. Numai scârţ uitase Pavăl să pună... şi pentru asta rău i s-a stricat inima lui Mogorogea. Noroc mare că era o iarnă geroasă şi omătul ajuta la scârţâit.

În vacanţe ne ducem acasă, ş-apoi vorba ţiganului cu „Crăciunul sătului..." Costiţe de porc afumate, chişte şi buft umplut, trandafiri usturoieţi şi slănină de cea subţire, făcute de casă, tăiete la un loc, fripte bine în tigaie şi cu mămăliguţă caldă, se duc unse pe gât. Mai face el ţăranul şi alte feluri de mâncări gustoase, când are din ce le face. Şi mulţumită Domnului, părinţii noştri aveau de unde, căci sărăcia nu se oploşise încă la uşa lor, pe când ştiu eu. Şi să nu-mi uit cuvântul! Petrecem noi sărbătorile frumos la părinţi, în Humuleşti, şi după Bobotează ne întoarcem iar în Folticeni, la Pavăl, gazda noastră. Pe la şcoală mai dam noi aşa, câteodată de formă. Dar, la drept vorbind, nici nu aveam ce căuta; căci bucheaua poate s-o înveţe şi acasă cine vrea. Iar cine nu, ferice de dânsul! Şi eu, unul, eram dintr-acei fericiţi: când e vorba de credinţă, ce-ţi mai trebuie învăţătură? De la moş Bodrângă, zic şi eu că aveai ce învăţa: fluierul său te făcea să joci fără să vrei, şi poveştile lui nu-ţi dau vreme de dormit. Afară de asta mai aveam noi cu ce ne trece vremea când voiam: ţencuşa, ba tăbăcăreasca sau concina, ba alteori, noaptea, ne puneam la taclale până se făcea ziuă albă. Iar în sărbători o luam hăbăuca prin cele sate, pe unde ştiam că se fac hori. În Rădăşeni, sat mare, frumos şi bogat, am jucat la trei jocuri într-o singură zi: unul de flăcăi tomnatici, la care venise fetele cele mai tinere; altul de flăcăi tineri, la care venise fetele cele stătute; iar al treilea de copilandri, la care venea cine poftea... Flăcăii abia se legănau în joc, şi hora se învârtea foarte încet. Fetele nu aşteptau rugate, ca pe aiurea, ci fiecare desprindea mâinile a doi flăcăi, unde-i venea la socoteală, spunea bună ziua! şi urma jocul înainte. Văru-meu, fudulindu-se cu ciubotele cele nouă, juca numai lângă fata vornicului, soră cu crâşmăriţa cea frumoasă din Folticeni. Şi Gâtlan care juca lângă mine, îmi spuse la ureche:

— Las' că-i vede tu ce-am să-i fac lui Mogorogea; de i-a ticni ziua de azi, păcat să-mi fie!

— Taci, măi, zic eu, ce mai vorbeşti în bobote, că s-a mânie omul şi s-a duce şi el acasă.

— Ei, ş-apoi? Ce mare pagubă! Vorba ceea: „Dacă s-a da baba jos din căruţă, de-abia i-a fi mai uşor iepii". Şi jucăm înainte.

Sara ne întoarcem la gazdă, şi Mogorogea, băiat grijuliu, îşi curăţă ciubotele frumos şi le pune la uscat pe vatră, de o parte, cum făcea totdeauna. A treia zi după asta, ciubotele văru-meu se rup hăbuc în toate părţile... Şi el, supărat la culme, se leagă de Pavel, să-i facă altele în locul acelora, ori să-i deie banii îndărăpt numaidecât.

— Mi-ai pus piele scoaptă, cârpaciule, zise Mogorogea înfuriat; aşa fel de prieten îmi eşti? Haiti! alegeţi una din două, căci altfel dai cinstea pe ruşine; îţi trântesc ciubotele de cap! Auzitu-m-ai?

Pavăl, neştiindu-se vinovat, zise cu dispreţ:

— Ia ascultă, dascăle Mogoroge, nu te prea întrece cu vorba, că nu-ţi şede bine. Pe cine faci cârpaciu? După ce-ai purtat ciubotele atâta amar de vreme, umblând toată ziua în podgheazuri şi le-ai scrombăit pe la jocuri şi prin toate corhanele şi coclaurile, acum ai vrea să-ţi dau şi banii înapoi ori să-ţi fac în loc altele nouă? Dar ştii că eşti ajuns de cap? Nu-ţi e destul că m-ai ameţit punându-ţi sfârloagele pe calup, trăgându-le la şan şi ungându-le aici, pe cuptior, la nasul meu, în toate dimineţile? Ba de câte ori mi-ai pus şi poşte la picioare, şi eu, ca omul cel bun, tot am tăcut şi ţi-am răbdat. Îmi pare rău că eşti gros de obraz! Ei, las', că te-oi sluji eu, de-acum, dacă ţi-i vorba de-aşa!

— Ce spui, cârpaciule? zise vărul meu; şi tu mă mogorogeşti? D-apoi numa-n ciubotele tale am stat eu, bicisnicule? încă te obrăzniceşti? Acuş te-oi otânji cu ceva, de nu te-i pute hrăni în toată viaţa! Până ce mi-i otânji, zise Pavăl, eu acuş te cinătuiesc frumuşel cu dichiciul; înţeles-ai?

Văzând noi că era cât pe ce să se încaiere la bătaie, ne punem la mijloc şi-i împăcăm cu mare greu. Ioan să mai dea un irmilic lui Pavăl, iar el să-i căputeze ciubotele şi pace bună.

Mai glumeau ei după aceasta câne-căneşte, dar lui Mogorogea nu-i ieşea de la inimă afrontul ce i-l făcuse Pavăl.

În săptămâna Hârţii sau Cârneleaga, moş Vasile, viind la Folticeni, între alte merinde, aduce feciorului său şi trei purcei grijiţi gata.

— Bine-ai venit sănătos, tată! zise Ioan, sărutându-i mâna. Aşă-i că ne-ai nimerit?

— Bine v-am găsit sănătoşi, măi băieţi! răspunse moş Vasile. D-apoi vorba ceea: „Nimeresc orbii Suceava şi eu nu eram să vă nimeresc?” Apoi, din vorbă în vorbă, ne întreabă:

— Ei ce mai zice mecetul despre popia voastră? Are gând să vă deie drumul degrabă? Căci eu drept să vă spun m-am săturat de-atâta zdruncen şi cheltuială.

— Nu se zice mecet, ci catihet, tată, răspunse Ioan, ruşinat.

— Na, na, na, măria ta! parcă asta grijă am eu acum!... Vorba ceea: „Nu-i Tanda, şi-i Manda: nu-i tei-belei, ci-i belei-tei... de curmeiu”. Şi ce mai atâta înconjur? Mecet, Berechet, Pleşcan, cum s-a fi chemând, Ioane, ştiu că ne jupeşte bine, zice moş Vasile. Ş-apoi cică popa-i cu patru ochi!... Ia mai bine rugaţi-vă cu toată inima sfântului hăraşc Nicolai de la Humuleşti, doar v-a ajuta să vă vedeţi popi odată! Ş-apoi atunci..., aţi scăpat şi voi deasupra nevoii: bir nu aveţi a da, şi havalele nu faceţi; la mese şedeţi în capul cinstei şi mâncaţi tot plăcinte şi găini fripte. Iar la urmă vă plăteşte şi dinţăritul... Vorba ceea: „Picioare de cal, gură de lup, obraz de scoarţă şi pântece de iapă se cer unui popă”, şi nu-i mai trebuie altăceva. Bine-ar fi, Doamne iartă-mă, ca feţele bisericeşti să fie mai altfel!... Dar... veţi fi auzit voi, că popa are mână de luat, nu de dat; el mănâncă şi de pe viu, şi de pe mort. Vedeţi cât de bine trăieşte mecetul, fără să muncească din greu ca noi... Numai... dă... darul se cinsteşte! Ioane, eu ţi-am ochit un potcapic, zise moş Vasile, la pornire. Cată de nu te lasa pe tânjală, pune mâna pe afiştat mai repede şi vin-acasă; căci Ioana lui Grigoraş Roşu, de la noi, aşteaptă cu nerăbdare să-ţi fie preuteasă. Mai rămâneţi cu sănătate, dascăle Zaharie şi nepoate, că eu m-am dus!...

— Mergeţi sănătos, moş Vasile, zicem noi, petrecându-l până mai încolo, şi vă rugăm, spuneţi părinţilor, din partea noastră, că ne aflăm bine şi-i dorim.

După ce se duce moş Vasile, eu zic lui Ion cu binişorul.

— Vere, ia să frigem în astă-seară un purcel din ceia, că tare mi-i dor!

Mogorogea, nătâng şi zgârcit cum era, începe a striga la mine:

— Mă! ia ascultaţi; eu nu-s Nică Oşlobanu, să mă suciţi cum vreţi voi... Cu ce mă hrăniţi, cu aceea am să vă hrănesc. Nu vă dau nici o bucăţică de purcel, măcar să crăpaţi!

— Iar de nu, cel ce zice, răspunde Gâtlan.

— Amin, bleştesc eu cu jumătate de gură.

— Şi eu mă anin, spuse Pavăl de după sobă.

— Amin, neamin, ştergeţi-vă pe bot despre purcei, zise Mogorogea cu ciudă; înţeles-aţi? Nu tot umblaţi după bunătăţi; mai mâncaţi şi răbdări prăjite, că nu va fi nimica!

— Ia lăsaţi-l încolo, măi; sta-i-ar în gât pe ceea lume! Zise Zaharia.

Şi ne punem, dragă Doamne, la învăţat. Însă, fie vorba între noi, nu ne era a învăţa, cum nu-i e cânelui a linge sare. În sobă arsese un foc straşnic; îl învălisem şi îl astupasem, căci era ger afară. Moş Bodrângă se încurcase nu ştiu pe unde în sară aceea, şi Pavăl, neavând lucru ca alte daţi, se culcase devreme. Iar Mogorogea, nădăjduindu-se în potcapiul tătâne-său, adormise înaintea lui Pavăl, cu picioarele în mânecile contăşului, după obiceiu şi horăia zdravăn. Vorba ceea: „Lasă-mă, să te las!" Mai târziu stângem şi noi lumânarea şi ne culcăm; însă nu puteam adormi, gândindu-ne la purcel.

— Măi Zaharie, nu mai ai tu vro poştă de cele undeva? zic eu încet.

— Nu, bre, răspunse Zaharia şi mai încet; şi, Doamne! Ce bine-ar fi să trântim una lui Mogorogea. Dar, până la poştă, până la nu ştiu ce, na cuţitaşul meu, taie încetişor cusutura de la mâneca lui Mogorogea, în dreptul unei talpe, dă-i o pârleală bună cu nişte chibrituri de ieste, care ard mocnit, şi las' dacă i-or mai ticni purceii... Numai cată de nu te mocoşi atâta!

— Adă cuţitaşul încoace, zic eu, şi la toată întâmplarea, cred că nu mă vei da prin şperlă şi nu-l vei lăsa să mă bată!

— Nici vorbă nu mai rămâne, zise Zaharia; dă-i pârleală înainte, fără grijă.

Atunci... îmi ieu inima în dinţi şi fac tocmai aşa, cum fusesem povăţuit de Gâtlan: taiu cusutura încetişor, şi ţin câtu-ţi-i smocul de chibrituri aprinse la călcâiul văru-meu, unde era pielea mai groasă, până ce-l răzbeşte focul. Şi când răcneşte o dată cât se poate, eu zvârr! Chibriturile din mână, ţuştiu! la spatele lui Zaharia şi începem a horcăi, de parcă dormeam cine ştie de când... Ion, însă, împiedicat cu picioarele în mânecile contăşului, căzuse alivanta la pământ, zvârcolindu-se ca şerpele şi blestemându-ne, cum îi venea la gură:

— Vai! osândi-v-ar Dumnezeu să vă osândească, soiuri ticăloase, ce sunteţi! Nime n-are cap să se odihnească în casa asta, de răul vostru! Cine oare mi-a făcut şotia? Pe Zaharia şi Nică îi aud horăind şi nu cred să fi îndrăznit... Numai că hoţomanul de Pavăl mi-a făcut-o... bel-ar tăunii să-l beie, când i-ar fi somnul mai dulce! Şi încă se preface că doarme, ticălosul! Ia să-l învăţ eu a-şi mai bate altădată joc de om.

Şi răpede ie cu cleştele un cărbune aprins din vatră, şi cu dânsul pe cuptior, la Pavăl. Şi cum dormea, sărmanul, cu faţa în sus, îi pune cărbunele pe pieptul gol, zicând:

— Na! satură-te de făcut şagă cu mine, cârpaciule! Atunci se aude un răcnet spăimântător, şi odată cu răcnitul, Pavăl, izbind cu picioarele în sobă, o şi darmă la pământ. Şi în buimăceala ceea, trezindu-se cu Ion faţă în faţă, unde nu se încinge între dânşii o bătaie crâncenă; ş-apoi stă de-i priveşte, dacă te rabdă inima...

— Sai, Zaharie, că se face moarte de om în casa asta, şi noi avem să dăm sama zic eu tremurând ca varga de frică.

— Ho, mă! ce vă este, zise Zaharia, sărind ca un vultur între dânşii. Casă de oameni de treabă se cheamă asta?...

Iară eu, amandea pe uşă afară plângând, şi încep a răcni cât îmi lua gura, strigând megieşii... Oamenii săriră buimaci, care dincotro, crezând că-i foc, ori ne taie cătanele, Doamne fereşte!... Căci era oştire nemţească în Folticeni pe vremea aceea. După ce mântuie clăcuşoara asta, lumea ne lasă în cât ne-a găsit şi se împrăştie huiduindu-ne. Să fi văzut ce blestemăţie şi gălămoz era în casă: fereştile sparte, soba dărâmată, smocuri de păr smuls din cap, sânge pe jos, Pavăl, cu pieptul ars, şi Ion, cu călcâiul fript, şedeau la o parte gâfuind; eu cu Zaharia, de alta, mirându-ne de cele întâmplate...; iar nevinovaţii purcei, fiind spânzuraţi în tindă, la răceală, nu se ştie ce s-au făcut!... Zaharia, de la o vreme, voind a curma tăcerea, zise:

— Cântă-le, de-acum, Ioane: „Cei fără prihană, aliluia!" şi nu mai tânji atât după dânşii; se vede că aşa le-a fost scris, mititeii!...

— Ia nu mai clămpăni şi tu din gură, măi! răspunse Ion, plin de năduh; aţi tot strigat asupra lor, şi iaca, vi s-a făcut pe voie.

În vorbele aceste, viind şi moş Bodrângă chiurluit, începe a-şi face cruce de la uşă.

— Ei, moşule, zic eu; place-ţi cum ne-ai găsit?

Pavăl, care până atunci şezuse ca mut, uitându-se prin casă amărât, zise:

— Ia ascultaţi, dascălilor: ca să se mântuie toată dihonia, cărăbăniţi-vă de la mine şi mă lăsaţi în pace!

Noi, bucuroşi c-am scăpat numai cu-atât, ne luăm ce mai avem şi ne mutăm la un ferar peste drum, dimpreună cu moş Bodrângă, mângâitorul nostru.

Prin postul cel mare se răspândeşte vuiet printre dascăli despre desfiinţarea catiheţilor şi trecerea celor mai tineri dintre noi la Socola.

— Na-ţi-o bună, că ţi-am frânt-o! zise Trăsnea; când la adică, nu-i nimica. Vorba ceea: „Ne-am pricopsit cu cai cu tot..." Dracul mă punea să-mi bat capul cu gramatica?... De ştiam asta, mai bine şedeam acasă; şi cu banii câţi s-au dat, pe ici-pe colea, îşi prindea tata altă nevoie.

— D-apoi noi, ziseră dascălii cei însuraţi, oftând; ne-am calicit cu desăvârşire: zimţi, ba oiţe, ba stupi, ba cai şi boi s-au dus ca pe gura lupului! Părintele catihetul să trăiască!...

— Ia tăceţi, bre, răspunse Zaharia; banu-i ochiul dracului, s-a mântuit vorba!... Ce-l mai cisluiţi atâta pe bietul catihet? Parcă numai el e de-aceia?... Ş-apoi şi vouă, nu ştiu, zău, cum v-a mai intra cineva în voie. Vorba ceea: „Hai în car! – Baiu! – Hai în căruţă! – Baiu! – Hai în teleagă! – Baiu! – Hai pe jos! – Baiu!" Ziceţi mai bine că vă trageţi la teapa voastră, ca apa la matcă. Eu-s mai bucuros că s-a întâmplat asta. La Socola să mergem, dacă voim să ieşim tobă de carte!... Acolo-s profesorii cei mai învăţaţi din lume, după cum aud eu.

— La Socola! strigă dascălii cei mai tineri.

— Duceţi-vă pe pustii, dacă vă place; duce-v-aţi învârtindu-vă ca ciorcârlia strigă cei bătrâni!

Si aşa, aproape de Paşti, ne-am răzleţit unii de alţii, şi la Socola a rămas să meargă cine-a vrea în toamna viitoare, anul 1855.

Bucureşti, 1881 septembrie

[Plecarea lui Nică la seminarul de la Socola]

Cum nu se dă scos ursul din bârlog, ţăranul de la munte strămutat la câmp şi pruncul dezlipit de la sânul mamei sale, aşa nu mă dam eu dus din Humuleşti, în toamna anului 1855, când veni vremea să plec la Socola, după stăruinţa mamei. Şi oare de ce nu m-aş fi dat dus din Humuleşti, nici în ruptul capului, când mereu îmi spunea mama că pentru folosul meu este aceasta? Iaca de ce nu: dragăliţă Doamne, eram şi eu acum holtei, din păcate! Şi Iaşii, pe care nu-i văzusem niciodată, nu erau aproape de Neamţ, ca Folticenii, de unde, toamna târziu şi mai ales prin câşlegile de iarnă, fiind nopţile mari, mă puteam repezi din când în când, paşlind-o aşa cam pe după toacă, şi tot înainte, sara pe lună, cu tovarăşii mei la clăci în Humuleşti, pe unde ştiam noi, ţinând tot o fugă, ca telegarii. Şi după ce jucam cât jucam, furam câte un sărut de la cele copile sprinţare, şi până-n ziuă, fiind ieşiţi din sat cam pe la prânzul cel mare ne aflam iar în Folticeni, trecând desculţi prin vad în dreptul Băii, Moldova îngheţată pe la margini, şi la dus şi la întors, de ne degera măduva-n oase de frig! Inima însă ne era fierbinte, că ce gândeam şi izbândeam. De la Neamţ la Folticeni şi de la Folticeni la Neamţ era pentru noi atunci o palmă de loc. Dar acum se schimba vorba: o cale scurtă de două poşte, de la Folticeni la Neamţ, nu se potriveşte c-o întindere de şese poşte, lungi şi obositoare, de la Iaşi până la Neamţ. Căci nu vă pară şagă: de la Neamţ până la Iaşi, e câtu-i de la Iaşi până la Neamţ; nici mai mult, nici mai puţin. Şi mai bine să rămâi pe loc, Ioane, chiteam în mintea mea cea proastă, decât să plângi nemângâiat şi să te usuci, de dorul cui ştiu eu, văzând cu ochii!... Dar vorba ceea: „Ursul nu joacă de bună voie". Mort-copt, trebuia să fac pe cheful mamei, să plec fără voinţă şi să las ce-mi era drag!

Dragu-mi era satul nostru, Ozana cea frumos curgătoare şi limpede ca cristalul, în care se oglindeşte cu mâhnire Cetatea Neamţului, de atâtea veacuri! Dragi-mi erau tata şi mama, fraţii şi surorile, şi băieţii satului, tovarăşii mei din copilărie, cu cari în zile geroase de iarnă, mă desfătam pe gheaţă şi la săniuş; iar vara, în zilele frumoase de sărbători, cântând şi chiuind, cutreieram dumbrăvile şi luncile umbroase, prundul cu ştioalnele, ţarinele cu holdele, câmpul cu florile şi mândrele dealuri, de după care-mi zâmbeau zorile, în zburdalnica vârstă a tinereţii!

Asemenea dragi-mi erau şezătorile, clăcile, horile şi toate petrecerile din sat, la care luam parte cu cea mai mare însufleţire! De piatră de-ai fi fost şi nu se putea să nu-ţi salte inima de bucurie, când auzeai uneori, în puterea nopţii, pe Mihai, scripcariul din Humuleşti, umblând tot satul câte c-o droaie de flăcăi după dânsul şi cântând:

Frunză verde de cicoare,
Astă-noapte pe răcoare
Cânta o privighetoare
Cu viersul de fată mare;
Şi cânta cu glas duios,
De picau frunzele jos;
Şi cânta cu glas subţire
Pentru-a noastră despărţire;
Şi ofta, şi ciripea,
Inima de ţi-o rupea!

Şi câte şi mai câte nu cânta Mihai lăutarul din gură şi din scripca sa răsunătoare; şi câte alte petreceri pline de veselie, nu se făceau pe la noi, de-ţi părea tot anul zi de sărbătoare! Vorba unei babe: „Să dea Dumnezeu tot anul să fie sărbători şi numai o zi de lucru; şi atunci să fie praznic şi nuntă".

Apoi lasă-ţi, băiete, satul cu tot farmecul frumuseţilor lui, şi pasă de te du în loc străin şi aşa depărtat, dacă te lasă pârdalnica de inimă! Şi doar mă şi sileam eu, într-o părere, s-o fac a înţelege pe mama că pot să mă bolnăvesc de dorul ei... şi să mor printre străini! că vărul meu Ion Mogorogea, Gheorghe Trăsnea, Nică Oşlobanu şi alţii s-au lăsat de învăţat şi, despre asta, tot mănâncă pâne pe lângă părinţii lor. Dar zadarnică trudă! Mama avea alte gânduri; ea îmi pregătea cu îngrijire cele trebuitoare, zicându-mi de la o vreme cu asprime:

— Ioane, cată să nu dăm cinstea pe ruşine şi pacea pe gâlceavă!... Ai să pleci unde zic eu. Şi Zaharia lui Gâtlan merge cu tine. Luca Moşneagu, megieşul nostru, vă duce cu căruţa cu doi cai ca nişte zmei. Ia, mai bine, răpezi-te până la el de vezi gata-i de drum? Că mâine de dimineaţă, cu ajutorul Domnului, plecaţi.

— Nu mă duc, mamă; nu mă duc la Socola, măcar să mă omori! ziceam eu, plângând cu zece rânduri de lacrimi. Mai trăiesc ei oamenii şi fără popie.

— Degeaba te mai sclifoseşti, Ioane, răspunse mama cu nepăsare! La mine nu se trec acestea... Pare-mi-se că ştii tu moarea mea... Să nu mă faci ia acuş, să ieu culeşerul din ocniţă şi să te dezmierd, cât eşti de mare! Apoi cheamă pe tata şi-i zice hotărâtor: Spune-i şi dumneata băiatului, omule, ce se cuvine, ca să-şi deie nădejdea şi să-şi caute de drum.

— Mai rămâne vorbă despre asta? zise tata, posomorât. Are să urmeze cum ştim noi, nu cum vrea el, că doar nu-i de capul său. Când m-ar bate numai atâta grijă, măi femeie, ce mi-ar fi? Dar eu mă lupt cu gândul cum să-i port de cheltuială căci banii nu se culeg de la trunchi, ca surcelele. Si la işti vro şase, afară de dânsul, dacă rămân acasă, nu le mai trebuie nimica? Dar fiind el cel mai mare, norocul său; trebuie să căutăm a zburătăci, căci nu se știu zilele omului! Și poate vreodată să fie și el sprijin pentru iștialalți.

Văzând eu că nu-i chip de stat împotriva părinților, începui a mă gândi la pornire, zicând în sine-mi cu amărăciune: „Ce necaz pe capul meu! Preuții noștri din sat n-au mai trepădat pe la Socola, și mila sfântului! nu-i încape cureaua, de pântecoși ce sunt. D-apoi călugării: o adunătură de zamparagii duglişi din toată lumea, cuibăriți prin mânăstire, ce nu ajung?! Și eu să înșir atâtea școli: în Humulești, la Broșteni în creierii munților, în Neamț, la Folticeni și acum la Socola, pentru a căpăta voie să mă fac, ia, acolo un popă prost, cu preuteasă și copii; prea mult mi se cere!" Acuș îi spun mamei că mă duc la călugărie, în Neamț ori la Secu. Și cu câtă carte știu, cu câtă nu știu, peste câțiva ani pot s-ajung dichiu la vrun mitoc, și să strâng un știubeiu plin de galbeni, ca părintele Chirilaș, de la jugărit, din Vânătorii-Neamțului. Ș-apoi atunci... pune-ți, cuvioase Ilarie, plosca cu rachiu la șold, icrișoare moi cât se poate de multe, și altceva de gustare în buzunările dulamei, pistoalele-n brâu, pe sub rasă, comanacul pe-o urechea, și, cu *sabia Duhului* în mână și pletele în vânt, ia-o la papuc peste „Piciorul Rău" spre „Cărarea afurisită" dintre Secu și Agapia din deal, unde toată vara se aude cântând cu glas îngeresc:

Ici, în vale, la pârău,
Mieluşa lui Dumnezeu!

Iar câte un glas gros răspunde:

Hop şi eu de la Durău,
Berbecul lui Dumnezeu!...

Căci, fără să vreau, aflasem şi eu, păcătosul, câte ceva din tainele călugăreşti, umblând vara cu băieţii după... bureţi prin părţile acelea, de unde prinsesem şi gust de călugărie... Ştii, ca omul cuprins de evlavie.

În sfârşit, ca să nu-mi uit vorba, toată noaptea cea dinainte de plecare, până s-au revărsat zorile, m-am frământat cu gândul, fel şi chip, cum aş putea îndupleca pe mama, să mă duc mai bine la monăstire; şi tocmai când eram hotărât a spune mamei aceste, iaca şi soarele răsare, vestind o zi frumoasă, şi Luca Moşneagu, însurăţel de-al doilea, a cărui tânără nevastă avusese grijă să-l trezească la timp şi să-l pregătească de pornire... se şi aude strigând afară: „Gata sunteţi? Haidem! că eu vă aştept cu caii înhămaţi". Mama, atunci mă şi ia repede-repede la pornit, fără să am când îi spune de călugărie.

Şi, scurtă vorbă, ne adunăm, rudele lui Zaharia, cu ale mele, în ogradă la moş Luca, sărutăm noi mâna părinţilor, luându-ne rămas bun cu ochii înecaţi în lacrimi, şi, după ce ne suim în căruţă, supăraţi şi plânşi ca vai de noi, Luca Moşneagu, harabagiul nostru, dă bici cailor, zicând nevestei sale, care închidea poarta după noi: „Olimbiadă, ie seama bine de borta ceea! Căci nişte porci spărgând gardul într-un loc, se înădise în grădină, la păpuşoi..."

Era dimineaţa, în ziua de tăierea capului Sfântului Ioan Botezătorul, când ieşeam din Humuleşti şi fetele şi flăcăii, gătiţi frumos, ca în zi de sărbătoare, foiau prin sat în toate părţile, cu bucuria zugrăvită pe feţe! Numai eu cu Zaharia, ghemuiţi în căruţa lui moş Luca, ne duceam surgun, dracului pomană, că mai bine n-oi putea zice.

— Rogu-te, mână mai tare, moş Luca, zic eu, să nu se mai uite satul ca la urs, la noi!

Luca Moşneagu, însă, mâna cum ştia el; căci smârţoagele lui de cai erau vlăguiţi din cale-afară, şi slabi, şi ogârjiţi ca nişte mâţi de cei leşinaţi, nu zmei, cum zicea mama, care nu ştia cum să mă urnească mai degrabă din casă.

— Fire-ar afurisit să fie cine a mai desfiinţat şi catiheţiile cele, tocmai acum în vremea noastră, zise Zaharia lui Gâtlan, plin de năduh, după ce-am ieşit la drum, afară. Când să-ţi petreci şi tu tinereţea, apucă-te de cărturărie; parcă are omul zece vieţi! Tot umblând noi din şcoală în şcoală, mai mult ia aşa „de frunza frăsinelului", mâne-poimâne avem să ne trezim nişte babalâci gubavi şi ofticoşi, numai buni de făcut popi, ieşiţi din Socola.

— Ce zici dumneata, moş Luca, despre unele ca acestea?

— Ce să zic, dascăle Zaharia; ştim noi cum vi-s formele? Eu trebuie să vă duc la locul hotărât, şi de-aci încolo cum v-a sluji capul! Hi! căluţii tatei, să ne întoarcem cât mai degrabă acasă.

Când auzeam noi pe moş Luca pomenind cu drag de casă şi când mai vedeam cum rămân satele şi locurile frumoase în urmă, şi tot altele necunoscute se înfăţişează înainte-ne, supărarea noastră creştea la culme! Pentru fiecare fântână, pârâu, vâlcică, dumbravă şi alte locuri drăgălaşe ce lăsam în urmă-ne, scoteam câte un suspin adânc din piepturile noastre! Şi după mintea ce-o aveam, ne-am fi întors înainte chiar atunci, de nu eram daţi în seama lui moş Luca, de care ne ruşinam ca şi de părinţii noştri.

După un scurt popas, făcut la podul de la Timişeşti, de pe Moldova, pornim înainte spre Moţca şi suim încet-încet codrul Paşcanilor. Apoi, din vârful acestui codru, mai aruncăm, nemernicii de noi, câte-o căutătură jalnică spre munţii Neamţului: uriaşii munţi, cu vârfurile ascunse în nouri, de unde purced izvoarele şi se revarsă pâraiele cu repeziciune, şoptind în mersul lor neîncetat, şi ducând poate cu sine multe-multe patimi şi ahturi omeneşti, să le înece în Dunărea măreaţă!

— Ei, ei! măi Zaharia, zic eu, coborându-ne la vale spre Paşcani: de-acum şi munţii i-am pierdut din vedere, şi înstrăinarea noastră este hotărâtă, cine ştie pentru câtă vreme!

— Cum ne-a fi scris de la Dumnezeu sfântul, zise Zaharia, cu glasul aproape stins. Ş-apoi rămase dus pe gânduri tot drumul, până la Blăgeşti, peste Siretu, unde ne-a fost şi masul în noaptea aceea. Dar vai de masul nostru! Aici, pe prispa unui rotariu, puţin de nu era să rămânem chiori. De cu seară şi până la miezul nopţii, am stat numai într-o fumăraie de baligi, ca la carantină, şi tot ne-au coşit ţânţarii.

Aşa-i viaţa câmpenească, zise moş Luca, cioşmolindu-se şi învârtindu-se ca pe jăratic, de răul ţânţărimii. Cum treci Şiretul, apa-i rea şi lemnele pe sponci; iar vara te înăduşi de căldură şi ţânţarii te chinuiesc amarnic. N-aş trăi la câmp, Doamne fereşte! Halal pe la noi! Apele-s dulci, limpezi ca cristalul şi reci ca gheaţa; lemne, de ajuns; vara, umbră şi răcoare în toate părţile; oamenii, mai sănătoşi, mai puternici, mai voinici, şi mai voioşi, iar nu ca işti de pe la câmp: sarbezi la faţă şi zbârciţi, de parcă se hrănesc numai cu ciuperci fripte, în toată viaţa lor.

— Ştii una, moş Luca, zise Zaharia de la o vreme. Găinuşa-i spre asfinţit, rariţele deasemine şi luceafărul de ziuă, de-acum trebuie să răsară; haidem să pornim la drum!

— Că bine zici, dascăle Zaharie: parcă ţi-a ieşit un sfânt din gură. Decât ne-om tot învârti şi cioşmoli pe iastă prispă, mai bine să scurtăm din cale. Căci mare-i Dumnezeu, ne-a feri el de întâmplări!

— Şi aşa luându-ne rămas bun de la gazdă, care era tot afară culcat, pe altă prispă, plecăm. Şi cum ieşim în şleah, părerea noastră de bine: întâlnim câţiva oameni cu nişte cară cu draniţă, mergând spre Iaşi.

Ne întovărăşim cu dânşii, de frica lăieşilor din Ruginoasa şi hai, hai! hai, hai! până în ziuă, iacătă-ne în Târgul-Frumos, unde am şi înjunghiat câţiva harbuji într-ales, de ne-am potolit deocamdată şi foamea şi setea. Apoi după ce s-au hodinit caii, am pornit înainte spre Podu-Leloaei; şi de aici tot înainte, spre Iaşi, mai mult pe jos decât în căruţă, căci zmeii lui Moş Luca se muiase de tot; şi ţăranii noştri, glumeţi cum sunt ei, ne tot şfichiuiau, în treacăt, care din cotro, de ni era mai mare ruşinea, de ruşinea lui Moş Luca. Iar, mai ales, pe la asfinţitul soarelui, tocmai când intram în Iaşi, pe rohatca Păcurari, un flăcăoan al dracului ne-a luat în râs cum se cade, zicând:

— Moşule, ia sama de ţine bine telegarii ceia, să nu ieie vânt; că Iaşul ista-i mare şi, Doamne fereşte, să nu faci vreo primejdie!...

Atâta i-a trebuit lui moş Luca, ş-apoi lasă pe dânsul; câte parastase şi panaghii, toate i le-a ridicat...

— I-auzi, măi! Dac-ar şti el, chiolhănosul şi ticăitul, de unde am pornit astă-noapte, ş-ar strânge lioarba acasă, n-ar mai dârdăi degeaba asupra căişorilor mei! Ş-apoi doar nu vin ei acum întâia dată la Iaşi, să-mi deie povăţ unul ca dânsul, ce rânduială trebuie să păzesc. Patru-zecile mâne-sa de golan! Dacă n-a stat oleacă, să-l învăţ eu a mai lua de altă dată drumeţii în râs!

Văzând noi că ne ieu oamenii tot peste nicior şi pe, moş Luca tulburat din cale-afară, cum eram în căruţă, ne acoperim peste tot c-un ţol, zicând eu cam cu sfială:

— Moş Luca, de te-a întrebat cineva, de-acum înainte, de ce trag caii aşa de greu, să spui că aduci nişte drobi de sare de la Ocnă, şi las' dacă nu te-a crede fiecare!

— Ei, apoi?! Ştiutu-v-am eu că şi voi mi-aţi fost de aceştia, zise moş Luca, mergând pe lângă cai, plin de năduh; nu mă faceţi, că ia, acuş vă ard câteva jordii prin ţolul cela, de vă trece spurcatul!...

Auzind noi ce ni se pregăteşte, ghiontitu-ne-am unul pe altul, chicotind înăduşit, şi ca mai ba să zicem nici cârc! în sfârşit, după multe şfichiuri ce-a primit moş Luca de la unii-alţii, cum e lumea a dracului, mergând noi în pasul cailor, din hop în hop, tot înainte prin rătăcanile de pe uliţele Iaşilor, am ajuns într-un târziu, noaptea, în ciriul Socolei şi am tras cu căruţa sub un plop mare, unde-am găsit o mulţime de dăscălime adunată de pe la catiheţi, din toate părţile Moldovei: uni mai tineri, iar cei mai mulţi, cu nişte târsoage de barbe cât badanalele de mari, şezând pe iarbă, împreună cu părinţii lor, şi preuţi, şi mireni, şi mărturisindu-şi unul altuia păcatele!

Povestea unui om leneș

Cică era odată într-un sat un om grozav de leneş; de leneş ce era, nici îmbucătura din gură nu şi-o mesteca. Și satul, văzând că acest om nu se dă la muncă nici în ruptul capului, hotărî să-l spânzure, pentru a nu mai da pildă de lenevire și altora. Și așa, se aleg vreo doi oameni din sat și se duc la casa leneșului, îl umflă pe sus, îl pun într-un car cu boi, ca pe un butuc nesimțitor, și hai cu dânsul la locul de spânzurătoare! Așa era pe vremea aceea. Pe drum se întâlnesc ei cu o trăsură în care era o cucoană. Cucoana, văzând în carul cel cu boi un om care sămăna a fi bolnav, întrebă cu milă pe cei doi țărani, zicând:

— Oameni buni! Se vede că omul cel din car e bolnav, sărmanul, și-l duceți la vro doftoroaie undeva, să se caute.

— Ba nu, cucoană, răspunse unul dintre țărani; să ierte cinstită față dumnevoastră, dar aista e un leneș care nu credem să fi mai având păreche în lume, și-l ducem la spânzurătoare, ca să curățim satul de-un trândav.

— Alei! oameni buni, zise cucoana, înfiorându-se; păcat, sărmanul, să moară ca un câne, fărădelege! Mai bine duceți-l la moșie la mine; iacătă curtea pe costișa ceea. Eu am acolo un hambar plin cu posmagi, ia așa, pentru împrejurări grele, Doamne ferește! A mânca la posmagi și-a trăi și el pe lângă casa mea, că doar știu că nu m-a mai perde Dumnezeu pentr-o bucățică de pâne. Dă, suntem datori a ne ajuta unii pe alții.

— I-auzi, măi leneșule, ce spune cucoana; că te-a pune la coteț, într-un hambar cu posmagi, zise unul dintre săteni. Iaca peste ce noroc ai dat, bată-te întunerecul să te bată, uriciunea oamenilor! Sai degrabă din car și mulțămește cucoanei, că te-a scăpat de la moarte și-ai dat peste belșug, luîndu-te sub aripa dumisale. Noi gândeam să-ți dăm sopon și frânghie. Iar cucoana, cu bunătatea dumisale, îți dă adăpost și posmagi; să tot trăiești, să nu mai mori! Să-și puie cineva obrazul pentru unul ca tine și să te hrănească ca pe un trântor, mare minune-i și asta. Dar tot de noroc să se plângă cineva... Bine-a mai zis cine-a zis că: „Boii ară și caii mănâncă". Hai dă răspuns cucoanei, ori așa, ori așa, că n-are vreme de stat la vorbă cu noi.

— Dar muieți-s posmagii? zise atunci leneșul, cu jumătate de gură, fără să se cârnească din loc.

— Ce-a zis? întrebă cucoana pe săteni.

— Ce să zică, milostivă cucoană, răspunde unul. Ia, întreabă, că muieți-s posmagii?

— Vai de mine și de mine, zise cucoana cu mirare, încă asta n-am auzit! Da' el nu poate să și-i moaie?

— Auzi, măi leneșule: te prinzi să moi posmagii singur, ori ba?

— Ba, răspunse leneşul. Trageţi mai bine tot înainte! Ce mai atâta grijă pentru astă pustie de gură!

Atunci unul dintre săteni zise cucoanei:

— Bunătatea dumneavoastră, milostivă cucoană, dar degeaba mai voiţi a strica orzul pe gâşte. Vedeţi bine că nu-l ducem noi la spânzurătoare numai aşa, de flori de cuc, să-i luăm năravul. Cum chitiţi? Un sat întreg n-ar fi pus oare mână de la mână ca să poată face dintr-însul ceva? Dar ai pe cine ajuta? Doar lenea-i împărătească mare, ce-ţi baţi capul!

Cucoana atunci, cu toată bunăvoinţa ce ave, se lehămeseşte şi de binefacere şi de tot, zicând:

— Oameni buni, faceţi dar cum vă va lumina Dumnezeu!

Iar sătenii duc pe leneş la locul cuvenit şi-i fac felul. Şi iaca aşa au scăpat şi leneşul acela de săteni, şi sătenii aceia de dânsul. Mai poftească de-acum şi alţi leneşi în satul acela, dacă le dă mâna şi-i ţine cureaua.

Ş-am încălecat pe-o şa şi v-am spus povestea aşa.

Lupul şi mielul

Pe când întunericul se lupta cu lumina şi voia să-i ia locul, un lup flămând veni, târându-se pe labe, până lângă staul. Acolo stătu puţin şi se uită prin gard la oi şi la miei, gândindu-se cum ar putea sări înăuntru, fără să fie simţit de cineva.

Un miel dintre cei ce se jucau, văzu prin gard strălucind ceva, ca două lumânări aprinse. El se apropie de locul acela, ca să afle ce-i acolo.

Atunci, lupul îi spune încet şi cu blândeţe:

— Bună seara, voinice! Apropie-te! Nu te teme; eu sunt un prieten al vostru.

— Mulţumesc dumitale! Nu te cunosc. Ce cauţi?

— O, Doamne!... mai apropie-te, căci nu prea aud bine şi nu pot vorbi tare. Sunt slab şi am nevoie de ajutor...

— Ei bine, iată-mă-s lângă gard; cine eşti şi ce voieşti?

— Eu mă numesc lup şi aş voi să pasc puţină iarbă verde.

— Du-mă, te rog, unde-a fi iarba amestecată cu trifoi, că mult îmi place!

— A! Tu eşti lup şi mănânci carne, nu iarbă verde cum zici!

— Ba!... Mă jur pe părul meu, nu mănânc defel carne! Vino cu mine şi-om paşte împreună... O! cât îmi eşti de drag! Ce frumuşel şi drăguţ mai eşti! Vino mai iute, iacă... eu sunt gata să te îmbrăţişez!

— Ba nu, mă strigă mama şi trebuie să mă duc!

— Ce fel! Vino doar să te sărut şi te-i duce!

Neînţeleptul miel ieşi, dar... înţelegeţi cum l-a îmbrăţişat şi sărutat lupul... Mielul de-abia putu zbiera puţin... şi sărmana lui mamă, trezindu-se atunci, rămase înmărmurită când îl văzu în gura lupului.

Fișă de lucru

1. Răspundeţi în scris la întrebări:

- Ce pedeapsă primește Smărăndiță fiica preotului din *Amintiri din copilărie*?
- Cine îl prinde pe Nică furând cireșe?
- De cine este băiatul trezit dimineaţa?
- Ce se hotărăște Nică să facă cu pupăza?
- Cum scapă pupăză de chinurile copilului?
- Cum îl pedespsește Smaranda pe Nică când acesta se duce la scăldat?

2. Numiţi trei munţi şi trei oraşe evocate de Ion Creangă în *Amintiri din copilărie*.

3. Ce au hotărât oamenii din *Povestea unui om leneş* să facă cu leneșul satului?

4. Scrieți cinci proverbe sau zicători referitoare la lene și hărnicie.

5. Ce învățăminte ați tras din povestea *Lupul și mielul*?

GEORGE COŞBUC (1866-1918)

Colindătorii

Cad fulgii mari încet zburând,
Şi-n casă arde focul,
Iar noi pe lângă mama stând
De mult uitarăm jocul.
De mult şi patul ne-aştepta,
Dar cine să se culce?
Rugată, mama repeta
Cu glasul rar şi dulce

Cum sta pe paie-n frig Hristos
În ieslea cea săracă,
Şi boul cum sufla milos
Căldură ca să-i facă,
Drăguţ un miel cum i-au adus
Păstorii de la stână
Şi îngeri albi cântau pe sus
Cu flori de măr în mână.

Şi-auzi! Răsar cântări acum,
Frânturi dintr-o colindă,
Şi vin mereu, s-opresc în drum,
S-aud acum în tindă –
Noi stăm cu ochii pironiţi
Şi fără de suflare;
Sunt îngerii din cer veniţi
Cu Ler, oi Domnul mare!

Ei cântă nălţător şi rar
Cântări de biruinţă,

Apoi se-ntorc şi plâng amar
De-a Iudei necredinţă,
De spini, de-ostaşi, şi c-a murit...
Dar s-a deschis mormântul
Şi el acum e-n cer suit
Şi judecă pământul.

Şi până nu tăceau la prag,
Noi nu vorbeam niciunul –
Sărac ne-a fost, dar cald şi drag
În casă-ne Crăciunul.
Şi când târziu ne biruia
Pe vatră caldă somnul,
Prin vis vedeam tot flori de măr
Şi-n faşe mic pe Domnul.

Iarna pe uliţă

A-nceput de ieri să cadă
Câte-un fulg, acum a stat,
Norii s-au mai răzbunat
Spre apus, dar stau grămadă
Peste sat.

Nu e soare, dar e bine,
Şi pe râu e numai fum.
Vântu-i liniştit acum,
Dar năvalnic vuiet vine
De pe drum.

Sunt copii. Cu multe sănii
De pe coastă vin ţipând
Şi se-mping. Şi sar râzând;
Prin zăpadă fac mătănii,
Vrând-nevrând.

Gură fac ca roata morii;
Şi de-a valma se pornesc,
Cum prin gard se gâlcevesc
Vrăbii gureşe, când norii
Ploi vestesc.

Cei mai mari acum, din sfadă
Stau pe-ncăierete puşi;
Cei mai mici, de foame-aduşi
Se scâncesc şi plâng grămadă
Pe la uşi.

Colo-n colţ acum răsare
Un copil, al nu ştiu cui;
Largi de-un cot sunt paşii lui,
Iar el mic, căci pe cărare
Parcă nu-i.

Haina-i măturând pământul
Şi-o târăşte-abea-abea:
Cinci ca el încap în ea;
Să mai bată, soro, vântul,
Dac-o vrea!

El e sol, precum se vede,
Mă-sa l-a trimis în sat,
Vezi, de-aceea-i încruntat,
Şi se-avântă, şi se crede
Că-i bărbat;

Cade-n brânci şi se ridică,
Dând pe ceafă puţintel
Toată lâna unui miel:
O căciulă mai voinică
Decât el.

Şi tot vine, tot înoată,
Dar deodată cu ochi vii,
Stă pe loc – să mii te ţii!
Colo, zgomotoasă gloată,
De copii!

El degrabă-n jur chiteşte
Vrun ocol, căci e pierdut,
Dar copiii l-au văzut!
Toată ceata năvăleşte
Pe-ntrecut.

— „Uite-i, mă, căciula, frate,
Mare cât o zi de post –
Aoleu, ce urs mi-a fost!
Au sub dânsa şapte sate
Adăpost!"

Unii-l iau grăbit la vale,
Alţii-n glumă parte-i ţin –
Uite-i, fără pic de vin
S-au jurat să-mbete-n cale
Pe creştin!

Vine-o babă-ncet pe stradă
În cojocul rupt al ei
Şi încins cu sfori de tei
Stă pe loc acum să vadă
Şi ea ce-i.
S-oţereşte rău bătrâna
Pentru micul Barbă-Cot,
— „Aţi înnebunit de tot –
Puiul mamii, dă-mi tu mâna
Să te scot!"

Cică vrei să stingi cu paie
Focul când e-n clăi cu fân,
Şi-apoi zici că eşti român!
Biata bab-a-ntart în laie
La stăpân.

Ca pe-o bufniţ-o-nconjoară
Şi-o petrec cu chiu, cu vai,
Şi se ţin de dânsa scai,
Plină-i strâmta ulicioară
De alai.

Nu e chip să-i faci cu buna
Să-şi păzească drumul lor!
Râd şi sar într-un picior,
Se-nvârtesc şi ţipă-ntruna
Mai cu zor.

Baba şi-a uitat învăţul:
Bate, -njură, dă din mâni:
— „Dracilor, sunteţi păgâni?
Maica mea! Să stai cu băţul,
Ca la câni!"

Şi cu băţul se-nvârteşte
Ca să-şi facă-n jor ocol;
Dar abia e locul gol,
Şi mulţimea năvăleşte
Iarăşi stol.
Astfel tabăra se duce
Lălăind în chip avan:
Baba-n mijloc, căpitan,
Scuipă-n sân şi face cruce
De satan.

Ba se răscolesc şi cânii
De prin curţi şi sar la ei.
Pe la garduri ies femei,
Se urnesc miraţi bătrânii
Din bordei.

— „Ce-i pe drum atâta gură?"
— „Nu-i nimic. Copii ştrengari."
— „Ei, auzi! Vedea-i-aş mari,
Parcă trece-adunătură
De tătari!"

Cântec

A venit un lup din crâng
Şi-alerga prin sat să fure
Şi să ducă în pădure
Pe copiii care plâng.
Şi-a venit la noi la poartă
Şi-am ieşit eu c-o nuia:
— „Lup flămând cu trei cojoace,
Hai la maica să te joace" –
Eu chemam pe lup încoace
El fugea-ncotro vedea.

Ieri pe drum un om sărac
Întreba pe la vecine:
— „Poartă-se copiii bine?
Dacă nu, să-i vâr în sac!"
Şi-a venit la noi la poartă:
Şi-am ieşit eu şi i-am spus:
— „Puiul meu e bun şi tace,
Nu ţi-l dau şi du-te-n pace!

Eşti sărac, dar n-am ce-ţi face!
Du-te, du-te!“ Şi s-a dus.

Şi-a venit un negustor
Plin de bani, cu vâlfă mare,
Cumpăra copii pe care
Nu-i iubeşte mama lor.
Şi-a venit la noi la poartă
Şi-am ieşit şi l-am certat:
— „N-ai nici tu, nici împăratul
Bani să-mi cumpere băiatul!
Pleacă-n sat, că-i mare satul,
Pleacă, plecă!“ Şi-a plecat.

La Paşti

Prin pomi e ciripit şi cânt,
Văzduhu-i plin de-un roşu soare,
Şi salciile-n albă floare
E pace-n cer şi pe pământ.
Răsuflul cald al primăverii
Adus-a zilele-nvierii.

Şi cât e de frumos în sat!
Creştinii vin tăcuţi din vale
Şi doi de se-ntâlnesc în cale
Îşi zic: Hristos a înviat!
Şi râde-atâta sărbătoare
Din chipul lor cel ars de soare.

Şi-un vânt de-abia clătinitor
Şopteşte din văzduh cuvinte:
E glasul celor din morminte,
E zgomotul zburării lor!

Şi pomii frunţile-şi scoboară
Că Duhul Sfânt prin aer zboară.

E linişte. Şi din altar
Cântarea-n stihuri repetate
Departe până-n văi străbate
Şi clopotele cântă rar:
Ah, Doamne! Să le-auzi din vale
Cum râd a drag şi plâng a jale!

Biserica, pe deal mai sus,
E plină astăzi de lumină,
Că-ntreaga lume este plină
De-acelaşi gând, din cer adus:
În fapta noastră ni e soartea
Şi viaţa este tot, nu moartea.

Pe deal se suie-ncetişor
Neveste tinere şi fete,
Bătrâni cu iarna vieţii-n plete;
Şi-ncet, în urma tuturor,
Vezi şovăind câte-o bătrână
Cu micul ei nepot de mână.

Ah, iar în minte mi-ai venit
Tu, mama micilor copile!
Eu ştiu că şi-n aceste zile
Tu plângi pe-al tău copil dorit!
La zâmbet cerul azi ne cheamă
Sunt Paştile! Nu plânge, mamă!

Fișă de lucru

1. Răspundeţi în scris la întrebări:

- În ce lună sărbătorim Crăciunul?
- În poezia *Colindătorii* cine se bucură de naşterea pruncului Isus alături de copii?
- Cum se bucură cei mici de venirea iernii în poezia *Iarna pe uliță?*
- De ce în poezia *Cântec* mama nu a vrut să-şi înstrăineze copilul?
- Ce a adus „răsuflul cald al primăverii" în poezia *La Paşti*?

2. Subliniați cu o linie lunile de iarnă şi cu două linii pe cele de primăvară: decembrie, martie, ianuarie, mai, aprilie, februarie.

3. Găsiţi perechile de cuvinte care au sens opus:

gros	încet
scund	frig
cald	arşiță
rece	linişte
zgomot	subțire
înalt	repede

4. Desenați un tablou de iarnă.

ION AGÂRBICEANU (1882-1963)

Cu sania

La începutul săptămânii fluturau rar câţiva fulgi de nea prin văzduhul sur. Se opreau pentru o clipă nehotărâţi, apoi coborau iar şi iar se opreau. Parcă le părea rău după înălţimile din care veneau. Numai la o săptămână şi iarna s-a înstăpânit peste lume, până la marginea zării.

— Cojoc gros ca în anul acesta n-a mai avut dumneaei de mult, vorbesc între ei bătrânii. Uliţele satului sunt acoperite de un covor alb şi gros. Casele par mai mici, dormitând sub acoperişurile grele. Gerul s-a mai muiat şi copiii satului au şi pornit cu săniuţele pe coastă. Locul e larg, aşa încât pot pleca deodată zeci de săniuţe, ce vin ca trăsnetul până la poale.

Mult s-au mai rugat Vasilică şi Niculăiţă de părinţi să-i lase şi pe ei cu săniuţa.

— Dacă păţiţi ceva? Acolo sunt şi sănii mai mari care vă pot dobori.

Dar, până la urmă, au primit îngăduinţa. Se făcură amândoi cai şi porniră în fugă către coasta săniuşului. Obrajii le ardeau de bucurie şi ochii le scânteiau.

— Şezi tu înainte, Vasilică!

— Ba şezi tu!

— Să şadă cel care ştie sania mai bine, zise un băiat de alături. Până la urmă se aşeză Vasilică în faţă. Apoi ceru să conducă şi Niculăiţă. Sania se răsturnă de două ori. Trecu la cârmă iar Vasilică.

Şi tot aşa, nici nu ştiau cum fuge timpul. Se însera când copiii intrară în curte.

— Acum se vine? le strigă mama. N-aţi păţit nimic?

— N-am păţit. Şi copiii intrară bucuroşi în casă, cu gândul că a doua zi vor merge iar la săniat.

Întâiul drum

Flutură rar câte un fulg de nea prin văzduhul sur. Se opresc pe-o clipă nehotărâţi, apoi coboară iar şi iar se opresc. Parcă le pare rău după înălţimea din care vin, se simt străini în lume şi se tem de ce vor afla, jos pe pământ.

Uneori îi prinde o undă de vânt şi-i mătură de nu se mai văd şi trece o vreme până ce îndrăznesc să coboare alţii. Ii mărură şi din curte, de pe pământul îngheţat pe care s-au aşezat, uşor, ca nişte scame de pene.

Nu e frig. A fost înainte cu câteva zile, pâna a îngheţat tina. Acum e bine. Se tot încearcă să ningă şi nu poate. Se pare că iarna şi-a uitat din anul trecut să-şi scuture cojocul.

Lelea Anuţa e necăjită tare. Copilul cel mic, sugaciul, orăcăie ca o broască în leagăn. I-a dat să sugă, dar n-a vrut. Îşi increţeşte şi-şi strâmba obrăjorii şi strigă tare, parcă speriat.

Îl ridică iar din leagăn şi-i dă sânul plin şi alb, dar broscoiul se fereşte, se învineţeşte la obraz, şi zbiară din răsputeri. Aşa o fierbe de azi-dimineaţă.

— Ce te doare, puiule, ce te doare? Of, Doamne! De ce or mai avea dureri şi copiii?

Îl pune iar în leagăn şi Ioniţă, frăţiorul cel mare, se şi repede să-l legene în locul mamei sale, cuprinsă de trebi, cât nu mai ştie unde-i este capul.

— Haia, haia! Haia, haia! mormăie cadenţat copilul.

— Mai încet, mai încet, Ioniță, că-l răstorni.

Leagănul se balansează, uneori, să ajungă cu fundul deasupra. Ioniță mormăie și mai tare și cât poate el de gros, să acopere plânsul sugaciului, să-și poată vedea mamă-sa de lucru.

— Haia, haia! Haia, haia!

Rar, aruncă ochii pe fereastră. Parcă ninge mai bine. Vântul țiuie uneori în streașina lungă, și fluieră scurt prin horn, și atunci flacăra din vatră se tupilează pe-o clipă, se topește repede, coborând pe tăciuni, ca și când ar vrea să se stingă. Dar în clipa următoare învie iar.

Leagănă cu putere, cu străduință mare. Poate adoarme cel mic. El vede și simte că mamă-sa e îngrijorată, dar de la o vreme îi vine greu și lui să mai audă plânsul frățiorului: parcă i-a intrat prin urechi pâna în mijlocul capului.

— Grijește, mă, că-l dai peste cap! Leagănă mai încet.

Cum să legene mai încet? De la o vreme se uită cu dușmănie la cel ce zbiară mereu.

Mamă-sa iasă și vine și iar iasă. Are treabă în tindă, în cămară, prin curte după lemne. A făcut foc în camera dinainte și aici fierbe și mâncarea pe vatră. Rar privește și ea prin geam: ninge rar și acum. Rar, dar vântul se întețește.

Într-un târziu, sugaciul a adormit.

— Încet, Ioniță, de tot încet!

Ioniță ar lăsa bucuros leagănul și s-ar duce la fereastră să vadă cum ninge. Dar dacă se deșteaptă și plânge iar? Așa e de bine în cameră, în liniștea mare ce s-a pus. Privește cu încântare jocul flăcărilor pe vatră, deasupra lemnelor înnegrite. Par când săbiuțe ascuțite, când săbii late, când fuioare despletite. Și rar vântul fluieră prin horn și parcă scuipă în foc.

Lelea Anuţa începe odată să caute cu înfrigurare prin solniţa agăţată într-un cui. Nu află ce caută, o ia din cui, o întoarce cu capul în jos şi o scutură pe masă. Nu se scutură decât câteva fire de sare. Trece în tindă, caută în oale, intră în cămară, răscoleşte pretutindeni şi iar vine. E neliniştită, îngrijorată.

— Măi Ioniţă, n-ai văzut tu pe undeva sarea?

— În solniţă, mamă.

— Nu mai este în solniţă. S-a isprăvit.

— Poate în tindă, în oala de fier, cea crăpată.

— Nu mai este nici acolo.

Copilul se gândeşte: unde a mai văzut el sare? Dar nu-şi aduce aminte să fi văzut într-alt loc.

— N-am cu ce săra nici mămăliga, nici mâncarea. Ce să fac? Aş da o fugă până la prăvălie, dar mă tem că se va deştepta copilul.

La gândul să rămână cu cel din leagăn, Ioniţă se acri de tot. Ce să fac dacă se va trezi urlând? Alta era cu mamă-sa acasă: putes să plângă cât de tare, nu se temea de vreo primejdie.

— Să mă duc să cer împrumut de la vecina, mamă!

— Du-te şi vino repede.

Dar vecina nu avea, chiar acum o pusese în fasole şi mămăligă, pe care a avut-o.

Şi nu avea nici cealaltă vecină.

— Va veni tatăl tău de la pădure şi nu pot face mâncarea. Şi necăjită, lelea Anuţa începu să caute iar. Nu află nimic.

— Ştii ce mamă? Niţă doarme acum şi nelegănat, mă duc eu la prăvălie să cumpăr sare.

— Tu?

— Ştii că am mai fost şi cu dumneata.

— Cu mine ai fost, dar singur nu. Singur nu ştii nici unde e prăvălia.

— Ba ştiu. Cunosc casa. Are table verzi la fereşti.

— Are, da' pân-acolo, prin câte hudiţe trebie să treci? Te vei rătăci şi nu vei mai veni nici acasă.

Ioniţă zâmbi.

— Cum să nu ştiu? Las' pe mine. Dă-mi bănuţii şi o traistă şi îndată-s cu sarea acasă.

Ce să facă mamă-sa? Nu se îndură să-l lase pe cel din leagăn. Era bolnăvior, de bună seamă, şi trebuie să vadă şi de mâncare.

Îşi aruncă ochii pe fereastră. Ningea mai des, cu fulgi mari, lânoşi. Vântul se mai potolise.

— Ia-ţi pieptarul şi îmbracă-ţi clicinul cel bun. Ia-ţi şi căciula. Copilul se repezi să se îmbrace.

Mamă-sa deschise lada şi adună din lădiţa ei, cu mare silă, douăzeci de bani de aramă. Căută o traistă mică şi i le dădu lui Ioniţă.

— Să-ţi iei şi bâta, să nu-ţi iese în drum vreun câne.

— Mi-o iau, zise curajos copilul, aruncându-şi traista după cap. Îmbrăcat, cu căciula în cap, părea mai mare de cinci ani trecuţi câţi avea.

Banii de aramă îi legă mamă-sa în colţul năfrămuţii lui cu rândunele şi i-o puse în buzunarul clicinului.

— Aici sunt douăzeci de bani, Ioniţă. Tu să-i dai năfrămuţa lui jupânul şi-i va număra el. Să-i spui numai atâta: m-a trimis mama să-i dai sare de banii legaţi aici.

— Păi, eu nu pot spune: să-mi dai sare de douăzeci de bani? Ioniţă se simţi jignit.

— Da', mamă şi ştiu şi număr şi până dincolo de douăzeci.

— Ştii cu greşeli.

— Acum nu mai greşesc. Dumneata nu m-ai auzit de mult cum număr.

— Bine, bine! Tu să dai năframa jupânului, să dezlege banii şi să-i numere el. N-ar fi ruşine să-i numeri tu şi să greşeşti?

Lelea Anuţa ieşi cu el din tindă, să-l ducă până la portiţă. Dar cum ieşi în curte- alta îngrijorare: ningea tot mai tare.

— Măi Ioniţă, eu zic să nu te mai duci tu nicăieri.

— Ba mă duc!

— Dar nu vezi cum ninge?

— Las' să ningă, doar îs cu căciula!

Bâta avea zdravănă, cu măciucă, o bâtă de corn, călită la foc de tatăl său. Să poftească să se ia vreun câne de el!

Porni pe uliţă la vale, spre vatra satului, unde era prăvălia, iar mamă-sa se grăbi în casă la cel din leagăn. Nu mai era aşa de îngrijorată.

Dacă se va încurca pe hudiţe, îi va arăta vreun om unde e prăvălia. Apoi, de! Copilul era mărişor acum. Frig nu era. Vântul încetase aproape.

Cu bâta în mână, cu trăistuca după grumaz, lonIţă mergea vârtos prin zăpada moale care abia albise uliţa. În urma lui rămâneau urme negre, căci zăpada i se lua pe tălpile opincuţelor.

Uliţa era pustie. Ţipenie de om nici prin curţi. Nici un lătrat de câne. Era o linişte şi o pace, cât lui Ionică îi părea că aude fâsâitul fulgilor de nea, care cădeau tot mai deşi şi se roteau uneori ca un potop de fluturi.

Se silea să-şi amintească prin câte hudiţe trebuia să treacă până la prăvălie. Prin vreo patru, ba chiar prin vreo cinci, căci în vatra satului uliţele erau scurte şi se încrucişau mereu. Mai avea, uliţa lor era tare lungă.

Înaintea unei portiţe văzu un câine mare, ciobănesc, unul alb, miţos şi îşi strânse bine bâta în mâna. Dar câinele nu-i avu grija, părea că nici nu-l văzuse. Şedea liniştit în coadă şi se uita şi el cum ninge. Părea că pacea şi liniştea din văzduh intrase şi în el.

După ce trecuse de el, Ioniţă mai înturnase o dată capul peste umăr: câinele era nemişcat la locul lui.

Dar cum începu să ningă de tare! Şi văzduhul parcă se cobora tot mai jos. Se opri o clipă să scuture căciula: mai gros de un deget era stratul de zăpadă ce se aşezase pe fundul ei.

Se văzu deodată o încrucişare de uliţe. Pe care să apuce?

Vezi că uliţele şi casele albite de zăpadă nu mai semănau cu cele pe care le văzuse el când a fost cu mamă-sa la prăvălie: ajunsese parcă pe un tărâm nou. Totuşi, nu stătu mult la gânduri şi porni pe una. Nu merse douăzeci de paşi şi nimeri într-alta, care cârmea la stânga. La capătul ei intra într-o uliţă mai largă, apoi în alta strâmtă de tot. Asta se înfunda într-o poartă. Nu! pe-aici nu fusese cu mamă-sa. Se întoarse şi tot orbecăind prin zăpada ce cădea acum ca o perdea, se trezi iar în uliţa pe care venise.

Începu să asude. Nu-i era cald, dar începu a se teme că nu va afla prăvălia. Porni înapoi şi intră într-altă uliţă, pe care nu fusese încă. Dacă ar fi fost, i s-ar fi cunoscut paşii, căci acum lăsa urme adânci în zăpadă.

Nu era ţipenie de om, nu zbura nici o pasăre, nu cucuriga nici un cocoş, nu lătra nici un câine. Numai zăpada cădea în perdele tot mai dese şi lumina se micşora, deşi încă nici amiază nu era.

Ioniţă se opri şi îşi încorda din nou gândurile. Deodată îi veni în minte că de-a stânga prăvăliei, nu prea departe, era biserica. Vezi bine! Cum nu s-a gândit până acum?

Va căuta să vadă turnul, dar cum nu ştia unde se află, nu ştia în ce parte să-l caute. Aşa că se învârti încet în jurul lui şi privi în toate părţile.

Dar nu se vedea mai departe de-o aruncătură de băţ. Sus, perdeaua de zăpadă era parcă şi mai deasă.

Începu să asude şi mai tare. Va mai afla prăvălia?

Porni cu hotărâre pe altă uliţă şi ajunse într-o nouă înfundătură. El era singura vietate care se mişca pe drum, alb tot în potopul de ninsoare care sporea mereu.

Oamenii erau prin case, prin grajduri, făçeau prin şuri mestecături de fân şi paie pentru vite. Toată lumea era mulţumită că ninge, că au scăpat de gerul sec. Pacea tainică ce cobora o dată cu ninsoarea intrase în toţi.

Cum trecu de vreo trei ori pe aceleaşi uliţe, atrase atenţia unui bătrân care privea prin fereastra unei case. Cine să fie copilul ăsta care se tot învârte pe-aici? Când îl văzu iar, ieşi în drum.

— Ce-i cu tine, mă Prâsleo? Ce cauţi pe-aici?

— Că nu mă cheamă Prâslea, ci Ioniţă, suspină copilul, care era gata de mult să plângă.

— Fie şi Ioniţă! Ce cauţi?

— M-a trimes mama după sare şi nu aflu prăvălia.

— Ai mai fost la prăvălie?

— Am fost cu mama, dar atunci nu era zăpadă şi acum nu mai cunosc uliţele.

— Dacă-i aşa, vino după mine.

— Bucuros, Ioniţă zâmbi şi porni după bătrân. Nu-i mai păsa pe ce uliţe trece. Îndată se trezi înaintea prăvăliei.

— Ei, acuma ştii?

Copilul uită să-i mai mulţumească bătrânului şi intră repede în prăvălie.

În odăiţa ticsită de rafturi şi de miresmele diferite ale mărfurilor, în aerul acela ciudat pe care Ioniţă nu-l mai uitase de când a fost întâia oară la prăvălie cu mă-sa, copilul se simţi parcă mai în putere.

Jupânul de după tarabă îi zise, ridicându-şi barba lungă şi albă de pe o carte groasă în care citise:

— Mă copile, ieşi şi te scutură afară de zăpadă, nu aici.

Ioniţă ieşi şi se minună ce strat gros de nea se pusese pe fundul rotund al căciulei şi pe mânecile clicinului. Opincile încai erau hăbucite cu zăpadă până la curelele ce-i înfăşurau gleznele.

— Să faci bine să-mi dai sare de douăzeci de bani, vorbi Ioniţă intrând şi intinzându-i jupânului năfrămuţa pe care o scoase din buzunar.

— Ce vrei cu batista asta?

— Acolo-s banii legaţi într-un colţ. Jupânul luă năfrămuţa cu rândunici, dezlegă colţul, luă banii de aramă şi-i numără.

— Nu-s, numai optsprezece, zise jupanul cu un zâmbet viclean în colţul gurii.

— Ba-s douăzeci!

— De unde ştii tu?

— Păi, mama i-a legat acolo.

— Și i-a numărat ea?

— Mi-a spus că a legat douăzeci de bani să nu-i pierd până la prăvălie.

— Aşadar nu i-ai numărat tu?

—Nu!

— Vin şi-i numără aici pe tarabă, şi vei vedea că sunt numai optsprezece.

— Douăzeci trebuie să fie, aşa mi-a spus mama şi ea ştie număra şi nu minte. Zâmbetul se înteţi pe obrajii jupanului cât se mai vedeau în barbă.

— Vino şi numără-i, să nu zici că te-am înşelat. Ioniţă nu se apropie de tarabă.

Vine vreme că tu nu ştii număra până la douăzeci!

— Ba ştiu şi după douăzeci.

— Dacă ştii, vino şi-i numără!

Copilul se apropie de tarabă şi începu a număra banii, tot luând câte unul din grămadă şi punându-i deoparte pe scândură.

— Vezi că-s douăzeci? zise el triumfător. Doar mama nu minte!

— Mie mi-au ieşit numai optsprezece, zâmbi jupanul. Hai să-i mai număr o dată.

Şi-i mai numără sub supravegherea lui Ioniţă.

— Stai, că ai zis cinsprezece de două ori. Jupânul râse.

— Se poate să ai tu dreptate, că omul bătrân mai iute greşeşte.

— Păi, am dreptate, jupâne! Dar nici eu nu mint, ca şi mama.

— Şi zici că ştii număra şi după douăzeci?

— Ştiu până la o sută. Mama nu mă crede, da' eu ştiu. M-a învăţat Mitruţ, un copil vecin cu noi care umblă la şcoală.

— Eu nu te cred! Eşti prea mic să ştii număra pâna la o sută. Hai să auzim. Ioniţă îşi uită şi de sare şi de ninsoare şi începu a număra. Era vorba de ambiţia lui.

— Bravo, măi copile! Ştii bine. Nu mă mir că aşa de mic te-a trimis mamă-ta după sare pe o vreme ca asta!

Jupânul îi luă trăistuca, îi măsură sarea şi i-o puse pe tarabă.

Până luă Ioniţă traista după cap, jupanul căută prin câteva rafturi şi-i dădu o fluierice roşie de zahăr. Dar era chiar fluierice, bătrânul o probă: fluiera ascuţit.

Mai văzuse Ioniţă astfel de fluierici pe la copii, dar el nu avusese niciodată. O luă în mână, o privi cu admirare, apoi deziluzionat o întinse peste tarabă jupânului.

— Nu mai am alţi bani, zise el supărat.

— Nu trebuie nici un ban. Ţi-o dau pentru că ai ştiut numără până la sută. Copilul stătu pe gânduri.

— Ia-o, mă Ioniță, dacă ți-o dă jupânul, ce mai stai pe gânduri, vorbi la spatele lui un om care intrase între timp în prăvălie.

Copilul se întoarse și-l văzu pe Ionu Linii, un om de pe ulița lor, care avea în mână o sticlă unsuroasă.

Ioniță întinse cu neîncredere mâna și luă fluiericea.

— Ăsta-i un copil deștept, zise jupânul; câtu-i de mic și mi-a numărat până la o sută.

— Păi, seamănă cu mamă-sa, care-i deșteaptă foc, răspunse omul, în vreme ce jupânul îi umplu sticla cu gaz.

Ioniță mulțumi jupânului și ieși din prăvălie cu Ionu Linii.

Ningea, și acum? Potop! în câteva clipe se albiră amândoi.

— N-am mai pomenit așa ninsoare se miră rumânul.

Ce noroc că venise și el la prăvălie! Acum chiar că nu ar mai fi știut pe unde se iese în ulița lor.

Numai ei doi înaintau pe drum, prin amarnica ninsoare: curgeau, nu alta, fulgii lânoși, mari și grei, cât aproape se înnoptase.

— Da' cum de-ai venit tu la prăvălie, măi Ioniță?

— Păi, tata-i la pădure și copilul cel mic plânge tare, se vede că-i bolnav, zice mama. Și ea n-a putut veni.

— Da' văd că ai bâtă bună!

— Păi, cum! Dacă mi-ar fi sărit un câine în drum?

— Să n-ai grijă, că acum câinii zac în culcușurile lor și miroasă zăpada.

— O miroasă? se miră copilul.

— Păi, cum! Să vadă ce fel de iarnă se va pune! Una slabă sau una geroasă. Câinii cunosc după mirosul celei dintâi zăpezi...

Olio! Dar cum se schimbase și casa, și șura, și curtea, și gardul lor, și acoperișul portiții, de când a plecat el la prăvălie! Gata să nu le mai cunoască. Mamă-sa îl aştepta tare îngrijorată.

— De ce ai stat atât de mult, măi copile'? Mă temeam că te-ai rătăcit şi nu mai afli prăvălia, pe ninsoarea asta.

În loc de răspuns, Ioniţă îşi scoase trăistuca cu sare de după cap, o puse pe masă, apoi duse la gură, întors către perete, fluiericea cea roşie de zahăr şi o probă. Un ţiuit ascuţit răsună în cameră.

— Ce-a fost asta? îl întrebă maică-sa. El îi arăta fluiericea.

— Mi-a dat-o jupânul, fără bani, pentru că i-am numărat până la o sută.

— Ai numărat tu?

— Păi, cine altul, că eram singur cu jupânul în prăvălie.

Şi Ioniţă avea o singură părere de rău: că nu putea şi cel din leagăn să sufle cu fluiericea pe care i-o tot punea în gură.

Bunica Safta

Se împrăştiase de mult, topindu-se în văzduhul limpede, fără nici o urmă, fumul ce se înălţase dis-de-dimineaţă peste sat, când femeile pregătiseră mâncarea pentru prânz, înainte de a pleca la lucru pe câmp. Se mistui şi mirosul fierturilor înăcrite cu oţet, ce pătrunsese din tinzi, din întruchipările de scânduri înnegrite, unde erau improvizate bucătăriile de vară prin curţi şi pe uliţe.

Aerul era iarăşi pur, răcoros şi subţire, aşa cum rămăsese peste noapte. Soarele încă nu răsărise.

Oamenii îşi isprăvіră treburile de dimineaţă din gospodării: îşi dădură în stavă caii, scoaseră sub biciul lung al ciurdarilor vitele, fugăriră porcii flămânzi în uliță când răsună cornul porcarului. Dar caprele? Cine avea, și nu prea mulți aveau, trebuiau să se scoale cu noaptea în cap: căprarul tutuia mai întâi din corn, scurt și subțire, numai în falseturi, cât se trezeau câinii din somn și lătrau ca la alte alea.

Femeile se grăbiră să pună masa pentru prânz, să prindă oamenii o mâncare caldă, căci, la hotar, la lucru, nu putea fiecare gospodină să se îngrijească de fierturi. Și care putea nu lăsa dimineața să plece oamenii nemâncați. Era lege: dimineața, la prânz, mămăligă caldă cu o ciorbă, cu o zeamă.

Acum începură să iasă pe portițe, în uliță, bărbați, femei, fete, copilandri, veseli toți și lărmuitori, cu uneltele în spate, unii purtând și traiste pline sau desagi.

Se grămădiseră multe munci, care ținură până în a doua jumătate a lunii iunie: sapa a doua la porumb, la vii; cositul fânețelor, seceratul orzului și al alacului.

Ulița principală din partea asta a satului, care ducea și la porumbiști, și la fânațe, și la holde, vărsa mereu lume peste lume, grăbită nevoie mare.

Cu toată graba însă, vorbele zburau de la om la om, de la un grup la altul; răsunau râsete limpezi de femei și fete, și uneori luau cuvântul și sugacii aduși în brațe, orăcăind repede ca broaștele.

A patra casă din capul uliței era clădită în fundul unei ogrăzi largi. Era o clădire mare și grea din piatră și cărămidă, care părea intrată puțin în pământ, cu acoperișul din țiglă, înnegrit de vreme și bătucit cu negi mari de mușchi suri. Către uliță avea trei ferestre, către curte două, cu ramele nevopsite de brad, bătute de ploi și căldură, cu geamuri mici și somnoroase, ca și când s-ar fi ostenit să privească de atât amar de ani aceeași uliță și aceeași ogradă.

Uşa de lemn vechi, cu zăvor lustruit şi mâncat de atâta slujbă, se deschidea în tindă, unde coborai un pas. În tindă era cuptorul de pâine, cu o vatră mare, unde se făcea mâncarea iarna-vara, de unde fumul era sorbit de un horn larg la poale şi subţiat mai sus, luminat tot de un lustru negru.

Departe, la spatele casei, era grajdul şi şura, sub acelaşi acoperiş vechi de paie, cârpit pe alocuri. Era o clădire largă, cu streaşina până jos, cât se putea ajunge cu mâna. între casă şi grajd mai era un şopron pentru car şi plug şi alte unelte de-ale gospodăriei şi o grămadă de lemne, vârfuri rămase din iarnă.

La spatele şurii era grădina, cu mulţi pomi bătrâni şi tineri, cu delniţe întregi de legume, de porumb, de cartofi, de sfeclă pentru vite, de lucerna şi trifoi. Se părea că strămoşul care a împlântat mai întâi aici parul, a putut să îngrădească pământ după plac.

Din gospodăria asta mare plecaseră de mult bărbatul şi nevasta, cu un cumnat şi o cumnată, cu sapele în spate; mai aveau mult porumb nesăpat a doua oară şi trebuiau să înceapă peste câteva zile şi la secerişul orzului.

Trei copii – doi băieţi de şapte şi de cinci ani şi o fetiţă de trei – rămăseseră încă dormind, în grija bunicii Safta, mama bărbatului.

Bunica Safta era văduvă de zece ani şi împlinea în vara asta, la Sfântă-Maria-mare, lucru, pornită spre mânie repede, învolburată, dar îi trecea degrabă, se liniştea şi izbucnea în râs.

Se mira toată lumea cum a putut rămâne aşa de subţire şi frumoasă, şi acum, la bătrâneţe, aducând în lume cinci copii: patru băieţi şi o fată. Altele, cu atâta prăsilă, se îngraşe, se lăbărţează, se urâţesc, se încreţesc la obraji, de nu le mai cunoşti, când le-ai ştiut de fete.

Ei, iată, Safta a rămas tot mlădioasă şi subţire, atâta doar că nu mai este aşa de înaltă ca odinioară.

Dar dacă la arătare era tot Safta de mai demult, scobâlţise totuşi şi ea în puteri, în cele care nu se văd pe din afară. începea să fie mai uitucă, greşea adeseori la numărat când trecea de zece, amesteca numele nepoţilor, îi lua pe unul drept altul, uita căruia i-a dat de mâncare şi căruia nu.

Dar poate şi alta mai tânără în locul ei nu s-ar fi descurcat mai uşor între atâta puzderie de copii!

Pentru că bunica Safta nu avea în grija ei în zilele de vară, când oamenilor le crăpa măseaua de graba muncilor de pe câmp, numai pe cei trei copii din casă, ai feciorului său cel mai tânăr, ci şi pe nepoţii după ceilalţi trei feciori şi după fată, când copiii nu erau nici sugaci, nici destul de mari să fese şi ei la câmp, dacă nu să sape, cel puţin să ajute la fân, ori să aducă apă. Se nimerise ca ceilalţi feciori şi fete să nu aibă nici un bătrân la casă în grija căruia să lase copiii.

Şi cum bunica Safta rămăsese la casa ei, cu feciorul cel mic, cu Ion, şi cum gospodăria lor era aici aproape de capul uliţei, le venea la îndemână celorlalţi săi lase ei copiii când mergeau la lucru şi să-i ia când se întorceau seara.

Aşa că vremea cât se scurgea lumea pe uliţă în sus, se deschidea mereu portiţa, şi când unul, când altul dintre copiii bătrânei îşi lăsau odraslele în curtea cea largă, strigând-o:

— I-am adus şi eu, mamă!

— Văd că i-ai adus! Da' le-ai pus în traistă?

— Pus, cum să nu!

— Să le fi pus destul, că pe ăştia cu greu îi saturi. O să-mi mănânce şi urechile.

Omul pleca grăbit, iar bunica Safta scotea traista de după grumazul copilului şi cerceta ce merinde i-au pus părinţii. Apoi lega iar trăistuţa, o ducea în casă, în camera largă, care dădea spre uliţă, şi o punea pe masă.

În vreme de-o jumătate de ceas cinci trăistuţe se înşirau pe masă. Bătrâna le punea în rând, una după alta, cum veneau copiii, să ştie care a cui este, pentru că trăistuţele tare semănau una cu alta.

În unele erau merinde mai multe, în altele mai puţine, după numărul nepoţilor.

Dar câţi erau?

Aici era greutatea cea mare a bătrânei, şi să-i cunoască al cui era fiecare şi cum îl cheamă. Cu cei din casă erau de toţi optsprezece copii şi copile, dar bunica Safta, de câte ori îi număra, afla tot alt număr, când zece, când treisprezece, când cincisprezece.

Poate nu-i slăbise numai mintea, cinci nepoţi nu rămâneau într-un loc până-i număra, ci se amestecau şi se învălmăşeau mereu. Din camera dinainte unde-i aduna, să le arate la fiecare unde le-a pus trăistuţele, până să apuce să-i numere, unu fugeau în tindă, alţii în curte. Cum să-i mai numeri? Iar dacă încerca să facă adunarea în cap, ştiind câţi nepoţi i-a lepădat în curte fiecare fecior şi fată, se încurca şi mai rău: socoteala în cap nu mai mergea deloc.

Numărătoarea se mai îngreuia şi altfel. De pe uliţa asta, din vecini, mai erau trei-patru femei necăjite care nu aveau cu cine-şi lăsa copiii acasă şi, la rugămintea lor, bunica Safta îi lua sub ocrotirea ei şi pe aceştia. După ce îi dădeau de câteva ori copiii în seamă, alte daţi, când erau grăbiţi, îşi băgau copiii în curte şi îşi vedeau de drum, aşa că bătrâna se mai trezea cu un rând de copii în ogradă. Nu mai ştia dacă sunt dintre nepoţii ei ori sunt copiii vecinilor, şi se dumerea numai când le vedea şi le lua trăistuţele cu merinde de după grumaz şi le punea într-alt rând pe masa cea mare din camera dinainte.

De la vecine mai veneau cinci-şase copii, aşa că acum erau în ograda cea largă vreo învârtea între ei ca o cloşcă între pui. Striga la ei, îi certa, avea şi o nuieluşă în mână şi pe cei mai neastâmpăraţi, gata de ceartă şi de tăvăleală, îi plesnea din când în când.

Cel mai mare necaz al mătuşii era că le tot greşea numele.

— Mă Ionuţ, ce tot sari într-un picior?

— Nu-i Ionuţ, bunică!

— Ha?

— Nu-i Ionuţ, e Vasilică.

Bătrâna nici nu mai auzea bine, mai ales când se schimba vremea.

— Măi Ilie, nu te mai scobi în nas că o să-l spargi.

— Nu-s Ilie, bunico!

— Da' cine-i?

— E Pătruţu lui Dumitru.

— Dacă-i el, să-şi scoată degetul din nas, că-l plesnesc.

Era şi Pătruţ al lui Năstase şi unul al Măriuţei, iar Ionei erau vreo şapte. Prin sat rămâneau însă mulţi copii de capul lor, în grija vreunui bătrân, care aţipea toată ziua. îşi înfulecau bucatele la o mâncare şi-apoi flămânzeau toată ziua.

Bunica cunoştea după obraz pe fiecare nepot al cărui fecior era, sau al fetei, ce folos însă că rar le nimerea numele.

De la o vreme, fiindu-i lehamite să tot fie corectată, nu-i mai striga pe nume, ci zicea „Tu, ăla de colo!" şi întindea jordiţa către el.

Copiii săreau cu gura:

— Mă Toma, nu auzi că te strigă bunica?

— Tu, aia de colo, nu mai sta cu gura căscată, că intră muştele.

— Auzi, Sâio, închide gura, strigau copiii veselindu-se.

— Să nu vă butruşiţi, să nu văd că vă daţi pumni, că mă pun pe voi cu nuiaua.

Bătrâna ieşea dintre ei, şi copiii, alegându-se în grupuleţe după mărime, începeau să se joace în ograda cea largă, care se umplea în grabă de gălăgie, cât gândeai că arde. Bunica mai intră în tindă, mai punea câte-un lucru la loc, dar nu avea multă vreme pace: în câte trei-patru locuri deodată se aprindea ceartă şi bătăi şi izbucneau strigăte şi plânset.

Bătrâna trecea sprintenă de la un foc la altul şi-l stingea îndată cu nuiaua, plesnind în dreapta şi în stânga, fără să mai cerceteze care-s vinovaţii.

— Ha! ofta mătuşa ostenită după ce-i potolea. Voi nu vă puteţi juca frumos şi în linişte, uite, ca Măriuţa şi Sora, cărora nici gura nu le-o auzi.

— Că nu-s Măriuţa şi Sora, bunico, se repezea vrun nepot.

— Cine-or fi, sunt copile bune. Din ele vor creşte fete frumoase şi cuminţi.

Peste tot cu fetiţele nu avea atâta de lucru. Erau mai sfioase, mai fricoase, simţeau că tot nu erau acasă, oricât de bine era aici. Băieţii erau mai îndrăzneţi şi chiar obraznici când vedeau că bunica Safta nu le ştie numele, sau că nu aude ce-i strigă ei.

— Ha? Ţi-e foame, măi ăla? Ceri mămăligă cu brânză?

— Nu mi-e foame încă!

— Ce strigi dar?

— Nu strig eu, bunico!

Copiii vecinilor se simţeau mai străini între atâţia nepoţi şi nepoate, dar numai până intrau în jocul celorlalţi. Unul dintre ei era mai mărişor şi mai tare ca toţi, şi adeseori mai culca la pământ în trântă repede, pe câte unul, fie şi dintre nepoţi.

Cei biruiţi trâmbiţau cu gura strâmbă, şi bunica alerga din tindă.

— Ce-i aici? Ce blestemăţie?

— L-a trântit Ionuţ a Anicăi.

Nepotul zbiera şi mai tare acelaşi nume.

— Iar el? Iar ticăia de Ionuţ? Stai tu numai să pun mâna pe tine!

Dar copilul era în fundul curţii, după grămada de lemne.

Bunica se lăuda în faţa copiilor-că n-o să-l mai primească în gazdă pe bătăuş, îi spunea seara şi Anicăi, mama lui:

— Pe Ionuţ să nu-l mai aduci, că-i rău şi arţăgos şi bate toţi copiii.

Dar în dimineaţa următoare Anica îi dădea drumul în curte, cu trăistuţa după grumaz.

Dacă se întâmpla să fie în curte, pe aproape, mătuşa Safta, femeia se tânguia, gata să miorlăie:

— Ce să-i fac, bunică, nu am cu cine şi unde-l lăsa! Dar dumneata bate-l, nu-l cruţa pe tâlhar.

Bătrâna se muia:

— Lasă-l acum odată, dacă l-ai adus.

Când nu vedea că i-l slobozea în curte, ci se trezea aşa cu el, se făcea că nu-l vede, până se aprindea cearta şi bătaia într-un punct.

După ce-l flişcăia cu nuiaua, până nu vedea copilul, zicea:

— N-o să mai pui tu picior în curtea mea!

Nu-l mai punea până în ziua următoare.

Ograda largă era plină de soare şi de căpşoare goale, cele mai multe cu păr auriu, puţine, câteva copiliţe, cu cosiţe negre. Una avea păr stufos, roşu, neîmpletit în cosiţe.

Pe unde trecea printre copii își purta prin soare flacăra din cap cu primejdie să se aprindă.

Curtea răsuna de nechezul cailor, de mugetul vacilor și al viţeilor, de boncănitul tăurencilor, de cotcodăcitul găinilor, de cântatul cocoșilor. Unu alergau în hamuri de sfoară, dădeau nărăvași din picioare, se opreau și nu mai voiau să meargă. Cei care îi mânau, în mână cu o biciuşcă sau o nu ia, strigau, smânceau din hăţuri, asudau, până ce caii o rupeau din nou la fugă, stând să calce totul în picioare, cât se fereau toţi din calea lor.

Noroc că ograda era largă, și, în aceeași vreme, într-altă parte, o vacă ieșea mugind din poiata mărginită de o scândură, o viţelușă rămânea înăuntru și mugea ușor, scurt și fraged. Un copil făcea pe taurul împungaciu, îngrămădind pe vreo câţiva în gard, boncăluind furios, iar o copiliţă cotcodăcea în grămada de lemne, între vârfurile căreia se ascunsese, până când un băiat cucuriga, urcat pe grămada de gunoi uscat dinaintea grajdului.

Dar iată că de la o vreme se face liniște. Copii și copile se adună în grup, se prind de mână și fac un singur șir, afară de doi mai mari. Aceştia se prind numai ei, ridică braţele astfel prinse în sus, ca pe o poartă, prin care trăbă să treacă șirul întreg și să prindă pe cel din urmă din șir, băiat sau fetiţă, cum se va nimeri. în vremea asta cei care fac poarta spun:

— Floare – mirioare,
Mie mi se pare
Că-s mai mulţi la voi,
Mai puţini la noi.

Și răspunde șirul întreg:

— Dacă vi se pare,
Nu-i cu supărare;
Haideţi și culegeţi,

Din coadă alegeți,
Voinicul bărbat
Cel mai închelmat;
Zâna cea aleasă,
Că-i cu geana trasă
Ca o preoteasă!
Alegeți ce-o fi,
Cum s-o nimeri!

Şirul înflorit de obraji rumeni, de ochi aprinşi, negri şi albaştri, de cămeşuţe şi ii albe, cu chindişitură rară pe mâneci – câte-un pui roşu – trece liniştit pe sub poartă. Numai când se apropie coada, cel din fruntea şirului, şi după el toţi cei până la poartă, se reped într-un iureş, să nu poată prinde portarii pe cei din coadă. Uneori reuşesc, când e avântul mare şi portarii mai slabi, alteori nu, şi cel din coadă, băiat sau fetiţă, rămâne câştigat de portari.

În cadenţa versurilor, jocul se repetă mereu, şirul se tot scurtează şi creşte cel legat de mâna unui portar, până când nu mai rămân decât doi. Acum ei se fac portari, iar cei care şi-au făcut slujba conduc șirul pe sub poarta cea nouă.

Uneori iureşul pentru a scăpa pe cel din coadă e aşa de aspru, încât şirul se rupe, sau unii se împiedică şi cad. Jocul nu se socoteşte atunci, şi rândul trece din nou pe sub poartă.

Jocul ăsta i-a învăţat şi-i învaţă în toată vara bunica Safta. Ea-i supraveghează de fiecare dată. Până învaţă versurile trece o vreme, şi până la vara viitoare mai uită pe unele.

Mai are mătuşa şi alte griji: cei care se joacă de-a caii se înverşunează uneori şi izbucnesc pe portiţă în uliţă şi până prinde ea de seamă abia-i mai vede, învăluiţi în nori de praf.

Strigă tare după ei, nu ştie care sunt, nu cunoaşte nume. Căluţii nu aud, zburdă şi necheează, dar de la o vreme se ostenesc şi se întorc. Vin în pas, pe o aruncătură de băţ, apoi iar încep goana, şi trec vijelios prin portiţă deschisă.

— Arză-vă focul! zice bunica speriată. Cum sta înaintea porţii în uliţă, erau gata să o răstoarne.

Până la amiază copiii mănâncă de două-trei ori. Unu mai ales sunt veşnic flămânzi. E lucrul cel mai greu pentru mătuşa, căci ea trăbă să dezlege fiecare trăistuţă şi să le împartă copiilor a căror e merindea. Şi de multe ori nu mai cunoaşte a cui e, şi trăbă să-i vină în ajutor înşişi copiii. E nevoie să le împartă cu bună măsură, să le rămână destulă mâncare pentru amiază, şi pentru două-trei gustări după amiază, că ziua de vară e lungă, şi părînţii se întorc odată cu înnoptatul.

Cu cei trei nepoţi din casă n-are nici o grijă. De câte ori li-e foame se duc în cămară, unde le-a pus bunica mâncarea. Şi dacă o isprăvesc mai devreme, nu-i nici o supărare, le dă alta.

Dar cu ceilalţi are griji şi supărări destule până îi mulţumeşte pe toţi.

Mai are supărare cu vreo şase mai mărunţei, patru copile şi doi băieţi, care trăbă să doarmă de amiază. îi culcă pe toţi de-a curmezişul în patul cel din camera dinainte. Nici nu mai ştie care a cui sunt, poate sunt dintr-ai vecinilor. Ea nu alege. Pe care-l vede moţăind, îl duce la culcare, şi-i mai şi flişcăne pe care nu vor să adoarmă, ci după ce se văd în pat au poftă de joacă.

În vremea cât vede de cei somnoroşi se teme să nu-i scape pe uliţă pe cei din ogradă. Ei au umbră sub doi meri din curte, şi ar putea să se astâmpere până-i bunica prin casă.

Vorbă să fie! Câte unul mai adoarme la umbră după ce a mâncat de amiază, dar celor mai mulţi le arde mereu de joacă...

Apoi, când soarele începe a scăpata şi umbra casei bătrâne umple întreaga ogradă, când unul, când altul iese la portiţă şi se uită pe uliţă în sus, să vadă: nu vine mamă-sa?

Acum bunica Safta nu-i mai opreşte să iasă la portiţă: ştie că de-acolo nu-i nici o primejdie să se mai mişte până sosesc părinţii să-i ducă acasă.

Le împarte trăistuţele goale, cu ajutorul copiilor care le cunoşteau şi dintr-o sută, fiecare pe a lui, şi nu le mai are în grijă.

Se isprăvea şi pentru ea o zi de muncă.

Fișă de lucru

1. Răspundeţi în scris la întrebări:

- De ce la venirea iernii casele par mai mici în povestirea *Cu sania*?
- Cum se numesc cei doi băieți care se dau cu săniuța?
- Ce trebuie să cumpere de la prăvălie băiețelul din povestirea *Întâiul drum*?
- Ce primește el drept răsplată că a știut să numere până la o sută?
- Cunoștea bunica Safta numele tuturor nepoților ei?

2. Descrieți chipul bunicii într-o compunere de maxim o pagină.

3. Scrieți 5 asemănări și 5 deosebiri ale bunicii voastre și bunica Safta.

VASILE ALECSANDRI (1852-1912)

Bradul

Sus pe culme bradul verde
Sub zăpada albicioasă
Pintre negură se perde
Ca o fantasmă geroasă,

Şi priveşte cu-ntristare
Cum se primblă prin răstoace
Iarna pe un urs călare,
Iarna cu şepte cojoace.

El se scutură şi zice:
„În zădar, tu, vrăjitoare,
Aduci viforul pe-aice,
Aduci zile fără soare.

În zădar îngheţi pământul,
Ucizi florile şi stupii
Şi trimiţi moartea cu vântul
Şi trimiţi foamea cu lupii.

În zădar a ta suflare
Apa-n râuri o încheagă,
Şterge urma pe cărare
Şi de mine ţurţuri leagă.

În zădar aduci cu tine
Corbul negru şi prădalnic,
Şi din codrii cu jivine
Faci să iasă urlet jalnic.

În zădar, urgie crudă,
Lungeşti noaptea-ntunecoasă
Şi, râzând de-a lumii trudă,
Scurtezi ziua luminoasă.

În zădar îmi pui povară
De zăpadă şi de gheaţă.
Fie iarnă, fie vară,
Eu păstrez a mea verdeaţă!“

Sfârşitul iernei

S-a dus zăpada albă de pe întinsul ţării,
S-au dus zilele Babei şi nopţile vegherii.
Câmpia scoate aburi; pe umedul pământ
Se-ntind cărări uscate de-al primăverii vânt.

Lumina e mai caldă şi-n inimă pătrunde;
Prin râpi adânci zăpada de soare se ascunde.
Pâraiele umflate curg iute şopotind,
Şi mugurii pe creangă se văd îmbobocind.

O, Doamne! iată-un flutur ce prin văzduh se
perde!
În câmpul veşted iată un fir de iarbă verde
Pe care-ncet se urcă un galbin gândăcel,
Şi sub a lui povară îl pleacă-ncetinel.

Un fir de iarbă verde, o rază-ncălzitoare,
Un gândăcel, un flutur, un clopoţel în floare,
După o iarnă lungă ş-un dor nemărginit,
Aprind un soare dulce în sufletul uimit!

Oaspeţii primăverii

În fund, pe cer albastru, în zarea depărtată,
La răsărit, sub soare, un negru punt s-arată!
E cocostârcul tainic în lume călător,
Al primăverii dulce iubit prevestitor.

El vine, se înalţă, în cercuri line zboară
Şi, răpide ca gândul, la cuibu-i se coboară;
Iar copilaşii veseli, cu peptul dezgolit,
Aleargă, sar în cale-i şi-i zic: „Bine-ai sosit!"

În aer ciocârlia, pe casă rândunele,
Pe crengile pădurii un roi de păsărele
Cu-o lungă ciripire la soare se-ncălzesc
Şi pe deasupra bălţii nagâţii se-nvârtesc.

Ah! iată primăvara cu sânu-i de verdeaţă!
În lume-i veselie, amor, sperare, viaţă,
Şi cerul şi pământul preschimbă sărutări
Prin raze aurite şi vesele cântări!

Cucoarele

Din cea zare luminoasă vine-un lung şir de cucoare
Aducând pe-aripi întinse calde raze de la soare;
Iată-le deasupra noastră, iată-le colo sub nor,
În văzduh călăuzite de-un pilot, bătrân cocor.

Ele vin din fundul lumii, de prin clime înfocate,
De la India Brahmină, unde fearele-ncruntate,
Pardoşi, tigri, şerpi gigantici stau în jungli tupilaţi,
Pândind noaptea elefanţii cu lungi trombe înarmaţi.

Fericite călătoare! zburând iute pe sub ceruri,
Au văzut în răpigiune ale Africei misteruri,
Lacul Cead şi munţii Lunii, cu Pustiu-ngrozitor,
Nilul Alb cărui se-nchină un cumplit negru popor.

Călătoare scumpe mie!... Au lăsat în a lor cale
Asia cu-a sale râuri, Caşemirul cu-a sa vale,
Au lăsat chiar Ceylanul, mândra insulă din rai,
Şi revin cu fericire pe al ţării dulce plai!

Noaptea

Noaptea-i dulce-n primăvară, liniştită, răcoroasă,
Ca-ntr-un suflet cu durere o gândire mângâioasă,
Ici, colo, cerul dispare sub mari insule de nori,
Scuturând din a lui poale lungi şi repezi meteori.

Pe un deal în depărtare un foc tainic străluceşte
Ca un ochi roş de balaur care-adoarme şi clipeşte.
Sunt păstori în şezătoare sau vro ceată de voinici?
E vro tabără de care sau un rond de tricolici?

Către munţi prin întuneric un lung bucium se aude.
El aminte suvenirul celor timpuri negre, crude,
Când din culme-n culme noaptea buciumele răsunau
Şi la lupte sângeroase pe români îi deşteptau.

Acum însă viaţa-i lină; ţara doarme-n nepăsare!
Când şi când, un câine latră la o umbră ce-i apare,
Şi-ntr-o baltă mii de broaşte în lung hor orăcăiesc,
Holbând ochii cu ţintire la luceafărul ceresc!

Dimineaţa

Zori de ziuă se revarsă peste vesela natură,
Prevestind un soare dulce cu lumină şi căldură,
În curând şi el apare pe-orizontul aurit,
Sorbind roua dimineţii de pe câmpul înverzit.

El se-nalţă de trei suliţi pe cereasca mândră scară
Şi cu raze vii sărută june flori de primăvară,
Dediţei şi viorele, brebenei şi toporaşi
Ce răzbat prin frunzi uscate şi s-arată drăgălaşi.

Muncitorii pe-a lor prispe dreg uneltele de muncă.
Păsărelele-şi dreg glasul prin huceagul de sub luncă.
În grădini, în câmpi, pe dealuri, prin poiene şi prin vii
Ard movili buruienoase, scoţând fumuri cenuşii.

Caii zburdă prin ceairuri; turma zbiară la păşune;
Mieii sprinteni pe colnice fug grămadă-n repejune,
Şi o blândă copiliţă, torcând lâna din fuior,
Paşte bobocei de aur lâng-un limpede izvor.

Tunetul

Pe lanul lung şi verde, cu grâul răsărit,
O umbră călătoare se-ntinde-ncet şi trece,
Precum un râu de munte când gheaţa s-a topit
Se varsă peste maluri, câmpiile să-nece.

E umbra unor nouri albii, uşori, mărunţi
Ce lunecă sub soare, clădind un lanţ de munţi;
Ei vin în mezul zilei c-un surd şi tainic sunet
Şi, ca semnal de viaţă, aprind în cer un tunet.

Văzduhul bubuieşte!... pământul desmorţit
Cu mii şi mii de glasuri semnalului răspunde,
Şi de asprimea iernei simţindu-se ferit,
De-o nouă-ntinerire ferice se pătrunde.

La răsărit urare! urare la apus!
Un cârd de vulturi ageri, rotindu-se pe sus,
Se-nalţă ca s-asculte mult vesela fanfară
Ce buciumă prin nouri frumoasa primăvară.

Primăvara

A trecut iarna geroasă,
Câmpul iar a înverzit
Rândunica cea voioasă
La noi iarăşi a sosit.

Dintr-o creangă-n alta zboară
Sturzul galben, aurit
Salutare, primăvară,
Timp frumos, bine-ai venit!

Turturelele se îngână,
Mii de fluturi vezi zburând
Şi pe harnica albină
Din flori miere adunând.

Cântă cucu-n dumbrăvioară
Pe copacul înflorit,
Salutare, primăvară,
Timp frumos, bine-ai venit!

Fișă de lucru

1. Răspundeţi în scris la întrebări:

- Cine sunt oaspeţii primăverii?
- Ce continente au văzut cocorii în drumul lor spre casă?
- Ce momente ale zilei surprinde poetul în textele de mai sus?
- Cum se trezeşte natura la viaţă în poezia *Primăvara*?

2. Scrieţi toate fenomenele naturii pe care le cunoaşteţi. (exemplu: tunetul)

3. Alcătuiţi propoziţii cu ajutorul cuvintelor:
cucoare, Lacul Cead, nagâţi, bucium, bobocei, turturele.

4. Transformaţi verbele în substantive:

a răsări	*răsărit*
a prevesti	
a ciripi	
a cânta	
a cugeta	

5. Scrieţi care sunt lunile de primăvară.

GEORGE TOPÂRCEANU (1886-1937)

Un duel

Eroii mei sunt doi cocoşi
De rasă, pintenaţi, frumoşi
Ca ofiţerii la paradă.
Doi cavaleri aristocraţi.
Dintr-o privire ofensaţi
Încep duelul fără spadă.
Au martori puii speriaţi.
Teren – o parte din ogradă,
Dar n-au motiv de sfadă,
Căci nu se ştie-a cui e vina –
Misteru-nvăluie pricina, –
Deci: căutaţi găina...
Din amândouă părţile
Se-ncep ostilităţile.
Ei stau o clipă faţă-n faţă
Cu ciocurile la pământ,
Apoi deodată-şi iau avânt
Şi lupta-ncepe săltăreaţă:

Sar deodată,
Dau cu ciocul.
Cad alături,
Schimbă locul.
Bat din aripi,
Dau din gheare.
Unul cade,
Altul sare...
Iar s-atacă,

Iar se pişcă...
Dar deodată nu mai mişcă...
Faţă-n faţă, multă vreme,
Stau aşa, ca două gheme
Neclintite
Şi zburlite,
Până când, pe nesimţite,
Unul părăseşte sfada,
Întorcându-se cu coada...

*

Atunci ieşi de subt şopron
Un folozof-clapon,
Urât
Ş-atâta de bătrân încât
A dat în mintea puilor...
El s-a oprit în faţa lor
Cotcodăcind sonor:
— Eu dezaprob acest conflict.
E o ruşine, un delict
Nedemn de vremi civilizate.
Dar aşteptăm un viitor
Când, mândri de chemarea lor,
Cocoşii nu se vor mai bate...
Voi vă certaţi pentr-o găină,
Dar nu vedeţi? E curtea plină!
Ba treceţi gardul la vecini,
Că şi pe-acolo sunt găini...
De ce vă puneţi gheara-n gât?
Să lase unul cât de cât,
Să dea şi celălalt ceva, –
Eu, cât de cât, socot c-o da!

Cântec

Frumoasă ești, pădurea mea,
Când umbra-i încă rară
Și printre crengi adie-abia
Un vânt de primăvară...

Când de sub frunze moarte ies
În umbră viorele,
Iar eu străbat huceagul des
Cu gândurile mele...

Când strălucesc sub rouă grea
Cărări de soare pline,
Frumoasă ești, pădurea mea.
Și singură ca mine...

Balada munților

I

S-au ivit pe rând în soare,
Jos, la capătul potecii,
Turma albă de mioare,
Noatinele și berbecii.

Sunet de tălăngi se-ngână.
Sub poiana din Fruntarii,
Zăbovește-n deal la stână
Baciul Toma cu măgarii.

El se pleacă din cărare
Și tot leagă și dezleagă,
Cumpănește pe samare

O gospodărie-ntreagă:
Maldăr de tărhaturi grele
Cu desagi, căldări şi pături,
Că de-abia pot sta subt ele
Doi măgari voinici alături.

Gata!... Baciul stă pe gânduri,
Peste frunte mâna-şi duce.
Se ridică-n două rânduri
Şi domol îşi face cruce.
Apoi cată lung spre creste
Şi spre ţarcurile goale...
Şi convoiul, fără veste,
A pornit încet la vale.

*

Cerul şi-a schimbat veşmântul.
Ploaia parcă stă să-nceapă.
Printre brazi coboară vântul
Ca un foşnet lung de apă.
Adâncit în gânduri multe
Baciul stă şi nu-şi dă seamă
C-a rămas în loc s-asculte...

După el, călcând cu teamă,
Merg tăcuţii lui prieteni
Prin sălbatice pripoare,
Pe sub poale verzi de cetini,
Pe potecă fără soare,
Ori străbat în pas alene
Luminişuri fără flori,
Singuratice poiene
Cu mesteceni visători...
Rar trezesc în a lor cale

Câte-o piatră sub copită.
Iar când drumul se prăvale
Jos, la coastă povârnită,
Calcă baciul ca pe gratii
Şi-i struneşte blând cu gura:
— Cătinel, feciorii tatii,
Ca să n-o pornim de-a dura!...

II

Astfel, turmă după turmă
Pleacă toamna de la stâni,
De rămân pustii în urmă
Munţii singuri şi bătrâni.
Astăzi ca şi-odinioară,
Cât s-afundă-n vreme anii,
Ei văzură cum coboară
Pe cărări de plai ciobanii,
Când pe soare, când pe ploaie,
Vreme multă, fără număr,
Cu căciula lor de oaie
Şi cu sarica pe umăr,
A' trecutului vii moaşte
Peste care vremea creşte, –
Culmea verde mi-i cunoaşte,
Stânca sură mi-i iubeşte...
Iar în urma lor, pe sară,
Astăzi ca şi alte dăţi,
Lungă linişte coboară
Peste mari singurătăţi.

Toamna cu-a ei albă frunte
Şi cu galbenii-i conduri
A lăsat argint pe munte
Şi rugină pe păduri.
La răspântii creşte stogul

De foi moarte de curând.
Strigă-n vale Topologul
Şi-a lui larmă, când şi când,
Ca o voce omenească
Până sus pe culmi tresare,
Preajma mută s-o trezească
Din senina ei visare.

Tot mai jos apoi se lasă
Poala norilor pe munte.
Vin din iarna-ntunecoasă
Zile lungi cu ploi mărunte.
Neguri dese-ncep să cadă,
Se târăsc în jos pe plai.
Pe păduri se strâng grămadă
Falduri albe de buhai.
Brazii stau în nemişcare,
Printre ramuri ploaia pică, –
Nici o creangă nu tresare,
Nici un zbor de păsărică.
Numai ferigele ude,
Putregaiul şi bureţii
Îşi trimet mirezme crude
În desimea groasă-a ceţii.
Trunchiuri strâmbe, răsturnate
Scorburile şi buştenii
Cu-a lor cioturi, pe-nserate
Umplu codrii de vedenii.

Sihla neagră se-nfioară.
Speriat, dintr-un hăţiş
Pui sfios de căprioară
A ieşit la luminiş...
Cu blăniţa zgribulită
Stă şi-ascultă nemişcat...

Vremea pare-ncremenită...
Brazii fruntea şi-au plecat,
Spăimântaţi, ca pentru rugă:
Colo-n fundul curmăturii,
Dormitând pe-o buturugă
S-a ivit Muma-Pădurii...
Dar nu-i nimeni să-i zărească
Trupul hâd şi deşirat,
Faţa galbenă de iască,
Nasul – ciot de brad uscat.
Nici nu vede, nici n-aude,
Doar îşi scutură pe-o mână
Părul ei de vreascuri ude,
Fruntea plină de ţărână.
Şi cum stă cu ceaţa-n spate
Istovită lângă trunchi,
Rădăcini şi crengi uscate
Îi atârnă pe genunchi.
Negurile-i sug puterea.
Ochii-i nemişcaţi şi suri
Cheamă noaptea şi tăcerea
Din adâncuri de păduri...

III

Şi se duc pe nesimţite
Nopţi pustii şi zile reci,
Cum s-adună, putrezite,
Frunze moarte pe poteci.
Colo sus, culcat pe-o rână,
Stă Negoiul mohorât
Cu-a lui negură bătrână
Care-i ţine de urât.
Fulgii-ncep apoi să cadă.
Firea-şi doarme somnul ei
Amorţită sub zăpadă...

Iar târziu, la Sfântu-Andrei,
Când cobori de la povarnă
Printre plopi subţiri şi rari,
În senină zi de iarnă
Vezi departe munţii mari
Cum îşi zugrăvesc în soare
Piscuri vinete spre cer,
Povârnişuri sclipitoare,
Brazi împodobiţi de ger,
Atârnând ca nişte salbe
Pe grumajii lor de stânci,
Peste plaiurile albe
Şi prăpăstiile-adânci.

Bivolul şi coţofana

Pe spinarea unui bivol mare, negru, fioros,
Se plimba o coţofană
Când în sus şi când în jos.
Un căţel trecând pe-acolo s-a oprit mirat în loc:
— Ah, ce mare dobitoc!
Nu-l credeam aşa de prost
Să ia-n spate pe oricine...
Ia stai, frate, că e rost
Să mă plimbe şi pe mine!

Cugetând aşa, se trage îndărăt să-şi facă vânt,
Se piteşte la pământ
Şi de-odată – zdup! – îi sare
Bivolului în spinare...

Ce s-a întâmplat pe urmă nu e greu de-nchipuit.
Apucat cam fără veste, bivolul a tresărit,
Dar i-a fost destul o clipă să se scuture, şi-apoi
Să-l răstoarne,
Să-l ia-n coarne
Şi cât colo să-l arunce, ca pe-o zdreanţă în trifoi.

— Ce-ai gândit tu oare, javră? Au, crezut-ai că sunt mort?
Coţofana, treacă-meargă, pe spinare o suport
Că mă apără de muşte, de ţânţari şi de tăuni
Şi de alte spurcăciuni...
Pe când tu, potaie proastă, cam ce slujbă poţi să-mi faci?
Nu mi-ar fi ruşine mie de viţei şi de malaci,
Bivol mare şi puternic, gospodar cu greutate,
Să te port degeaba-n spate?...

Boierul şi argatul

Un boier, călare pe-o frumoasă iapă,
Trebuind să treacă într-un loc o apă
Peste-o punte-ngustă – şi fiind grăbit,
Şi-a chemat argatul şi i-a poruncit:
— Ia-mi în spate iapa
Şi mi-o trece apa!
— Nu pot, zise omul lăsând nasu-n jos.
— Hm! făcu boierul foarte mânios:

Leneşul la toate
Zice că nu poate...

Leul deghizat

Leul s-a-mbrăcat odată
Într-o piele de măgar,
Să colinde țara toată
Din hotar până-n hotar,
Ca să vadă cum se poartă lupii (marii dregători)
Cu noroadele-i blajine de supuși rumegători.

Deci, trecând el într-o seară la o margine de crâng
Ca un biet măgar nătâng,
Niște lupi, cum îl văzură, se reped la el pe loc
Și-ntr-o clipă îl înșfacă, grămădindu-l la mijloc.

— Stați, mișeilor! Ajunge, – că vă rup în dinți acuși!
(Strigă leul, apărându-și pielea cea adevărată.)
Astfel vă purtați voi oare cu iubiții mei supuși?...
Lupii, cunoscându-i glasul, îndărăt s-au tras pe dată,
Și de frică se făcură mici, ca niște cățeluși.

— O, Măria-Ta! Iertare!
Zise cel mai diplomat, –
Semănai așa de tare
C-un măgar adevărat!...

Fișă de lucru

1. Răspundeți în scris la întrebări:

- De ce s-au luat la bătaie cei doi cocoși din poezia *Un duel*?
- De ce acceptă bivolul din *Bivolul și coțofana* s-o poarte pe coțofană pe spinarea lui?

2. Scrieți cinci proverbe despre hărnicie.

MIHAI EMINESCU (1850-1889)

La mijloc de codru

La mijloc de codru des
Toate păsările ies,
Din huceag de aluniş,
La voiosul luminiş,
Luminiş de lângă baltă,
Care-n trestia înaltă
Legănându-se din unde,
În adâncu-i se pătrunde
Şi de lună şi de soare
Şi de păsări călătoare,
Şi de lună şi de stele
Şi de zbor de rândunele
Şi de chipul dragei mele.

Crăiasa din poveşti

Neguri albe, strălucite
Naşte luna argintie,
Ea le scoate peste ape,
Le întinde pe câmpie;

S-adun flori în şezătoare
De painjen tort să rumpă,
Şi anină-n haina nopţii
Boabe mari de piatră scumpă.

Lângă lac, pe care norii
Au urzit o umbră fină,
Ruptă de mişcări de valuri
Ca de bulgări de lumină,

Dându-şi trestia-ntr-o parte,
Stă copila lin plecată,
Trandafiri aruncă roşii
Peste unda fermecată.

Ca să văd-un chip se uită
Cum aleargă apa-n cercuri,
Căci vrăjit de mult e lacul
De-un cuvânt al sfintei Miercuri;

Ca să iasă chipu-n faţă,
Trandafiri aruncă tineri,
Căci vrăjiţi sunt trandafirii
De-un cuvânt al sfintei Vineri.

Ea se uită... Păru-i galben,
Faţa ei lucesc în lună,
Iar în ochii ei albaştri
Toate basmele s-adună.

Rugăciune

Crăiasă alegându-te,
Îngenunchem rugându-te,
Înalţă-ne, nemântuire
Din valul ce ne bântuie;
Fii scut de întărire
Şi zid de mântuire,

Privirea-ţi adorată
Asupră-ne coboară,
O, maică prea curată
Şi pururea fecioară, Marie.

Noi, ce din mila Sfântului,
Umbră facem pământului,
Rugămu-ne 'ndurător
Luceafărului mărilor;
Ascultă-a noastre plângeri.
Regină peste îngeri –
Din neguri te arată,
Lumină dulce clară,
O, maică prea curată
Şi pururea fecioară,
Marie.

CĂLIN-NEBUNUL

Era odat-un împărat ş-avea trei fete şi erau aşa de frumoase, de la soare te puteai uita, da' la dânsele ba. Acu, cele două era cum era, da' cea mijlocie nici se mai povesteşte frumuseţea ei. Acu câţi feciori de-mpăraţi şi de ginărari a cerut-o, împăratul n-o vrut s-o li-o deie. Acu-ntr-o sară au venit trei tineri şi le-o cerut, da' el n-o vrut să le dea. Acu ei o ieşit afară şi unul dintr-înşii o prins a fluiera cât s-o făcut un nor mare şi nu s-o mai văzut nici ei, nici fetele. Le-a răpit.

Acu-mpăratul a scos veste-n ţară că cine-a găsi fetele li dă de nevastă. Acu-n satul cela a-mpăratului era un om şi-avea trei flăcăi. Doi erau cum erau, da' unul era prost, şedea-n cenuşă şi-l chema Călin-Nebunul. Ş-a zis acei doi fraţi: „Haidem şi noi să căutăm fetele-mpăratului". Da' Călin a zis: „Hai şi eu cu voi". Ş-acei doi o zis: „Hai". Şi-mpăratul a zis că care s-a porni după fete li dă bani de cheltuială şi straie de primeneală. Acu ei au făcut un arc ş-o zis unde l-a zvârli, până unde-a ajunge, acolo să poposească. O aruncat cel mare ş-o mers vo două zile ş-a ajuns. O aruncat şi cel mijlociu şi tot aşa degrabă a agiuns. Da' când o aruncat Călin-Nebunul, a mers trei luni de zile, zi şi noapte, şi de-abia a ajuns. Acu ei, mergând pe drum, a gătit şi cremenea şi amnaru. Deabia a avut cu ce aţâţa oleacă de foc. Ş-o zis aşa ei înde ei ca să păzească focul unul din ei cât or dormi ceilalţi doi, că dacă s-a stinge focul, îi taie capul celui ce-a păzit dintr-înşii. Acu s-au culcat cei doi, şi cel mare a rămas să păzească. Pe la miezul nopţii s-a auzit un vuet grozav. Era un zmeu cu trei capete.

— Cum ai putut să-mi calci moşiile de la tată-miu făr' de voia nimănui? Hai la luptă!

— Hai!

Şi s-o luptat ei, s-o luptat, pân-acu l-o omorât pe zmău şi o făcut din capetele lui trei căpiţi de carne. Acu se trezesc cei doi.

— Uite, voi aţi dormit, da' eu uite ce lupt-am avut.

Acu a doua noapte cel mijlociu era să stea de strajă. Iar pe la miezul nopţii se aude-un vuet.

— Cum ai putut să-mi calci moşiile lui tată-meu fără voia nimănui? Aista era cu patru capete.

— Hai la luptă!

— Hai!

Şi l-a omorât şi pe acesta ş-o făcut patru căpiţi de carne din capetele lui. Acu, când s-a trezit ei, o-nceput să-i deie de grije lui Călin-Nebunul ca să păzească bine focul. Acu el a treia noapte era să fie. Acu iar pe la miezul nopţii s-auzi vuet mare. Un zmeu era cu opt capete.

— Hi! zice Călin-Nebunul, că zmeul era năzdrăvan, şi ştia de dânsul, hai la luptă!

— Hai!

Cât se luptă, se luptă, cât de cât să nu se deie zmăul. I-o tăiet Călin-Nebunul o ureche ş-o picat o picătură de sânge ş-o stins focul. Ş-aşa, pin-tuneric, s-o-nceput ei a lupta ş-în sfârşit l-o omorât Călin-Nebunul ş-o făcut opt căpiţi de carne. Acu ce să facă el? Foc nu-i. S-o luat el şi mergea aşa supărat prin pădure ş-o ajuns la un copac nalt şi s-a suit în vârful lui ş-o văzut în depărtare o zare de foc. Scoboară el se porneşte s-ajungă-acolo şi-ntâlneşte un om pe drum.

— Bună noapte!

— Mulţămesc d-tale!

— Da' cine eşti d-ta?

— Eu-s *De-cu-Sară*.

Călin-Nebunul l-apucă şi-l leagă de-un copac cot la cot. Mai merge el o bucată bună, şi mai întâlneşte un om.

— Bună noapte!

— Mulţămesc d-tale!

— Da' cine eşti d-ta?

— Eu îs *Miezu-Nopţii*.

Ia şi pe-acela şi-l leagă iar de-un copac. Mai merge el înainte şi mai întâlneşte un om.

— Bună noapte!

— Mulţămesc d-tale!

— Da' cine eşti d-ta?

— Eu îs *Zori-de-Ziuă*.

Îl leagă şi pe-acela. El i-o legat, că lui i-era frică să nu se facă ziuă.

În sfârşit ajunge el acolo. Acolo era o groapă mare şi un cazan c-o pereche de chirosteie mari, şi-ntr-însul fierbea vo două-trei vaci şi-mprejurul chirosteilor se cocea o turtă. Şi-mprejurul ei dormeau doisprezece zmei şi două zmeoaice, mamele lor.

Acu Călin-Nebunul ia vo doi tăciuni într-un hârb şi un cărbune-n lule şi, plecând, iacă, i-a venit aşa o mirosnă de bună din demâncat, şi, luând o bucăţică, o curs apă clocotită pe urechea unui zmeu şi el o ţipat straşnic, că toţi s-au trezit şi l-au prins pe Călin-Nebunul.

Ş-o vrut să-l omoare şi el a zis:

— Mă rog domniilor-voastre, lăsaţi-mă că sunt om sărac!

Da' ei a zis aşa:

— Dacă tu ne-i aduce pe fata-mpăratului Roşu, noi te-am lăsa.

Da' el a zis:

— Da' de ce n-o luaţi d-voastră, că sunteţi mai mulţi şi mai tari.

— Da' noi suntem duhuri necurate, şi-mpăratul are un cocoş ş-un căţel. Noi, când ne-apropiem de palatul lui, cucoşul cântă şi căţelul bate, şi noi trebuie să fugim. Da' tu-i pute mai bine, că eşti om pământean.

Da' Călin-Nebunul, viclean:

— Haideţi şi d-voastră cu mine, că-s eu om pământean şi căţelul n-a bate, nici cucoşul n-a cânta.

Da' Călin-Nebunul se uită şi vede-un voinic ca şi dânsul, legat cot la cot de-un copac, şi când o văzut că s-o pornit Călin-Nebunul, el s-o smucit straşnic, încât o rămas mânile la copac şi el a fugit.

Şi ei merg, merg pân' ce-ajung la poarta-mpăratului. Şi era o poartă mare de fier, că nu era-n stare să treacă nime afară de Călin-Nebunul. Şi el s-o suit pe poartă şi-o zis zmeilor:

— Hai să vă iau câte pe unul de chică să vă dau în ogradă.

Şi lua tot câte unul şi cu paloşul le tăia capul, pân'ce o tăiat la toţi. Ş-o intrat în ogradă, da-mpăratul, de grozav zid şi poartă ce avea, uşile erau toate deschise. Călin-Nebunul s-o suit sus pe scări, şi scările erau de aur bătute cu diamante, ş-o intrat în casă unde dormea fata. Da' era lună d-o mândreaţă afară şi luna bătea în casă unde dormea fata. Da' fata era aşa de frumoasă de cât de nepovestit. Călin-Nebunul a sărutat-o şi i-o luat inelul de pe mână şi s-o dus.

Când o ajuns la zmeii cei tăieţi, li-o tăiet vârfurile limbilor la toţi doisprezece şi le-o pus în basma ş-o trecut poarta şi s-o pornit la drum. A mers pân' ce-a ajuns la cazan. A putut prinde o zmeoaică ş-a tăiet-o, da' una a scăpat. O luat pe degetu ista mic turta şi pe celălalt cazanu cu carne şi-ntr-un hârb oleacă de foc şi s-o pornit la drum.

Ş-o ajuns la *Zori-de-Ziuă* şi i-o dat o bucat' de carne ş-o bucat' de turtă, l-o dezlegat ş-o zis:

— Hai, du-te!

Mai merge el, ajunge la *Miezu-Nopţii* şi-i dă ş-aceluia o bucat' de carne ş-o bucat' de turtă şi-i dă drumul ş-aceluia.

Când a ajuns la *De-cu-Sară*, era mai mult mort decât era legat. Îi dă ş-aceluia o bucat' de carne, ş-o bucat' de turtă şi-i zice:

— Du-te, bre, în pace!

Când a ajuns, n-o apucat a aţâţa focul şi soarele acu era sus. Fraţii lui atâta dormise, c-acu-ntrase mai de-un stânjen în pământ. Când s-o trezit, o zis:

— Ii, Călin-Nebune, lung-a mai fost noaptea asta!

Da' Călin-Nebunul nimica nu le-a povestit din ceea ce s-o petrecut cu dânsul noaptea. Au pregătit ei iar să se pornească ş-o zvârlit tot Călin-Nebunul arcul ş-o mers ei aşa pân' la Pădurea de Aur. Când a ajuns acolo, li-o zis Călin-Nebunul aşa:

— Fraţilor, voi nu-ţi pute trece-n pădurea asta. Faceţi-vă voi o colibă aici şi staţi şi mă duc eu singur.

Aşa, el s-o pornit. Când o ajuns în mijlocul Pădurii cei de Aur, fata cea mare a-mpăratului făcea de mâncat zmăului ei.

— Bună vreme, fată de-mpărat!

— Mulţămesc d-tale, Călin-Nebune. De numele d-tale am auzit, dar a vede că nu te-am văzut. Da' fugi că dac-a veni zmeul te ucide.

— Da' cât mănâncă zmeul tău?

Fata zice:

— Patru cuptoare de pâne, patru vaci fripte şi patru antaluri de vin.

Zice:

— Ia să văd eu, le-oi pute mânca?

Se pune Călin-Nebunul şi mănâncă toate.

Iaca, vine şi zmăul.

— Bună vreme, câne de zmău!

— Mulţămesc, Călin-Nebune!

— Am venit să ieu pe fată. Na, hai la luptă!

— Stai, să mănânc ceva.

— Da', că, zice, eu ţi-am mâncat mâncarea.

— Cu atât mai bine, zice, eu sunt uşor şi tu eşti greu.

Şi se ieu la luptă şi se luptă şi-l omoară Călin-Nebunul.

Pe urmă zice fetei:

— Rămâi aici, că eu mă duc să scot cele două surori ale tale.

Şi se porneşte. Ajunge-n mijlocul *Pădurii cei de Argint*.

Fata cea mijlocie făcea de mâncat ş-aceea. Da' el, cum a văzut-o, i-a căzut straşnic de dragă.

— Bună vreme, fată de-mpărat!

— Mulţămesc d-tale, Călin-Nebune. De numele d-tale am auzit, d-a vede nu te-am văzut.

Da' şi Călin-Nebunul era frumos, şi fetei i-o căzut drag. Da' fata-i zice:

— Fugi, că dac-a veni zmeul, te ucide!

— Da' cât mănâncă zmăul?

— Opt cuptoare de pâne, opt vaci fripte şi opt antaluri de vin.

— Adă-ncoace, să văd, oi pute mânca? Şi mănâncă tot. Iaca, vine şi zmăul.

— Bună vreme, câne de zmău!

— Mulţămesc, Călin-Nebune.

— Hai la luptă!

— Stai, să mănânc ceva.

— Că eu ţi-am mâncat mâncarea!

— Mi-o fi mai uşor la luptă.

Şi se iau, se luptă şi se luptă, şi-l omoară Călin-Nebunul.

Da' lui aşa-i era de dragă fata, de a luat-o cu dânsul la *Pădurea de Aramă*. Când a ajuns în mijlocul pădurii, şi-aceea făcea de mâncat. Aceea nu-l ştia, da' văzându-l cu soră-sa o-nţeles.

— Unde-ţi este bărbatu-tău?

— La vânat, Călin-Nebune. Da' fugi, c-aista te omoară!

— Cât mănâncă el?

— Douăsprezece cuptoare de pâne, douăsprezece vaci fripte şi douăsprezece antaluri de vin.

— Ia să văd, eu oi mânca?

Mănâncă Călin-Nebunul, mănâncă, când la un antal de vin nu-l poate bea şi zice-aşa:

— Cu atâta-i mai tare zmăul decât mine.

Iaca, vine şi zmăul.

— Bună vreme, câne de zmău!

— Mulţămesc d-tale, Călin-Nebune!

— Am venit să-ţi ieu pe fată.

— Ba pe fată nu-i lua-o.

— Hai la luptă!

— Numai să mănânc ceva.

— Eu demâncatul ţi l-am mâncat!

— Eu oi fi mai uşor, tu mai greu. Hai la luptă!

— Hai!

Se luptă, se luptă, cât de cât să nu se dee zmăul.

Zice zmăul:

— Hai, eu m-oi face o pară roşă, tu te fă o pară verde.

Da' el cu asta a greşit, că para roşă-i mai moale, para verde-i mai tare.

Iaca, trecu pe-acolo o cioară pe sus.

Şi-i zice zmăul:

Cioară, cioară, moaie-ţi aripa ta-n apă şi stinge para ast'verde.

Da' Călin-Nebunul zice:

— Împărate prea-nălţate, moaie-ţi aripa ta-n apă şi stinge para ast' roşie.

Cioara, când a auzit – ştii d-ta, a urcat-o – îndată s-o dus. După ce-a udat-o, a-nceput a ciupi dintr-însa, ş-atâta sânge a început a curge, de îmblai pân-în genunchi.

De acolea el s-a luat cu fetele şi s-a pornit.

A agiuns în Pădurea de Aur şi-a luat şi pe cea mare şi s-o pornit ş-o ajuns la fraţii lui.

Ş-o zis aşa:

— Fraţilor, pe aste două le-ţi lua voi, dar ast' mijlocie e-a mea: şi s-o culcat să doarmă.

Şi fraţii s-o sfătuit aşa: ca să-l omoare nu se putea, da' să-i taie picioarele şi să iee fetele şi să se ducă la-mpăratul şi să zică că ei le-o scos.

Şi i-o tăiet picioarele când dormea ş-o luat fetele şi s-o pornit (aşa era de trudit de lupte, încât n-a simţit când i-au tăiet picioarele).

În zori de ziuă se trezeşte el. Se vede făr' de picioare. Ce să facă? Da' picioarele i le-o luat de acolo, că altmintrele el-ar fi pus, că era năzdrăvan.

S-o luat el încetişor ş-o intrat în Pădurea ast' de Aur. A mers vo trei zile şi vo trei nopţi ş-a ajuns la un palat, aşa de frumosu-i, de nu te-ndurai să te uiţi la dânsul. Ş-a auzit un cântec aşa de jele, de i-o rupt inima. Se ia el încetişor şi se suie pe scările cele şi vede acolo pe voinicul ce-şi rupsese mânile la zmei.

— Bună vreme, voinice!

— Mulţumesc d-tale, Călin-Nebune, da' ce-ai păţit?

Şi el începe a-i spune toate câte-au păţit.

— Hai să fim fraţi de cruce!

— Hai!

— Da' d-ta cine eşti? l-întreabă Călin-Nebunul.

— Eu, zice,-s un fecior de-mpărat, şi pădurile astea a fost toate a tătâne-meu şi ni le-o luat zmeii; da' de când ai omorât pe zmei, acuma iar suntem noi în stăpânire, şi eu pentru că-s făr' de mâni trăiesc aici. Eu făr' de mâni, tu făr' de picioare, om trăi bine.

Călin-Nebunul se prinde cu mânile de gâtul feciorului de împărat şi se primblă prin pădure. Aşa, într-o zi, aude un foşnet prin frunze. Da' fratele lui cel de cruce zice-aşa:

— Eu m-oi apropia încetişor şi ţi-oi da drumul, şi tu prinde cu mânile.

Dându-i drumul, prinde pe zmeoaica cea scăpată şi zice-aşa:

— Fă-mi mie picioare şi estuia mâni, ori te omoram.

Şi zmeoaica zice:

— Iaca, aciea, ca de un stânjin de departe, este o baltă; vâră-te acolo, că-i ieşi cu picioare şi estlalt cu mâni.

Da' Călin-Nebunul, mehenghiu:

–Vârî-te tu întâi.

— Ei... ba vârâţi-vă d-voastră!

Da' Călin-Nebunul rupe o crenguţă verde ş-o moaie-n apa ceea şi-o scoate uscată, ş-o-ncepe a pumni, că ce-o vrut să-i usuce.

— Mă rog, nu mă bate, căci este la dreapta altă baltă.

Călin-Nebunul vâră o crenguţă uscată ş-o scoate verde şi se vâră el acolo şi se scoate cu picioare şi celălalt cu mâni. Şi ia ş-o omoară pe zmeoaică, căci ştia că-n orice vreme are să-i facă rău.

De acolo ei se iau iar şi zice Călin-Nebunul aşa:

— De-acu eu mă duc să-mi caut pe nevasta mea, da-ntâi hai să mă duc într-un loc care ţi-am spus eu, la fata-mpăratului Roşu.

Şi se iau şi se pornesc. Mergând ei printr-o pădure aproape de curtea-mpăratului, o cules Călin-Nebunul o basma de alune. Ajungând la poartă, a auzit un vuiet mare. Da' ei erau îmbrăcaţi cu iţari şi cu cojoc şi-ncinşi cu chimir. Da' baba cea de la poartă era de-a noastră.

— Bună sară, mătuşă!

— Mulţămesc d-tale, voinice!

— Da' ce-i aici, ce s-aude?

— Se mărită fata-mpăratului.

— Da' cine o ia?

— Bucătarul, c-o ucis doisprezece zmei.

Da' Călin-Nebunul îi zice-aşa babei:

— Mătuşă, iaca-ţi dau un căuş de galbeni, să-mi faci ce ţi-oi zice.

— Ţi-oi face, voinice.

El a luat basmaua cea de alune. Era basma de-a noastre – neagră, cu floricele p-împrejur – ş-o pus inelu-n mijloc şi-o zis aşa:

— Du, mătuşă, şi pune dinaintea împăratului, măcar că te-or ghionti şi te-o da afară, vârî-te-aşa, cu de-a sila.

Baba s-o dus ş-o intrat în ghionturi, ca acolo, ş-o pus pe masă, ş-o ieşit. Când i-o dat Călin-Nebunul căuşul cel de galbini, ea straşnic s-o bucurat... că ea nu cât să-l fi avut în viaţa ei, dar nici nu l-a văzut.

Împăratul când o pus mâna pe basma, alunele a-nceput a durăi pe masă ş-o rămas inelu-n mijloc. Fata a zis:

— Iaca, tată, inelul meu, pe care nu se ştie cum l-am prăpădit.

Împăratul a-nceput a striga:

— Cine-a adus basmaua cu alunele?

Logofeţii au spus că baba cea de la poartă. Degrab-au strigat s-aducă cine-a adus. Se ia Călin-Nebunul şi intră. Da' mirele, ţiganul, şedea pe trei perini de puf. Când o fost Călin-Nebunul în pragul uşei, o perină a căzut de sub ţigan. Când a fost în mijlocul casei, a picat ş-a doa şi ţiganu-a zis: „Încet, să nu mă tăvăleşti." Când a fost lângă-mpăratu, a căzut ş-a treia perină, că de! ţiganului nu i se cădea să şadă.

Zice-mpăratul:

— Cum, voinice, inelul fetei mele a ajuns la d-ta?

— Împărate pre-nălţate! Iaca cum şi iaca cum.

Da' ţiganul:

— Ce spui minciuni, că eu am ucis zmeii...

Da' Călin zice:

— Împărate, s-aducă toţi zmeii, să vezi: este vârful limbilor?

A adus şi cu adevărat nu era. Atunci el le-a scos şi i le-au arătat.

Atunci împăratu-a strigat s-aducă calul cel mai bun din grajd şi-o legat pe ţigan la coada calului, ş-o pus ş-un sac de nuci ş-o dat bici calului... Unde pica nuca, pica şi bucăţică din ţigan.

Acu-mpăratul a zis:

— De-acu, voinice, mi-i fi ginere.

Da' Călin a zis:

— Ba nu,-mpărate, că mie alta mi-a căzut dragă, da' eu am un frate de cruce aici cu mine, tot fecior de-mpărat, s-o iee acela.

Şi l-o adus, deşi fata ar fi vrut mai degrabă după Călin-Nebunul; dar, dă, cu estălalt era potrivită. Ş-o făcut o nuntă straşnică, de-o ţinut vo trei săptămâni; luminaţii, lăutari, ce nu era?

Şi de-acolo o zis Călin-Nebunul:

— De-acu mă duc să-mi găsesc pe-a mea.

Cât plângea ei şi stăruia, da' n-a putut să-l potrivească ca să rămâie. Ş-o pornit. Când a ajuns el la casa tătâni-său, era un palat straşnic ş-un cârd de porci, şi-l păştea un băieţel de vo şapte ani. Că de când îi tăiase picioarele, acu era vo opt ani de zile.

— Bună vreme, băietele!

— Mulţămim d-tale, bade!

— Cine şade-n curţile iestea?

— Ia, nişte voinici cari a luat nişte fete de-mpărat, care le luase zmeii.

— Da' cum trăiesc ei, pe care fete o luat?

— Cel mare a luat pe fata cea mare, cel mijlociu a luat pe cea mică.

— Da' cea mijlocie?

— Aia a pus-o de păzeşte găinăria.

— Da' tu a cui eşti?

— Mama-mi spune că-s a lui Călin-Nebunul, cine-a mai fi acela...

Da' el, când a auzit aşa, numai el ştia inima lui, că dă să ierţi mata, cinstita faţa matale! era a lui.

— Da' mă rog, bade, ajută-mi a da porcii-n ocol.

Merg porcii, merg, când o scroafă nu vrea să intre.

Călin-Nebunul a trântit cu drucu-n scroafă. Ea a-nceput a ţipa alergând, porcii – toţi după dânsa. Decât a auzit ei ş-o ieşit afară ş-o început a striga, care-i acolo de bate porcii? Da' Călin-Nebunul intră-n ogradă. Ei, cum l-o văzut, l-o recunoscut. Şi s-o sculat îndată şi s-o pus în genunchi înaintea lui.

— Iartă-ne, frate, că ne cunoaştem greşala.

Da' Călin a zis aşa:

— Ba nu, fraţilor, hai să facem o boambă de fier, şi noi să ne punem tustrei alături, ia-aşa, cum faci cruce. Ş-o aruncaţi unul din voi în sus, că-i ştiută că pe care-a cade, acela-i vinovat.

Ş-o aruncat în sus, ş-o căzut pe cei doi şi i-o făcut mii de fărâme.

Şi el a făcut o nuntă straşnică... Da' el nu era aşa tare la inimă ca să ţie pe-acelea de rău, ca aceia pe asta a lui, el tot ţinea ca la cumnatele lui. Şi-o făcut un bal straşnic, şi eram şi eu acolo... şi ei au făcut o ulcicuţă de papară şi m-o dat pe uş-afară. Da' mie mi-o fost ciudă, şi m-am dus în grajd şi mi-am ales un cal cu şeaua de aur, cu trupu de criţă, cu picioarele de ceară, cu coada de fuior, cu capul de curechi, cu ochii de neghină, ş-am pornit p-un deal de cremene: picioarele se topeau, coada-i pârâia, ochii pocnea. Ş-am încălicat pe-o prăjină şi ţi-am spus o minciună, ş-am încălicat pe-o poartă şi ţi-am spus-o toată.

Fișă de lucru

1. Completați propozițiile respectând semnele de punctuație de la sfârșit:

- Ce ....!
- Cât de ....!
- Cine ....?
- De ce credeți ....?

2. Scrieți cinci calități ale lui Călin-Nebunul.

3. Găsiți adjective corespunzătoare pentru substantivele: codru, pasăre, lună, soare, crăiasă, trandafir, pământ, ochi.

PROVERBE ȘI ZICĂTORI

A trage de limbă.
A trage la mustață.
A trăi ca câinele cu pisica.
A trăi ca în sânul lui Avram.
A trăi ca mâța cu șoarecul.
A trăi ca dracul cu popa.
A trece un șarpe rece prin corp.
A trece ca câinele prin apă.
A trece un fier ars prin inimă.
A ține la cineva ca la pingele.
Ața se întinde până se rupe.
A ține pe cineva în brațe.
A ține pe cineva în clește.
A umbla ca banul din mână-n mână.
A umbla ca lupii pe lângă oi.
A umbla cu capul mare.
A umbla după ouă la drac.
A umblat să facă fericit și s-a întors opărit.
A umbla după cai morți să le ia potcoavele.
A umbla după cai morți.
A umbla după cai verzi.
A uita de la mână până la gură.
A umblat după ciuperci și a dat peste pufuleți.
Aurul deschide raiul.
Aud aceeași placă tot timpul.
Bani albi pentru zile negre.
Ban găsit, ban vrăjit.
Banul e făcut rotund, lesne se rostogolește.
Banul, pasăre cu aripi.
Bagă în casă un mărăcine decât pe oricine.
Ba e rață, ba e rățoi.

Baba e surdă c-a mâncat urdă.
Baba bătrână nu se teme de vorba groasă.
Baba e calul dracului.
Baba cu sânge bătrân,
Se sperie şi scuipă-n sân.
Baba bătrână nu se teme de pâinea moale.
Baba bătrână cu dinţii de lână.
Baba nu se sperie de furcă.
Ba e neagră, ba e albă.
Ba că-i rasă, ba că-i tunsă.
Bagi pe dracul în casă şi nu-l poţi scoate cu suta de arhierei.
Bagă funia navei prin urechea acului.
Bagă-ţi minţile în cap.
Bagă mâţa-n sac, dar ghearele i se văd.
Banul muncit pluteşte deasupra apei.
Banul muncit nu se prăpădeşte.
Banul îşi face vrăjmaş.
Banul la ban trage.
Banul deschide uşile fără chei.
Banul ascuns în pământ, nici creşte, nici rodeşte.
Banul nu are frate.
Banul te duce, banul te aduce.
Banul te bagă la rău, banul te scoate.
Banul te bagă la fund, banul te scoate.
Caprei îi pică coada de râie şi ea tot în sus o ţine.
Ca acasă la tine nu-i nicăieri mai bine.
Ca Hristos între cei doi tâlhari.
Ca cuvântul din poveste: înainte mult mai este.
Ca feciorul lui bou gata, risipeşte cu lopata.
Ca de-al de tine mulţi sunt sub pat la mine.
Ca dorul de mămăligă, nici un dor nu te strică.
Cal verde şi grec cuminte nu s-a văzut.
Calcă de două ori într-o urmă.
Cale bună ca bumbacul, unde-i ajunge să-ţi spargi capul.

Calea de mijloc e cea mai bună.
Calea dreaptă este cea mai bună.
Calea flămândului e mai lungă.
Capra sare masa iada sare casa.
Capra roade unde o legi.
Capra oricât de bătrână ar fi, vrea să lingă şi ea sare.
Capra nu se face vacă, nici nătărăul om de treabă.
Capra e vaca săracului.
Calul bun se laudă singur în coşare.
Calul bun din grajd se vinde şi mai bun preţ pe el prinde.
Calul bătrân cu greu se învaţă la ham.
Calul e gândul omului.
Calul bun şi nevasta frumoasă îţi pun capul.
Calicului să-i dai toată săptămâna, dacă nu-i dai sâmbăta zice că nu i-ai dat.
Calicul până nu cere, nu mănâncă cu plăcere.
Când pisica nu-i acasă, joacă şoarecii pe masă.
Calic şi fudul.
Ca prin urechile acului.
Ca puiul cucului, pe creanga nucului.
Dacă toţi ar fi cărturari cine să mai fie văcari?
Dacă ţi-e casa largă bagă-ţi mărăcini în ea.
Dacă ţi-i bărbatul moale, du-l la târg şi-l dă pe oale.
Dacă ţi-i ocaua plină, ţi-i şi judecata bună.
Dacă vrei să nu te creadă, spune adevărul.
Dacă vrei să-nvinuieşti, de vină să te fereşti.
Dac-o arde şura ce vor face vrăbiile?
D-aia n-are ursul coadă şi para cocean.
D-aia n-are ursul coadă şi vulpea d-abia o duce.
D-aia nu-mi fierbe mie oala în vatră.
D-ai cinstit-o ca pe frate, ea te-njură şi te bate.
Dai cu baniţa şi scoţi cu lingura.
Dai cu ciocanul ca să iasă banul.
Dai cu gura să iasă banul.
Dai cu mâna şi alergi cu picioarele.

Dai cu puşca în ciuperci şi nimereşti, în castraveţi.
Dai, şi nu ştii unde crapă.
Dai un deget şi-ţi ia mâna toată.
D-alde terchea-berchea trei lei perechea.
Dar din dar se face raiul.
Darea trece marea.
Dar la dar merge şi cinstea împrumut.
D-ar muri bălţata să-i apuc poiata.
Darul cel târziu nu are putere de dar.
Darul dat la vreme e dar îndoit.
Darul nu-i cu carul.
Dascălul State dă ocaua pe spate, şi mai face cu mâna să mai vie încă una.
Datoria ca râia.
Datoria mănâncă cu omul din blid.
Datoria nu moare niciodată.
Datoria veche, comoară nesfârşită.
Datoria veche nu-i rea, numai pizma veche îi rea.
Datoria veche nu putrezeşte.
Eu am fost ca tine, tu n-ai ajuns ca mine.
Eu aş vinde şi n-am ce, tu ai lua şi n-ai cu ce.
Eu botez şi miruiesc, el va şti de va trăi.
Eu, cu mintea mea, datei de belea.
Eu de făgăduieli am o ladă îndesată cu genunchele.
Eu domn, tu domn, cine să ducă sacul?
Eu gol, el zdrenţăros, nu ţi-om fi nici de-un folos.
Eu îi cer ca să-mi dea mie şi el îţi întinde ţie.
Eu îi dau şi ea paşte.
Eu îi zic bună dimineaţă, el îmi răspunde cu greaţă.
Eu îl trimit la foc, şi el mi-aduce busuioc.
Eu îţi deschid poarta şi tu îmi zici nebun.
Eu-l întreb de sănătate, şi el îmi dă cu ghioaga-n spate.
Eu mă căznesc să fac bine şi urâtul calea-mi ţine.
Eu mă vait că sunt călugăriţă şi tu îmi zici să-mi dezleg izmenele.

E un om purtat: de pe vatră pe cuptor.
Eu nu-s coada lemnelor, că-s fruntea surcelelor.
E urât de acopere apa.
Eu să nu dau, lumea las să zică.
Eu sunt Stan al lui fecior care face mămăliga-n urcior.
Eu spun, eu aud.
Eu strălucesc în casă şi ale mele hârburi pe masă.
E uşor a fi bogat, dar greu a fi fericit.
E uşor a râde de pe uscat de cel ce e în vârtej.
Eu, şutul, nu mă pot prinde cu cornutul.
Eu te iubesc şi tu nici visezi.
Eu ţi-am dat voie în pat, şi tu m-ai băgat sub pat.
Eu umblu cu pâinea după el şi el cu ciomagul după mine.
E văr din naş: căţeaua lor a fătat la mine în paie.
E voinic de face sânge-n balegă.
Focul cu apa nu se pot împrieteni.
Focul scormolit mai multă pară dă.
Frate, frate, dar brânza-i cu bani.
Frate, frate, dar până unde se poate.
Fratele îţi scoate ochii.
Frământă făina cu picioarele şi lutul cu mâinile.
Frica mai mare decât spaima.
Frica păzeşte bostănăria
Fricosul se sperie de umbra sa.
Friptura bună nu se face la fum.
Frânele de aur nu fac mai bun calul.
Fructul nu cade departe de pom.
Frumoasă noră dobândişi dar se uită cam pieziş.
Frumoasă poveste, dar mare minciună.
Frumos ca un griere borţos.
Frumos să priveşti furtuna pe mare, dar cam de departe.
Frumosul la frumos trage, dar noi sluţii ce vom face?
Frumuseţea cui nu-i place! Dar nu ştii în ea ce zace!
Frumuseţea fără înţelepciune este ca o floare în tină.
Frumuseţea veştejeşte, dar înţelepciunea, creşte.

Frunză verde ceapă coaptă şi-aş mânca zăpadă friptă.
Fudulia e prostie.
Fudulia e soră bună cu prostia.
Fudulia intră-n casă, sărăcia-i după naşă.
Fudulul are doi tovarăşi: prostia şi sărăcia.
Fuga-i ruşinoasă, dar îi sănătoasă.
Fuge ca dracul de tămâie.
Gura lui dacă ar fi petică s-ar rupe.
Gura lui trebuie pusă în alt loc.
Gura lumii nu o poţi opri.
Gura mereu curăţată e dureri este cruţată.
Gura mincinosului adevăr grăieşte.
Gura nebunului adevărul grăieşte.
Gura nu cere chirie, poate vorbi orice fie.
Gura omului sparge cetăţi.
Gura priponeşte mâna.
Gura rea numai pământul o astupă.
Gura sacului legată pururea să nu o ţii.
Gura să-ţi mai rabde pân-a grăi şi altul.
Gura soacrei, moară stricată.
Gura taie mai mult decât sabia.
Gura tăcută nu umblă bătută.
Gura vorbeşte adevărul şi minciuna.
Gura zice, gura minte,omul tot om de omenie rămâne.
Gură am şi limbă n-am.
Gură are şi gura nu i se aude.
Gură are şi gură n-are.
Gură de om, gură de câine, cere pâine.
Gură multă, treabă puţină.
Gură rea, inimă rea.
Gustă, apoi mănâncă.
Gustul omului este mare boier.
Harnic ca o albină, strângător ca o furnică.
Hatârul n-are hotare.
Hatârul şi păduchii nu ies niciodată din ţara românească.

Hârbul ştirb, chiar dacă e de aur, nu e bun decât de topit.
Hârtia multe rabdă.
Hodorogeşte ca o moară stricată.
Hodorosc, trosc, mazăre de post.
Hoit să fie, de corbi nu e lipsă.
Hora nu ţine tot balul, mai sunt şi alte jocuri.
Hoţ de hoţ se teme.
Hoţ pe hoţ anevoie înşeală.
Hoţ pe hoţ cunoaşte.
Hoţul de păgubaş.
Hoţul de la hoţ învaţă.
Hoţul spune c-a glumit, când vede că l-a zărit.
Hoţul de la hoţ nu fură.
Hoţul e numai cu un păcat, iar păgubaşul cu două.
Hoţul jură şi iar fură.
Hoţul nedovedit e negustor cinstit.
Hoţul priceput întâi se închină şi apoi fură.
Hoţul prinde pe păgubaş.
Hoţul cu un păcat şi păgubaşul cu o mie.
Hrăneşti pe dracul fără să ştii cu cine ai de-a face.
Interesul poartă fesul.
I-o dat borşul în foc.
Io i-am dat mălai, el mi-o îmbucat mâna.
Ion cel prost tot de necaz a fost.
I-o şters pârjoala de pe foc.
I s-a dat peste ochiul lucrului.
I s-a luat scândura de sub picioare.
I s-au încălzit urechile.
I s-a umplut paharul.
I s-a urât cu binele.
I se bate limba-n gură ca calicii la pomană.
I se face gura pungă.
I se prinde vorba ca nuca-n perete.
I se usucă şi limba din gură.
I se vede părul prin căciulă.

I s-o întors punga pe dos.
Iubeşte-mă că te tai.
Iubeşte pe aproapele tău ca pe tine însuţi.
Iubirea peste măsură aduce în urmă ură.
Iubirea trece prin apă, nu-i e frică că se-neacă.
Iute la minte, rău la fire.
Iuţeala la mânie, cade-n nebunie.
Izbeşte cu călcâiele în pinteni.
În vremea războiului e mai scump fierul decât aurul.
În zadar baţi şaua, c-o fătat iapa.
În zadar numai cu postul raiul vei nădăjdui.
În zadar te rumeneşti, că mai rău te feşteleşti.
În ziua de azi, cât îi apuca cu mâna, atâta e al tău.
În ziua de Paşti s-a dus să vândă fasole.
În ziua lucrului vine boala trupului.
Îşi bate dracul nevasta.
Îşi cunoaşte moşul nepoţii.
Îşi dau cu degetele în ochi.
Îşi face de dragoste cu buruiene de urât.
Îşi face spaimă singur, ca calul de vânt.
Îşi ia inima în dinţi si funia în traistă.
Îşi întoarce şuba după cum suflă vântul.
Îşi mănâncă de sub tălpi.
Îşi nimeri şchiopul coborâşul.
Îşi pune gura în pod.
Îşi rupe punga în târg.
Îţi dă cu linguriţa şi-ţi scoate cu furculiţa.
Îţi dă o măslină şi-ţi cere un butoi de untdelemn.
Îţi judecă pe dracul şi ţi-l scoate şi dator.
Îţi slujesc ca un câine, dar voi să mănânc ca tine.
Jarul potolit te arde.
Jăratecul stă şi sub cenuşă.
Jigania, cât de mare, are stăpânul ei.
Jigania mare nu-şi pune mintea cu cea mică.
Joaca aduce tărbacă.

Joacă ca doniţa la căruţă.
Joacă ca la nunta lui tată-său.
Joacă danţ pe mămăligă şi-îi ajunge cât câştigă.
Joacă după cum îi fluieră alţii.
Joacă numai prin tindă de-i ajunge picioarele în grindă.
Joacă până îţi trage cu arcul, să nu te căieşti ca dracul.
Joacă ursul la cumătră, să gătim tărâţele.
Joacă ursul la cumătru, vezi să nu vie şi la noi.
Joc fără descântec şi văduvă fără plâns nu este.
Joci cu tichia chelului, ajungi şi tu în felul lui.
Jocul îi e plăcut, dar de lucru cam uituc.
Jocul nu face cojocul.
Jocul rupe cojocul.
Judecata e în capul omului.
Judecata e oloagă când lipseşte în cap o doagă.
Judecata-i cu nasul de ceară.
Judecata nu o poţi face cu lopata.
Judecată după sprinceană.
Lucrul făcut nu se mai poate desface.
Lucrul lungeşte viata, iar lenea o scurtează.
Lucru rău nu piere cu una, cu două.
Lumea asta e pe dos; toate merg cu capu-n jos.
Lumea cu lumea şi noi cu noi.
Lumea e amăgitoare, ca o floare trecătoare, ca o apă curgătoare.
Lumea e ca un puţ cu două ciuturi; când se urcă cea plină, se coboară cea deşartă.
Lumea este din bucăţi, cere unul, dai la toţi.
Lumea moare şi plesneşte şi proasta se băcăneşte.
Lumea nu s-a făcut într-o zi.
Lumea o vede cât oul şi o face cât boul.
Lumea piere şi vecina se dă în leagăn.
Lumea să te laude, câinii să te latre.
Lumea şi un om.
Lume, lume, zamă de prune.

Lumina e lumină, numai cel fără ochi nu o vede.
Lumina rămâne lumină, deşi orbul n-o întâmpină.
Lumânarea se aprinde pentru cei ce văd, nu pentru cei orbi.
Luna mi s-a mâniat, soarele să-mi trăiască.
Lungeşte-i, Doamne, boala până s-o coace poama.
Lung în mână, scurt în vână.
Lupii nu se mănâncă între dânşii.
Lupii se ceartă pe dobitocul sângerat.
Lupii se ţin după oi şi corbii după hoit.
Lup îmbrăcat în piele de oaie.
Lupul îşi pierde măselele, dar nu obiceiurile.
Lupul cioban şi capra grădinar.
Lupul când îmbătrâneşte, şi şoarecii încalecă pe el.
Lupul cu slugi rămâne flămând.
Multe mâini fac sarcina mai uşoară.
Multe sunt astăzi vorbite, dar mâine ies osebite.
Multe ştie, multe croieşte şi nici una nu isprăveşte.
Multe trăieşti, multe pătimeşti, multe greşeşti, multe înveţi.
Mult o clocişi, dar o nemerişi.
Mult pe mult nu strică.
Mult trăieşti, multe auzi; mult umbli, multe vezi.
Mulţi nerozi pasc vântul.
Mulţi văd, puţini înţeleg.
Muma cea bună nu întreabă pe copii de le este foame.
Muma celui omorât doarme, iar a ucigaşului priveghează.
Munca când ţi-o cauţi bine, e şi Dumnezeu cu tine.
Munca e blagoslovită, când te ţii de ea ai pită.
Munca e brăţară de aur.
Munca este mama săracilor.
Munca ne scapă de trei mari rele: de urât, de fapte rele şi de neavere.
Munceşte astăzi ca să mănânci mâine.

Munte cu munte nu se-ntâlneşte, dar om cu om se întâlneşte.
Munte cu munte se întâlneşte, dar om cu om când nici gândeşte.
Muntele nu se teme de zăpadă.
Munţii noştri aur poartă, noi cerşim din poartă-n poartă.
Munţii noştri cu aur plini, şi noi slugi pe la străini.
Musca când îşi vâră tot capul în miere, acolo şi-l lasă.
Musca trece peste flori şi se pune pe alte celea.
Nu toţi cu urechile mari sunt de viţă de măgar.
Nu toţi sfinţii-s deopotrivă.
Nu turbura fântâna ce te-a îndestulat.
Nu-ţi băga ace-n călcâie.
Nu-ţi băga-n cârd cu dracul.
Nu-ţi da cheia pe mâna altuia.
Nu-ţi da sfatul la tot natul, şi cuvântul la tot bolândul.
Nu-ţi este puterea cât îţi este vrerea.
Nu-ţi face staul până n-ai vite.
Nu ţinti unde nu poţi ajunge.
Nu-ţi vârî capu-n roată.
Nu umbla cu capul în traistă.
Nu umbla cu doi bani în trei pungi.
Nu umbla cu mâţa în sac, că i se văd unghiile.
Nu umbla din uşă în uşa, că nu te mai pricopseşti.
Nu umbla după fete, că rămâi fără ghete.
Nu vasul, dar ce pui în el miroase.
Nu văita pe sărac de traistă.
Nu vinde castraveţi grădinarului, când el îi aruncă peste gard.
Nu vinde ce nu-i al tău, să nu-ţi vie-n urmă rău.
Nu vinde pielea vulpii înainte de a o prinde.
Nu vorbi de funie în casa spânzuratului.
Nu vorbi unde nu sânt urechi.
Nu zădări câinele care nu-ţi face nimic.
Oaia aduce, nu duce.

Oaia care nu poate să-şi ţie lâna, trebuie tăiată.
Oaia, cât de hoaţă ar fi, nimeni n-o va bănui.
Oaia e ca şi pământul: cum îţi dă pământul de toate, aşa şi oaia.
Oaia-i bună şi moartă şi vie.
Oaia retrasă de turmă,
lupii o iau după urma.
Oaia râioasă umple turma toată.
Oaia s-o tunzi, iar nu s-o razi.
Oala dogită în zadar o mai legi.
Oala fără de mănuşă ajunge după uşă.
Oala împrumutată nu o vezi curată niciodată.
Oala la foc şi iepurele în pădure.
Oala nu se umple cu vorbe.
Oala şi ţucalul, tot dintr-un lut amândouă.
Oamenii ca degetele, nici unul cu altul s-aseamănă.
Orele trecute sunt odoare pierdute.
Oase să fie multe, că câini se afla destui.
Oaspetele nechemat n-are scaun.
Oaspetele nu mănâncă ce gândeşte, şi mănâncă ce găseşte.
Obicei nou în ţară veche.
Obiceiul uşurează povara.
O boală vindecă pe alta, când vine una după alta.
Obraz de scoarţă.
Obraznicul trage folosul şi fricosul ponosul.
Obraznicul mănâncă praznicul, ruşinosul roade osul.
Obrazul gros aduce pântecelui folos.
Obrazul subţire cu mare cheltuială se ţine.
Obrazului fără nas îi stă rău.
Ocara cu necinstea îi totuna.
Prietenii se ţin cu cheltuială.
Prieteni noi să-ţi faci, dar d-ăi bătrâni să nu te laşi.
Prietenul la vreme de nevoie se cunoaşte.
Prietenul omului este punga cu banii şi sacul cu mălai.

Prietenul vechi e ca şi vinul; cu cât e mai vechi, cu atât e mai bun.
Primiţi-mă în casă până ce vă veţi găsi dumneavoastră alta.
Prinde chelul şi ia-i părul.
Prinde hoţul când îţi vine, că te prinde el pe tine.
Prinde orbul, scoate-i ochii.
Prin muncă şi prin stăruinţă vei ajunge la dorinţă.
Printr-o crăpătură mică străbate apa în corabia cea mare.
Procopseala nu se cumpără cu bani, ci se câştigă cu ani.
Prost grădinar cel ce taie din rădăcină orice rod.
Prostia din născare leac nu mai are.
Prostia e boierie mare.
Prostia şi nerozia se rudesc cu nebunia.
Prost se naşte, prost creşte, prost moare.
Prostul cearcă gârla-n glumă şi se-neacă înadins.
Prostul când îl bagi în seamă, se înalţă în sus d-o palmă.
Prostul crede pe oricine mai prost decât dânsul.
Prostul este ca orbul când dă de părete.
Prostul face ce vede şi ce aude crede.
Prostul întâi vorbeşte ş-apoi se gândeşte.
Prostul nici să-i faci, nici să-ţi facă.
Prostul se cunoaşte după râs şi mers.
Prostul se cunoaşte după vorbă şi şiretul după ochi.
Prostul taie copacul ca să-i mănânce rodul.
Prostului minte-i lipseşte.
Prostului nu-i stă bine daca nu-i şi fudul.
Prostului zi-i prost, că se supără.
Prostul râde singur de prostia lui.
Pui migdala în nasul porcului şi el spune că e ghindă.
Puiu, chiar de drac, şi tot e frumos.
Pune brânză în strachină şi întinge ararea.
Pune laptele-n sticlă şi întinge pe dinafară.
Pune pisica-n fiare când mulge vaca.
Pune puşca jos şi prinde iepurele.

Pune-ţi căciula dinainte şi te judecă singur.
Pune-ţi frâu la gură şi lacăt la inimă.
Râul lin are apă afundă.
Râul lin te îneacă curând.
Roagă-te lui Dumnezeu şi munceşte tot mereu.
Roagă-te pentru oricine, ca să-ţi dea şi ţie bine.
Roata umblă, banii pică.
Roatele se gonesc una pe alta şi nu se ajung niciodată.
Rodul după sămânţă, ca oul după pasăre.
Roiul care matca părăseşte uşor se prăpădeşte.
Românul cât ridică un sac de paie îi al dracului.
Românul cât trăieşte, tot creşte.
Românul nu piere.
Românul ştie multe suferi, dar nu uită.
Românul tace şi face.
Românului poţi să-i iei cu de-a sila, dar să-i dai nu.
Rubedenie la rubedenie trage.
Ruda cea mai bună, banul ce ai în mână.
Ruda la vreme de nevoie se cunoaşte.
Rufele murdare se spală acasă.
Rugăciunea beţivului nu mult ajunge.
Rugina moale roade ferul tare.
Ruja cât de frumoasă, dar foarte ghimpoasă.
Rumegă vorba ca oaia iarba.
Rupe mâţa-n două.
Ruşinos, dar sănătos.
S-a ales şi el primar, a umplut satul de amar.
S-a aprins balega în el.
S-a apropiat aţa de stejar.
S-a băgat murga-n traistă.
S-a băgat pândar la cimitir.
Sabia are două tasuri; cine vrea să o întrebuinţeze.
Sabia de aur taie mai tare decât cea de fier.
Sabia, puşca, nădejdea, fuga.
Sabia vrăjmaşului e lungă.

S-a călugărit de mult motanul.
Sac fără fund, e omul fără rând.
Sacul cu două guri nu-l poţi umple.
Sacul din care tot iei şi nu mai pui se goleşte.
Sacul gol nu stă în picioare.
Sacul greu nu e greu în spinare.
Sacul plin curând se varsă.
Sacul popii îi fără fund.
Sacul spart nu se mai umple.
Sacul zgârcitului gură n-are şi al risipitorului fund n-are.
S-a dat jos din pat întâi cu piciorul stâng.
S-a dus baba cu colacii.
S-a dus bou şi s-a întors vacă.
S-a dus câne surd la vânat.
S-a dus de la moară la râşniţă.
S-a dus înainte de a-i bate ceasul.
S-a dus la păscut după viţei şi s-a întors cu bobocei.
S-a dus la rai cu cerga-n cap.
S-a dus la vânătoare cu puşca goală.
Şi tăcerea, un răspuns la vreme cuviincioasă.
Şi tina luceşte când soarele o izbeşte.
Şi ţânţarul este mic, dar rău pe taur l-a rănit,
Şoapta cât ciubota, de aude şi cumătra.
Şoarecele a mâncat anafura şi s-o făcut liliac.
Şoarecele cu o gaură numai, îndată îl prinde pisica.
Şoarecele nu încape pe gaură şi şi-a legat ş-o tigvă de coadă.
Şoarecelui nu-i lipseşte, că din vreme-şi grămădeşte.
Şoarecii când au pace cu pisica, se primejduiesc bucatele.
Şoarecii şi fierul îl rod.
Ş-o dezlegat sacul minciunilor.
Şofran nu poţi găsi în orice băcănie.
Şofranul nu-i păsulă.
Ş-o mâncat luminarea cu feştilă cu tot.

Şterge-ţi oglinda ca mai bine să te vezi în ea.
Ştie bine un vlădică pe cine ia de chică.
Ştie carte ca un cal.
Ştie carte până la genunchi.
Ştie carte până la genunchiul broaştei.
Ştie cât au uitat ceilalţi.
Ştie el unde doarme peştele.
Ştie mocanul ce e şofranul?
Când îl vede pe tavă gândeşte că e otravă.
Ştie moşul ce are în traistă.
Ştie numai Dumnezeu şi vaca.
Ştie şi el o mână de carte ş-un sac de minciuni.
Ştie şi la deal şi la vale.
Ştie vlădica pe cine popeşte.
Ştie vorbe să îndruge parcă tot la ţâţă suge.
Ştii când pleci, dar nu ştii când ajungi.
Toamna se numără bobocii.
Toamna se numără bobocii şi s-aleg din puici gânsacii.
Toarnă ca într-un sac spart.
Toarnă foc peste pară.
Toarnă la minciuni de merg cu picioarele.
Toarnă seu în carne grasă.
Toarnă spirt să stingă focul.
Toarnă vin în două oale că nici capul nu mă doare.
Toarnă vin peste pelin.
Toată a lui nerozie e de la părinţi moşie.
Toată apa stinge focul.
Toată buruiana cu umbra ei.
Toată faţa-i bună, dacă căptuşeala-i călduroasă.
Toată fiara-şi are lupul ei.
Toată gluma are capăt.
Toată întrebarea are şi un răspuns.
Toată lumea bea vinul, dar nu-şi bea mintea.
Ţi-ai găsit floarea să-i iei mirosul.
Ţi-e drag cu doi peşti în oală şi cu coadele afară.

Ţiganul când a ajuns la mal atunci s-a înecat.
Ţiganul când s-a văzut împărat întâi pe tată-său l-a spânzurat.
Ţiganul cântă de foame.
Ţiganul dă cu ciocanul şi capătă banul.
Ţiganul după ce şi-a dat căciula pe apă, a zis să fie de sufletul tatii.
Ţiganul şi-a mâncat norocul.
Ţiganului nu-i e frig, numai ar frige clisă.
Ţiganul mănâncă când are, românul când îi e foame şi boierul când vrea bucătarul.
Ţiganul niciodată nu-şi are topor bun la casă deşi-i meşteşugar.
Ţi-i ruşine, vai de tine, te-ai făcut toată ca o curcă plouată.
Ţine capra de coarne şi jură că-i ciută.
Ţine capra şi-l împunge, iar altul stă şi o mulge.
Ţine de urât şi de sete.
Ţine leul de urechi.
Ţine sacul până capeţi purcelul.
Ţine-te numai de una, nu sări din una-ntr-alta.
Ţine-te, pânză, să nu te spargi.
Ţine-te, Stane, că-i noaptea mare.
Ţânţarul, cât de mic, c-o muşcătură mică şi pe leu îl biruieşte.
Ucenicul vrea să înveţe pe dascăl.
Udă întâi grădina ta, şi de-ţi mai rămâne apă, udă şi pe a vecinului.
Ugerul frumos vinde vaca.
Uită-te în faţă şi judecă-i viaţa.
Uită-te la mumă-sa şi cunoaşte pe fie-sa.
Ulciorul nu merge de multe ori la apă.
Uliţa lungă te face fără pungă.
Uliţa te face fără casă.
Umblă ca banul ăl rău.

Umblă ca calul fără căpăstru.
Umblă ca câinele surd dus la vânat.
Umblă ca câinii cu colaci în coadă.
Umblă ca în satul lui Cremene.
Umblă ca mâţa pe lângă laptele fierbinte.
Umblă ca o găină care nu-şi găseşte cuibarul.
Umblă ca paraua din mână în mână.
Umblă ca pisica-n jurul sacului.
Umblă ca vulpea cu coada în toate părţile.
Umblă cu capul pe sus, ca spicul cel gol.
Umblă cu ciolane legate la gât.
Umblă cu nasul pe la dracu.
Umblă cu plosca cu minciuni.
Umblă de crezi că dracu-l poartă.
Vai de cel ce arată minte, când la temniţă îl trimite.
Vai de cel ce fuge de câini şi dă peste lupi.
Vai de cel ce-i umblă păduchii pe frunte!
Vai de cel ce nu-şi este la nunta sa.
Vai de cel ce pe gaie îndată o iartă, iar pe porumbiţă fără milă o ceartă.
Vai de cel ce strigă la urechea celui surd.
Vai de câinele care latră pe stăpânul său.
Vai de dobitoc, când nu-l vede stăpânul.
Vai de hoţul care-i sărac şi de săracul care-i hoţ.
Vai de hoţul care nu ştie ascunde.
Vai de mine ce să fac, bărbat n-am şi copii fac!
Vai de mireasă, când nu-i mirele.
Vai de moarte fără râs şi de nuntă fără plâns!
Vai de om când n-are a lui, căci când cată-atuncea nu-i.
Vai de pasărea ce scapă din colivie şi cade în laţ!
Vai de picioarele care poartă cap nebun.
Vai de pânza-ntre două foarfeci.
Vai de turma fără păstori.
Zăbava, strică treaba.
Zace de lingoare și nimica nu-l doare.

Zama lungă pentru gură, carne nici o bucătură.
Zamă lungă să s-ajungă.
Zăpada albă o udă câinii.
Zăpada cât de mult se grămădeşte, până-n vară se topeşte.
Zece feluri de bucate, tot fasole mestecate.
Zece gâşte când se pornesc, pe un câine îl biruiesc.
Zece înţelepţi nu pot să descurce ceea ce un nebun a încurcat.
Zestrea femeii nu se pierde nici în apă.
Zestrea sade în ladă şi el cu sluta în vatră.
Zgârcitul e totdeauna sărac.
Zgârcitul nici el nu mănâncă, nici pe altul nu va să vază mâncând.
Zgârcitul nici pe el nu se procopseşte nici pe altul nu foloseşte.
Zgârcitul numai stângă are, dreapta îi e uscată.
Zgârcitul orice apucă se usucă.
Zgârcitul se bucură luând, iar darnicul se mângâie dând!
Zgura din fier bun se face şi s-aruncă să se calce.
Zi că nu ţi-e mamă.
Zice către câine cuscru.
Zice la sora, ca să înţeleagă nora.
Ziceţi multe şi mărunte, ca şi babele cărunte.
Zic zece, tu taie una.
Zidul alb e hârtia nebunilor.
Zidul are urechi şi gardul proptele.
Zidul cu capul nu-l spargi.

GHICITORI

Acul

Cine are urechi
Şi n-aude cu ele?

Aerul

N-are culoare,
N-are miros,
Dar la toţi e de folos.

Anul

Am un copăciu
Cu doisprezece craci
În tot cracul,
Douăsprezece cuiburi.

Apa

Ce nu ia foc?

Apa din fântână

Oglinda cerului
În adăpostul pământului.

Ardeiul

Într-un pomişor
Arde-un focuşor.

Ariciul
Ce animal păcătuieşte ca omul să-l ia în braţe?

Aluna
Într-un vârf de subinăraş
Stă un pui de ursăraş.

Avionul
Suflet ţine,
Suflet n-are.
Merge fără drum,
Fără cărare.

Albina
La cap limbă cu miere
La coadă limbă cu venin.

Anotimpurile
Floare şi soare,
Ploaie şi ninsoare
Se laie pe rând,
Zile, nopţi furând...

Ascuţitoarea
Sunt rotundă sau pătrată
Ascut creionul îndată.

Aspiratorul
Ce dihanie ciudată,
Cu gât lung şi gură mare,
A-nghiţit, aşa, deodată,
Tot ce-i pulbere-n covoare?

Banul

În mână toţi mă iau,
La nimeni nu stau.
Toţi mă dau pe mâncare,
Şi pe-o ţigară.

Bastonul

Pe bătrâni îi sprijinesc,
Pe călători întovărăşesc,
Pe cei răi îi pedepsesc.

Balanţa

Am un cocoş.
Cu picioarele horja horja
Şi cu ciocu cu moşmondoc.

Biserica

Sus tună,
Jos răsună,
Cetele se adună.

Brânza

M-a trimis domnul de sus
La cel de jos
Să-i aduc carne fără os.

Briciul

Am un cal de fier,
Paşti pe-un câmp de os.

Broasca

Ce stă la uşă şi cântă din gură?

Broasca uşii
Ce şade la uşă
Şi plânge din guşă?

Bicicleta
Două roate-n lanţ legate
Duc iute un om în spate.

Buretele
E pătrat şi afânat
Şi ne ajută la spălat!

Caietul
Carte albă liniată
Scrii pe ea când e curată.

Caisa
Seamănă c-o zărzărea,
Dar e mai mare decât ea.

Calculatorul
E un geniu, ce să zic,
Are taste şi e mic.

Caloriferul
Avem în camera noastră,
Aşezat cam sub fereastră,
O armonică de fier,
Cu numele…

Calul
Mândru, înalt şi frumos
La ochi este luminos.
Urechi are, coarne n-are
Şi te poartă în spinare.

Cartoful

Pui una, găseşti nouă.
Pui nouă, găseşti nouăzeci şi nouă.

Curcubeul

Şerveţel învărgat
Peste mare aruncat.

Catalogul

Sus carton, jos carton,
La mijloc nume de om.

Cerul

Ce-i rotund şi fără fund?

Cleştele

Cui cu cui
Se scoate-afară.

Cărămida

Din pământ mă nasc,
La soare mă usuc,
La foc mă-ntăresc,
La apă mor.

Căpăţâna de usturoi

Nouă fraţi
Într-un cojoc.

Cimpoiul

Strâns şi umflat
Zbiară prin sat.

Ceapa
Sus pădure
Jos pădure.

Ciupercile
Fel şi fel de pălării
Ascunse în bălării.

Chibritul
Beţişor de tei
Fără dânsul piei.

Degetul
Am o frigare de os
Şi carnea de fier.

Drumul
S-a făcut de când e lumea
Şi va fi cât va fi lumea.

Dovleacul
Din surcea nuia
Din nuia butuc.
Nu pot ca să-l duc.

Drumul
Este un bou murg
Cât lumea de lung.

Dulapul
Pe valea lui Baibarac
Se dă dracul peste cap.

Dopul
Moşneguţ în piele goală
Ţine vinul de năvală.

Dinţii şi buzele
Săcusari albi,
Sub străşini roşii.

Doctorul
Cine taie şi nu vinde?

Ecoul
Ce aude fără urechi
Vorbeşte fără gură
Şi răspunde în orice limbă?

Elefantul
Uriaş cu trompa mare
Poartă oameni în spinare!

Excavatorul
Uriaşul râmător
Cu puternica lui gheară
Sapă gropi, foarte uşor,
Şi pământul-l scoate-afară.

Elicopterul
O maşină zburătoare
Cu elicea pe spinare!

Fasolea
Carne grăsulie
Pe beţe se suie.

Fazanul
Cavaler de la paradă
Are coada cât o spadă!

Fluierul
În pădure naşte,
În pădure creşte,
Vine-acasă şi horeşte.

Ferestrele
Ochii casei mele,
Oglindă de stele.

Fântâna
Ciocârlan moţat
Cântă noaptea-n sat.

Fluturele
Ce stă-n punte
Cu haine scurte.

Fricosul
Iepurilă încălţat
Stă în margine de sat.

Furnica
Ce-i mai mic ca acul
Şi poate cât dracul?

Foarfeca
Am o vacă
Până nu-i bagi degetele-n ochi
Nu paşte.

Fusul
Sub un păltinel,
Joacă un iepurel.

Fumul
Babă grasă
Umple casă.
Firele de păr
Ce pădure e fără uscătură?

Fulgerul
Săgeata împăratului,
Sparge casa dracului.

Furtunul
Şarpe lung de cauciuc
Varsă apa unde-l duc!

Frunza
Ce cade în apă
Şi nu face stropi?

Găleata
Am o vacă neagră
Ce toată ziua bea la apă,
Şi nu se mai satură.

Gândul
Ce zboară mai iute şi mai iute pe lumea-asta?

Gândul
Ce-i nevăzut,
De alţii neştiut,
Când îi dai drumul,
Înconjoară pământul?

Găina

Vine fuga pe cărare
Culegând la pietrişoare.

Gâsca

Jupâneasa durdulie
Cu rochiţă cenuşie
Lucrată din pene lucii
Caută pe lac papucii.

Gerul

Sus stele,
Jos stele,
Vai de picioarele mele.
Iar steloiul cel mai mare
Rău mă frige la picioare.

Gheaţa

Ce pod pe apă e aruncat
Şi de mână nelucrat?

Girafa

Animal cu trup tărcat
Şi cu gât nemăsurat.

Glonţul

Vine-o capră de la munte
Şi nimeni nu poată să-i ţină calea.

Greierele

Cine cântă toată vara
Prin fâneţe cu chitara?

Groapa

Ce nu poţi urca în pod?

Grâul

Înalt cât casa
Verde ca mătasea
Şi-n vârful spicului
Firul mărgăritului.

Gura

Sus copaie,
Jos copaie,
La mijloc carne de oaie.
Gura, ochii, urechile
Unul spune,
Doi privesc,
Şi doi ascultă.

Gutuia

Pepenaşul cu gurgui
E îmbrăcat cu puf de pui.

Hârtia

Ce pică pe piatră
Şi nu se sparge?
Şi pică în apă
Şi se sparge?

Haina

Este groasă sau subţire
De o-mbraci, ea cald îţi ţine.

Harta

Mă ajută pe cărare,
Dacă sunt în deplasare,
Drumul de-l înstrăinez,
Eu cu ea îl corectez.

Hârciogul

Un pitic, cumplit duşman,
Zi şi noapte iese-n lan,
Roade spice, boabe fură,
În punguţele din gură!

Hidrocentrala

Un balaur,
Solzi de aur,
Stă pe munte priponit,
Apă bând necontenit.

Holdele

De aici până la munte
Numai pături aşternute.

Hornul

Sus pe casă aşezat
Şi fumează neîncetat.

Iepurele

Patru-nfipte,
Două ciulite.

Iarna

A venit baba din munţi,
Peste râuri făcând punţi,
Şi a prins spunând poveşti
Flori de gheaţă pe ferestre.

Inelul

Făt-Frumos
Încălecat pe un cal de os.

Inima

Am o puică cucuiată,
Șade-n cămară-ncuiată
Nu-ș' ce-aș face s-o descui,
Să-i pui mâna pe cucui.

Izvorul

Mic și bun de gură
Să-l oprești nu-l poți
Nu-l adapă nimeni
I-adapă pe toți.

Ițele

Ațe crește
Puse-n bețe.

Încălțămintea

Am două surori
Legate cu sfori;
Când noaptea se lasă,
Se vâră sub masă.

Întunericul

Ce se ascunde sub pat
Când intru cu lampa-n odaie?

Jandarmul

Pana cocostârcului
În mijlocul târgului.

Jăratecul

Aur bucățele,
În gura sobei mele.

Lacătul
Sunt cercel pe toartă,
Dar omul nu mă poartă,
Decât mă agaţă la uşă-n faţă.

Lacrima
Ce apă e în lume fără nisip?

Lampa
Cine ziua dormiteză
Şi noaptea ne luminează?

Laptele
Ce îngheaţă vara
Mai iute decât iarna?

Lanţul
Am zece purcei;
Dacă iau unul de coadă
Ţipă toţi.

Lemnul
Primăvara înverzeşte
Toamna înveleşte.
Şi iarna te încălzeşte.

Leul
Nu e cal, dar are coamă
Şi-i puternic fără seamă.
Îi ghiceşti uşor când vrei,
Că e scris pe banii mei.

Limba
Am o vacă
Stă între lupi
Şi n-o mănâncă.

Librăria
Să-mi ghiciţi în grabă mare
Unde sunt cărţi de vânzare?

Litera *a*
Ce are Adam înainte
Are Eva înapoi;
Iar Anica de la noi
Are şi înainte şi înapoi.

Lumina
A intrat cu zorile în casă
Şi-a ieşit cu noaptea prin geam.

Lupul
Într-o vale adâncă
Zace un moş de brâncă.

Macul
Oastea lui Mihai
Într-un vârf de pai.

Mama şi copilul
Patru mâini,
Patru picioare,
Patruzeci de unghişoare.

Masa
Lungă, lată sau pătrată,
Musafirii îi dau roată.

Masa
Patru picioare are,
Dar să şi le mişte
Nu este în stare.

Maşina

Roţi, volan, caroserie,
O cunosc chiar dintr-o mie,
Numai tata o conduce,
La plimbare când ne duce.

Măgarul

E un dobitoc foarte încăpăţânat,
Urechi lungi, minte nu are,
Are cruce pe spinare.

Mănuşa

Cinci fraţi o haină îmbracă.

Mătura

Am o găină pestriţă
Şi la coadă ferfeliţă.

Mărul

Verde, auriu sau roş,
E ascuns printre frunzare,
Îl culeg şi-l pun în coş
După ce s-a copt la soare.

Mâna

Am o grebluţă cu cinci dinţişori,
Pe zi îmi trebuie d-o mie de ori.

Melcul

Totdeauna sunt acasă
Şi de ploaie nu îmi pasă…
Merg, încet, dar chibzuit:
Pe-unde merg las drum albit.
Am şi coarne,
Şi le fac

Lungi sau scurte
După plac.

Miezul de nucă
Am patru fraţi
Cu trei cămăşi îmbrăcaţi.

Minciuna
La umbra unui felinar,
Mânca-un câine mort din unul viu.

Mierea
Ce e mai dulce şi mai dulce
Şi prin bâzâit s-aduce?

Mingea
Pepenaş de cauciuc
Îl trântesc sau îl arunc,
Orişiunde dacă pică,
Nu se sparge, nu se strică!

Mintea
Ce nu poţi cântări?

Morcovul
Stă moşul în cămară
Cu mustăţile pe afară.

Nasul
Ce îngheaţă vara
Şi se dezgheaţă iarna?

Nasturii
Pe cămăşi, haine, flanele
Sunt bănuţi cu găurele!

Norul

Trece monstrul marea
Cu părul alb ca sarea.

Nuca

Sus copaie
Jos copaie;
La mijloc,
Carne de oaie.

Numărătoarea

Mărgeluşe pe vergele
Socoteşti ce vrei cu ele.

Numele

Ce e lipit de tine?

Oaia

Am o manta mare;
Stă pe patru picioare
Şi în vânt, şi în ploaie.
Ghici, ce e?

Oala

Am o mătuşă
Cu fasolea-n guşă,
Toată ziua forfoteşte
Şi noaptea se odihneşte.

Oala

Cât am trăit,
Pe foc m-ai fript,
Iar după ce-am murit,
Pe drum m-ai azvârlit.

Ochii
Sub două păduri întinse,
două lumini aprinse.

Ochelarii
Bicicletă cu proptele
Stă pe nas, nu pe şosele!

Oglinda
Tandră, mândră,
Stă în tindă
Şi arată la oricare
Chipul, faţa, cum o are.

Orarul
Ceas de ceas, ce fac mi-arată,
Mă conduce şi mă-ndreaptă,
Pe carton sau pe hârtie
Eu îl fac precum se ştie.

Omul
Am un pom frumos
Cu ramurile în jos,
Iar rădăcina o ţine
Drept în sus ca mine.

Oul
Var văruit,
Zid zidit
Fără uşi
Fără ferestre.

Papagalul
Toată viaţa, cât trăieşte,
Nu pricepe ce vorbeşte.

Panseluţa

Floricea catifelată,
Seamănă cu-n chip de fată!

Paraşuta

Sunt umbrelă călătoare,
Nu mă tem de ploi sau soare,
Trec prin nori, vin în zbor,
Oameni, lucruri, eu covor.

Pasta de dinţi

În mici tuburi se găseşte,
Dinţii bine îi albeşte!

Păduchele

Ce e mic şi mititel
Şi-şi ia Vodă căciula la el?

Pământul

Ia gândeşte-te şi spune
Cine-i mai bogat în lume?

Pălăria

Ciupercă uscată,
În cui agăţată.

Păpădia

Zeci de umbreluţe mici,
S-au unit să fac-o floare
Dar trecu vântul pe-aici
Şi le risipi în zare.

Pâinea

Cu ciomege m-au lovit,
Între pietre m-au strivit,

Chiar în jar am fost băgată,
Cu cuţitul spintecată,
Dar deşi mă chinuieşte,
Lumea întreagă mă iubeşte,
Toată lumea mă doreşte.

Perna
Ce are fulgi şi nu zboară?

Pepenele
Pielea verde
Carnea roşie
Şi oasele negre.

Pelicanul
Un hultan voinic, năuc,
Cu ciocul cât un uluc!

Picioarele
Eu am doi boi:
Când îi leg,
Umblă pe unde vor;
Când îi dezleg,
Stau şi se odihnesc.

Pieptenele
Cine are dinţi mulţi şi nu poate muşca?

Pisica
Cine toarce şi ciorapi nu face?

Ploaia
Între nori şi-ntre pământ
Sfori de apă cad pe rând!

Podul
Ce trece peste apă şi stă pe loc?

Porcul
Cine umblă toată ziua supărat
Şi ară pământul-n lung şi-n lat?

Puşca
Cine n-are suflet şi suflet fură?

Puricele
Am un bivol,
Sare din munte-n munte
Şi picioarele nu i se rup.

Racul
Cerceluş cu coarne
Fierbe-n fundul oalei.

Radioul
N-are viaţă, n-are duh
Însă prinde din văzduh
Vorbele care se plimbă,
Şi vorbeşte orice limbă.

Raţa
Toată ziua stă pe lac
Şi ne cere mereu ... mac!

Râul
Călător ce merge-agale
Numai pe unde e vale.

Robinetul
Stânga de-i suceşti nasul,
El îndată-ţi umple vasul.

Sabia

Într-o scorbură uscată
Șade o cățea turbată.

Sania

Iarna fuge, iarna fuge, vara zace.

Sacul

Ce lucru poate să țină:
Zahăr, grâu, mălai, făină?

Săpunul

Dacă-l uzi el face spumă
Și ți-alunecă din mână.

Scara

Două bețe, opt surcele,
Te cobori și urci pe ele!

Scaunul

Am fost aseară la voi,
Voi mi l-ați pus dinapoi.

Scrisoarea

Am o bibilică mică
Duce vestea lui Gheorghiță.

Semaforul

Cu trei ochi în trei culori
E atent la trecători
Și ți-arată fără grai,
Când să treci și când să stai.

Sfecla

Ce e roșu, măr nu-i;

Creşte în pământ,
Şi ceapă nu-i?

Soarele
Bulbuleţ de aur
Joacă pe piei de taur.

Soarele şi luna de pe cer
Am o strachină cu doi peşti:
Unul cald
Şi-altul rece.

Sprâncenele
Am două surori gemene
Ce dorm în picioare.

Statuia
Cum numiţi chipul sculptat
Pe un soclu aşezat?

Spicul de grâu
Sus pe fruntea unui grâu
Stă armata unui crai.

Sugativa
Nu-i fierbinte, dar usucă.

Struţul
Parcă-i un curcan golaş
Şi fricos şi uriaş.

Şarpele
Retevei rece
Marea trece.

Şopârla
E un şarpe cu picioare,
Să-mi ghiceşti ce nume are!

Şifonierul
Cămăruţă de lemn tare
Ţine hainele-n păstrare!

Şoricelul
Mic, cu inima haină,
Roade sacul de făină!

Şoseaua
De s-ar ridica în picioare,
Ar ajunge până la soare.

Tabla de scris
Covor negru pe perete
Are cretă şi burete!

Teiul
Ce copac stufos şi înalt
Înfloreşte-n luna mai
Şi dă floare pentru ~~ceai~~?
Cine este l-aţi aflat?

Telefonul
Ce sună şi ţăcăneşte,
La ureche ne şopteşte?

Toporul
Cu capul de fier,
Cu coada de lemn,
Intră în vâlcele,
Scoate la nuiele.

Tractorul
E făcut de muncitor
Şi trăieşte pe ogor;
Toată ziua el munceşte,
Urlă de te-nebuneşte.

Trenul
Am o trăsură mare;
La vale fuge tare,
La şes înnebuneşte
La deal gâfâieşte.

Tunetul
Scutur frâu din curte
Şi aude calul din munte.

Ţapul
Ce are barbă
Si totuşi nu e bărbat?

Ţânţarul
Sunt mititel şi drăcuşor,
Şi mă hrănesc cu sânge de om.

Ţigara
Ce arde în gură
Şi face fum ca o şură?

Umbra
Cine merge pe apă şi nu se udă?

Umbrela
Formă de ciupercă are,
Şi când plouă ea apare.

Undița

Cârligel legat cu sfoară
Prinde pești și-i scoate afară!

Ulciorul

De coadă-l duc,
De coadă-aduc.

Ursul

Vine moșul pe cărare,
Cu cojocul în spinare.

Urzica

Ce buruiană o cunoaște și orbul?

Ușa

Și afară și în casă,
Ghici, ce e?

Varza

Am cămăși nenumărate,
Le port pe toate îmbrăcate.

Vaporul

Și pe fluvii, și pe mare
Duce lumea în spinare!

Vântul

Cine pe lume nu are culoare
Și zboară peste hotare?

Veverița

O sportivă cu renume
Umblă-n pomi după alune!

Zăpada
De la mine pân' la voi,
Numai pânze albe, moi.

Ziarul
Dau de piatră, nu se strică,
Dau de apă, se despică.

Ziua
Aleargă turcu, aleargă,
C-a pierdut căciula neagră.

Zmeul
Nu-i pasăre, şi totuşi zboară
Dacă-l ţii bine de sfoară.

HANS CHRISTIAN ANDERSEN
(1805-1875)

Privighetoarea

Am să vă spun o poveste ce s-a petrecut cu mult timp în urmă şi e bine s-o citiţi acum, căci s-ar putea să fie uitată de tot.

Totul s-a întâmplat în China, unde, cum bine ştiţi, împăratul e chinez, şi toţi cei din jurul lui, tot chinezi sunt.

Împăratul trăia într-un palat nespus de frumos, cel mai frumos din întreaga lume. Era făcut numai din porţelan subţire şi delicat încât, trebuia să ai mare grijă să-l atingi. Palatul avea o grădină unde creşteau minunate flori de care erau legaţi clopoţei de argint ce sunau cum trecea cineva pe acolo. Tot ceea ce vedeai în acea grădină era cu totul şi cu totul deosebit, iar grădina era atât de mare, încât nici chiar grădinarul nu-i ştia marginile. Dacă vizitai grădina şi mergeai dincolo de ea, intrai într-o pădure mare cu copaci înalţi şi lanuri adânci. Iar pădurea se întindea până la marginea cea albastră şi adâncă iar corăbiile cele mari pluteau chiar sub ramurile copacilor. Într-unul din acei copaci îşi făcuse cuib o privighetoare ce cânta atât de frumos, încât şi-un biet pescar se oprea s-o asculte.

— Doamne, dar frumos mai cântă! zicea el, dar apoi uita de pasăre şi-şi vedea de treaba lui.

În noaptea următoare când îi auzea din nou vocea, pescarul se oprea din muncă şi o asculta cu drag.

Călători din toate colţurile lumii veneau să viziteze palatul împăratului pe care-l admirau mult. De asemenea, erau încântaţi şi de grădina cea mare, iar când auzeau glasul fermecător al privighetorii, spuneau că e cel mai minunat lucru dintre toate.

Când se întorceau la casele lor povesteau ce văzuseră şi învăţaţii scriau cărţi despre cetatea împăratului chinez, despre grădină şi palat şi, bineînţeles, despre glasul divin al privighetorii. Unii au scris chiar şi versuri despre privighetoarea din pădurea întinsă.

Cărţile făcură înconjurul lumii şi o parte din ele ajunseră şi la împăratul chinez. Stând pe tronul lui de aur nu se mai sătura citind. Îi era tare drag să vadă cum lumea îi admira zugrăvind în cărţi, palatul şi grădina. Dar fu tare mirat când citi despre privighetoarea cea minunată pe care o îndrăgiră cu toţii. Spuneau în cărţi despre ea că e cel mai fermecător lucru de acolo.

— Dar ce-i asta? întrebă împăratul. În împărăţia mea se află o privighetoare ce cântă aşa frumos şi eu nu ştiu nimic? Trebuie să aflu din cărţi? Aşa că îl chemă pe cel mai de încredere sfetnic al său.

Acesta era aşa de mândru de el, încât dacă cineva de la curtea împărătească mai prejos de rangul lui îndrăznea să-i vorbească, nici nu se catadicsea să-i răspundă, doar pufnea pe nas.

— Am auzit că în grădina mea e o pasăre ce cântă cu mare măestrie, zise împăratul. Şi se pare că e cel mai minunat lucru din toată împărăţia mea. Cum se face de eu nu ştiu nimic de ea?

— Dar eu nu ştiu de existenţa vreunei păsări, răspunse sfetnicul.

— Până diseară să fie adusă privighetoarea aici la mine! Toată lumea ştie ce lucru de preţ am eu, numai eu nu ştiu!

— Nu am auzit de privighetoare până acum, dar am să fac tot posibilul s-o găsesc, zise sfetnicul.

Şi plecă de la împărat. Dar unde să găsească pasărea? Bătu în lung şi-n lat tot palatul, toate saloanele, dar nimeni din cei cu care vorbi nu ştia de pasăre. Aşa că se întoarse la împărat.

— Mărite împărate, nu trebuie să iei în seamă toate prostiile. În cărţi se poate scrie orice bazaconie!

— Dar cartea pe care am citit-o este de la Marele Împărat al Japoniei, deci nu are cum să cuprindă minciuni. Vreau neapărat să am în faţa ochilor această privighetoare. Sunt convins că ea există! Dacă nu mi-o aduci, voi porunci ca toţi curtenii mei să fie culcaţi la pământ şi călcaţi în picioare!

Văzând că treaba e destul de serioasă, sfernicul porni din nou în căutarea păsării. Colindă din nou tot palatul, urcă şi coborî toate scările, străbătu toate sălile.

În acest timp jumătate din curteni se ţineau după el, căci nu le convenea deloc să fie călcaţi în picioare, dacă nu găseau pasărea. Şi întrebau în dreapta şi stânga despre privighetoarea cea cu glas minunat de care aflase toată lumea, numai împăratul Chinei habar nu avea.

Ajunşi la bucătărie, întâlniră o biată slujnică. Aceasta le zise:

— Căutaţi privighetoarea? Vai, dar ce frumos glas are! Eu ştiu unde se află. În fiecare seară îi duc mamei mele bolnave resturile de mâncare de la masa curtenilor. Casa nostră e chiar pe ţărmul mării şi noaptea, când mă duc acasă, mă opresc puţin în pădure să mă odihnesc. Atunci o aud cântând. Iar ochii mi se umplu de lacrimi şi mă simt de parcă m-ar mângâia draga mea mamă.

— Fetiţă, îi spuse sfetnicul, dacă mă vei duce la privighetoare, am să-ţi fac rost de o slujbă mai bună la bucătărie, ba chiar o să-ţi permit să-l vezi şi pe împărat când ia masa. Împăratul a poruncit ca în această seară să-i fie adusă înaintea lui această pasăre.

Fata se învoi şi porniră cu toţii spre pădurea unde se afla privighetoarea. Merseră o bucată de drum şi deodată auziră o vacă cum mugeşte.

— Ascultaţi! zise un curtean. O pasăre atât de mică ce glas puternic are! Parcă am mai auzit eu cântecul acesta...

— Nu, răspunse slujnica, este doar o vacă. Mai avem de mers până la privighetoare!

Şi porniră mai departe. Broaştele din baltă se auzeau cum orăcăiau.

— I-auziţi ce frumoasă cântare! zise preotul palatului. Parcă ar fi clopotele de la biserica noastră!

— Nu, zise fata, acestea sunt nişte biete broaşte. Dar până la privighetoare nu mai avem mult de mers.

Deodată se auzi glasul minunat al privighetorii.

— Ascultaţi! zise slujnica. Aceasta este privighetoarea. Şi le arătă cu degetul spre o păsărică cenuşie ce şedea pe o creangă de copac.

— Vai, dar nu aşa de simplă mi-am imaginat-o! zise sfetnicul. Ce modestă e! Cred că şi-a pierdut strălucirea când s-a văzut înconjurată de atâţia oamnei.

— Privighetoare dragă, îi strigă fetiţa, marele nostru împărat te cheamă la el. Vrea să-ţi audă glasul.

— Cu mare plăcere, răspunse pasărea, şi începu să cânte vrăjindu-i pe toţi cu glasul ei.

— Vai, dar nu am auzit vreodată un glas atât de fermecător, zise sfetnicul. Curios că nu am auzit-o până acum. Cred că-i va încânta pe toţi cei de la palat când o vor asculta.

— Să-i mai cânt o dată Măriei Tale? îi zise privighetoarea sfetnicului crezând că se află în faţa împăratului.

— Dragă privighetoare, am marea plăcere să te invit diseară la palat unde împăratul va da o petrecere şi acolo vei cânta şi-l vei vrăji pe împărat cu frumoasele tale cântece.

— Cântecele mele nu sună nicăieri mai frumos decât în pădure. Însă dacă aceasta este dorinţa împăratului, voi merge la palat.

Palatul fusese împodobit ca de sărbătoare. Se făcuseră mari pregătiri. Pereţii şi tavanele străluceau cu mii de lămpi de aur. Coridoarele erau împodobite cu flori frumoase din grădină. Era atâta forfotă şi clopotele băteau atât de tare, încât nu se mai auzea nimic.

În mijlocul celei mai mari săli unde stătea împăratul fusese pusă o vergea de aur pentru privighetoare. Toţi curtenii erau de faţă, chiar şi slujnica de la bucătărie care primise învoire să se uite şi ea prin crăpătura uşii, căci i se dăduse rangul de „bucătăreasa împăratului".

Lumea era îmbrăcată în straie de sărbătoare şi privea la pasărea cenuşie. Împăratul făcu semn ca privighetoarea să-şi înceapă cântarea.

Iar pasărea cântă atât de frumos, încât împăratului îi dădură lacrimile şi-i curgeau pe obraz. Privighetoarea cânta atât de duios, de ţi se umplea sufletul de bucurie. Fermecat de glasul păsării, împăratul porunci să i se pună la gât privighetorii un papucel de aur. Pasărea îi mulţumi frumos, dar nu dori să primească acest dar.

— Măria Ta, ai plâns când mi-ai auzit glasul, şi pentru mine acesta e cel mai preţios dar. Altă răsplată nu-mi trebuie!

Şi iar începu să cânte cu minunatul ei glas. Doamnele de la palat o admirară pentru putarea ei, iar feciorii şi slugile împărăteşti fură vrăjiţi de glasul păsării, ceea ce e mare lucru căci se ştie, aceşti oameni sunt tare greu de mulţumit.

Privighetoarea îi fermecase pe toţi cei de la palat. Aşa că împăratul hotărî ca pasărea să rămână la curte, într-o colivie făcută special pentru ea şi i se dădu voie să iasă afară de două ori ziua şi o dată noaptea.

Doisprezece slujitori aveau grijă de ea, iar când ieşea din colivie, avea legate de piciorușe douăsprezece sforicele de mătase pe care slujitorii le ţineau cu străşnicie. Dar cum să te bucuri de o aşa plimbare?

Toţi cei de la palat vorbeau acum numai despre pasăre şi despre glasul ei minunat.

Într-o bună zi, împăratul primi un pachet mare pe care scria „privighetoarea".

— Cred că este o carte despre pasărea cea vestită, gândi împăratul.

Însă nu era o carte, era o cutie în care se afla o privighetoare, un bibelou lucrat de mână, împodobit cu pietre scumpe şi care cânta precum pasărea cea adevărată. Avea o cheiţă pe care o întorceai, iar pasărea începea să cânte un cântec minunat din cele pe care le cânta privighetoarea noastră adevărată. La gât avea o panglică pe care scria: „Privighetoarea împăratului Chinei e un fleac pe lângă cea a împăratului Japoniei".

— Extraordinar! ziseră toţi curtenii când o văzură. Se le punem să cânte împreună! Vor face un duet nemaipomenit!

Aşa că le puseră să cânte împreună, însă privighetoarea adevărată avea tot felul de cântece pe când cea meşteşugită avea doar un cântec, căci aşa fusese ea făcută.

Deci duetul nu era unul reuşit. Aşa că pasărea cea neadevărată fu pusă să cânte singură. Şi toţi se arătară la fel de mulţumiţi ca şi de pasărea adevărată, iar pe deasupra era şi mai frumoasă căci strălucea ca un givaer scump. O puneau să cânte de zeci de ori şi cânta acelaşi cântec fără să obosească. Împăratul însă dori s-o mai asculte şi pe privighetoarea cea adevărată însă, fără să bage de seamă, aceasta dispăruse. Zburase pe fereastră şi se întorsese la ea în pădure.

— Dar ce-o fi cu ea? zise împăratul, iar curtenii începură să spună tot felul de lucruri urâte despre ea şi despre nerecunoştinţa ei.

— N-are nimic, oricum avem aici o pasăre mai bună şi mai frumoasă decât ea! adăugară ei.

Astfel că pasărea cea neadevărată fu pusă să cânte de zeci şi zeci de ori, acelaşi cântec. Iar maestru de muzică tot o lăuda spunând că e mult mai frumoasă decât privighetoarea adevărată, pentru că e plină de pietre strălucitoare şi poţi vedea şi cum e făcută pe dinăuntru.

— Dragii mei, spuse el, cinstită adunare şi Mărite Împărat, de la o privighetoare adevărată nu ştii niciodată la ce să te aştepţi, după cum vedeţi, nu a fost credincioasă şi a plecat. Dar de la asta, totul e ştiut dinainte. O pui să cânte când vrei şi poţi s-o desfaci să vezi cum a fost lucrată.

Împăratul porunci ca duminica privighetoarea să fie arătată întregului popor, s-o audă cu toţii cântând. Toţi chinezii fură încântaţi, numai bietul pescar care auzise adevărata privighetoare, zise:

— Da, cântă frumos, dar parcă lipseşte ceva.

După această întâmplare privighetoarea adevărată fu izgonită din ţară, iar cea cu cheiţă fu aşezată la loc de cinste, pe o pernă de mătase, lângă patul împăratului şi primi titlul de „Marea cântăreaţă împărătească". Ea stătea în stânga împăratului, căci acolo este inima, şi inima e cea mai importantă, aşa considera el.

Maestrul de muzică scrise o carte de douăzeci şi cinci volume despre această pasăre, foarte savantă şi lungă, plină de cuvinte chinezeşti greoaie.

Toţi se lăudau că au citit-o şi că au înţeles-o, de frică să nu fie consideraţi proşti.

Trecu aşa un an. De câte ori învârteau cheiţa, pasărea cânta cântecul ei. Toţi de la palat ştiau pe dinafară cântacul şi cântau împreună cu ea. Chiar şi împăratul.

Într-o seară, pe când împăratul stătea în pat şi asculta cântecul privighetorii, odată auzi ceva pocnind în interiorul ei. Rotiţele începură s-o ia razna şi deodată muzica se opri.

Împăratul sări imediat din pat şi strigă să vină doctorul. Acesta veni, însă el vindeca oameni, nu repara rotiţe. Apoi împăratul chemă un ceasornicar, acesta desfăcu privighetoarea şi, după multe chinuri, reuşi să o repare. Însă de acum înainte trebuia să se umble cu mare grijă cu ea, pentru că rotiţele se tociseră şi nu mai puteau fi înlocuite. Erau tare supăraţi căci doar o dată pe an mai puteau să pună pasărea să cânte. Dar şi atunci era un risc ca ea să se strice din nou.

Maestrul de muzică ţinu un discurs plin de cuvinte mari în care-i linişti pe cei de la curte, spunându-le că totul este ca şi înainte, că privighetoarea cânta la fel de frumos. Însă, cine să-l contrazică?

Aşa mai trecură încă cinci ani. Împăratul se îmbolnăvi şi căzu la pat. Mare durere pe toţi chinezii, căci îl iubeau nespus. Umbla vorba că n-ar mai fi avut multe zile de trăit. În locul lui fu pus un alt împărat, însă oamenii tot veneau pe la palat să se intereseze de soarta împăratului cel bătrân. Iar sfetnicul, aşa cum făcea de obicei, le răspundea pufnind din nas şi clătinând din cap.

Împăratul, rece şi galben la faţă, zăcea în patul lui, şi cum unii curteni credeau că i-a venit sfârşitul, se duceau la noul stăpân să se încline.

Pe holuri şi coridoare se instalase liniştea. Însă împăratul nu murise, deşi stătea ţeapăn în patul lui cel mare cu perdele de catifea, împodobite cu ciucuri mari şi grei din fir de aur.

Freastra era deschisă şi prin ea puteau pătrunde razele strălucitoare ale lunii ce-l luminau pe împărat şi pe pasărea lui.

Deodată bietul împărat simţi o greutate pe piept ce nu-l lăsa să mai respire. Deschise ochii şi văzu că lângă el se află Moartea. Avea pe cap coroana împăratului iar în mâini sabia statului şi drapelul.

În jurul patului umblau multe capete ciudate, unele mai frumoase, altele mai urâte. Erau faptele bune şi rele pe care le făcuse împăratul la viaţa lui. Acum îl piveau drept în faţă.

— Îţi aminteşti de asta? Dar de cealaltă? întrebau capetele pe rând, aducându-i aminte împăratului de fiecare faptă în parte, făcându-l să transpire de frică.

— Nu ştiu nimic! strigă împăratul. Nu vreau să aud nimic! Să cânte muzica!

Dar capetele continuau şi Moartea aproba din cap ca un chinez.

— Să cânte muzica! ţipă împăratul. Pasărea mea dragă, cântă-mi te rog! Ţi-am dat cadouri de preţ, papucul meu de aur să-l porţi în jurul gâtului! Cântă-mi chiar acum!

Însă pasărea tot tăcută rămase. Nu era nimeni să răsucească din cheiţă, aşa că nu scoase nici un sunet. Iar Moartea îl privea într-una pe împărat cu ochii ei mai şi goi de te apuca groaza.

Deodată, dinspre freastră se auzi un glas minunat. Pe o rămurică din copac cânta foarte frumos privighetoarea cea adevărată. Auzise că împăratul era bolnav şi venise ca să-i aducă mângâiere cu vocea ei cristalină.

Şi în timp ce cânta, capetele acelea urâte şi frumoase dispăreau treptat, una câte una, iar sângele începea să curgă mai cu viaţă, prin corpul slăbit de boală al împăratului. Chiar şi Moartea era fermecată de vocea privighetorii şi o îndemna ca vrăjită:

— Hai, păsărică, nu te opri. Cântă!

— Îţi cânt, răspunse privighetoarea, dar dă-mi sabia împăratului, coroana şi drapelul!

Iar Moartea le dădea rând pe rând pentru câte un cântec. Privighetoarea triluia într-una şi cânta despre cimitirul cu flori parfumate unde lacrimile celor vii udau iarba fragedă. Şi pe moarte o apucă dorul de locul unde era la ea acasă, aşa că ieşi pe fereastră ca o ceaţă rece şi albă.

— Muţumesc din suflet pasăre dragă. Cu glasul tău îngeresc ai alungat moartea şi duhurile rele de la căpătâiul meu. Te ştiu foarte bine. Eu te-am alungat din împărăţia mea, dar acum aş vrea să te răsplătesc.

— Nu vreau nimic de la tine, împărate. Deja m-ai răsplătit cu lacrimile tale de la prima mea cântare din palat. Pentru o inimă de cântăreţ aceste lacrimi sunt adevărate comori. Acum aş vrea să te odihneşti şi să te vindeci, căci eu o să vin la geamul tău să-ţi cânt din nou.

Privighetoarea cântă, iar împăratul se cufundă într-un somn liniştitor şi dulce.

Când se trezi, era vindecat şi plin de putere, iar soarele strălucea prin fereastră. Nici unul dintre slujitorii lui nu era lângă pat, doar privighetoarea stătea lângă el şi cânta.

— Aş vrea să rămâi cu mine, pasăre dragă. Vei cânta doar când vei dori tu, iar pe această privighetoare cu cheiţă am s-o arunc!

— Nu trebuie să faci asta! răspunse privighetoarea. Ea a cântat cât a putut. Păstrez-o lângă tine pentru că eu nu pot locui la palat, aici nu-mi pot construi cuib. Dar voi veni de câte ori voi dori. Mă voi aşeza pe crenguţa de lângă fereastra ta şi-ţi voi cânta ca să te simţi fericit. Îţi voi cânta despre lucruri frumoase, dar şi despre necazurile oamenilor, căci o pasăre zboară prin toate locurile şi vede atât binele, cât răul care stă ascuns în tine. Tu îmi eşti drag mai mult decât coroana care o porţi, deşi coroana are ceva sfânt în ea. O să vin şi-o să-ţi cânt, dar promite-mi ceva.

— Orice! zise împăratul care se îmbrăcase în straiele împărăteşti şi strângea la piept sabia de aur.

— Îţi cer un singur lucru. Să nu spui nimănui că ai o pasăre care vine la tine şi-ţi spune tot ce se petrece în împărăţie. E mai bine să păstrezi acest secret.

Şi privighetoarea îşi luă zborul.

În odaie intrară acum slujitorii să se ocupe de împăratul pe care-l credeau mort.

Dar împăratul era în picioare şi, spre marea lor mirare, le spuse:

— Bună dimineaţa!

Prinţesa şi bobul de mazăre

Trăiau odată, demult, într-un castel, un împărat şi o împărăteasă. Aceştia aveau un prinţ care-şi dorea din suflet să se căsătorească cu o prinţesă adevărată.

Porni în lumea largă ca să găsească una şi traversă munţi şi ape, dar tot nu întâlni una pe placul lui. Ce-i drept, prinţese erau multe, dar nici una nu se dovedi a fi cu adevărat prinţesă.

De fiecare dată când credea că a găsit-o, descoperea ceva necurat şi suspect la ea. Mâhnit, se întoarse la palat.

Într-o noapte, se dezlănţui o furtună cumplită. Tuna şi fulgera de aveai impresia că vine sfârşitul lumii, iar ploaia cădea fără oprire. La poarta castelului se auzi că bate cineva. Bătrânul împărat trimise degrabă să vadă cine este. Slujbaşii îi aduseră în faţă o prinţesă plouată tremurând de frig. Din haina şi din părul ei curgeau picături de apă, iar pantofii îi erau uzi leoarcă. Şi, cu toate astea, ea susţinea sus şi tare că este o prinţesă adevărată.

„Ei bine, vom afla dacă spui adevărul!" îşi spuse în gând împărăteasa. Apoi, merse în odaia de dormit, luă aşternutul de pe pat şi puse un bob de mazăre în mijlocul patului. Apoi acoperi bobul cu douăzeci de saltele şi douăzeci de perne din puf de raţă, unele peste altele. Apoi o pofti pe prinţesă să se culce.

Dimineaţa, împărăteasa o întrebă pe prinţesă dacă dormise bine.

— Of! Tare rău, răspunse prinţesa. Toată noaptea n-am închis un ochi! Nu ştiu ce era în patul acela, ceva tare m-a incomodat şi mi-a învineţit tot corpul. A fost un calvar!

Auzind aceste cuvinte, împăratul şi împărăteasa s-au convins că este vorba despre o prinţesă în toată regula. Căci, gândeau ei, numai o prinţesă adevărată putea simţi bobul de mazăre printr-atâtea saltele şi perne. Nimeni, în afară de o prinţesă, nu putea avea o astfel de sensibilitate.

Încredinţat că este o prinţesă adevărată, prinţul o luă de nevastă. Iar bobul de mazăre fu aşezat într-un loc de cinste într-una din sălile palatului şi probabil încă mai este acolo, dacă nu cumva a îndrăznit careva să-l fure.

Iată, v-am spus o poveste adevărată, la fel de adevărată precum era şi prinţesa!

Mica sirenă

Departe, în largul mării, acolo unde apa este limpede precum cristalul, albastră şi foarte adâncă, dar atât de adâncă, încât nicio ancoră nu ajunge până la fund, trăia un întreg popor de făpturi ale mării.

Iar în acele adâncuri nu găseai doar nisip, ci şi ciudate flori şi plante rare, cu frunze şi tulpini ce se îndoaie cu uşurinţă la cele mai uşoare mişcări ale apei. Şi printre ramuri trăiau tot felul de peşti, mari şi mici, aşa cum păsările zboară prin văzduh.

Şi în cel mai adânc loc al apei se înălţa castelul regelui mării, cu pereţi din coral şi ferestre înalte, din cel mai frumos chihlimbar. Acoperişul era făcut din scoici, ce se deschideau şi se închideau când apa trecea peste ele. Iar în fiecare scoică se ascundea o perlă plină de strălucire, demnă de o coroană împărătească.

Regele mării era văduv de mult timp, aşa că se ocupa mama sa de treburile împărăţiei. Deşi bătrână, femeia era plină de înţelepciune şi tare mândră de poziţia pe care o ocupa. De aceea purta pe coadă douăsprezece stridii, în timp ce alte doamne nu aveau voie să poarte mai mult de şase. Era foarte admirată şi respectată, dar merita toate laudele mai ales pentru faptul că avea o mare grijă de cele şase nepoate ale sale, micile sirene ale mării. Toate erau frumoase. Dar cea mică parcă le întrecea. Era fină şi delicată, avea ochii albaştri ca marea. Nu avea picioare, la fel ca şi surorile ei. Trupul i se termina cu o coadă de peşte.

Întreaga zi cele şase sirene se jucau în voie prin încăperile castelului, alergând de colo-colo printre algele şi plantele de apă. Prin ferestrele de chihlimbar larg deschise intrau în voie peştişorii multicolori, aşa cum ne intră nouă câteodată în casă câte o vrăbiuţă, dacă ţinem geamul deschis. Micile sirene îi îndrăgeau pe peştişori, îi hrăneau din palmă şi-i alintau cu mângâieri.

Lângă castel se întindea o grădină unde creşteau superbe flori roşiatice şi albăstrii şi muguri de culoarea flăcărilor. Fructele străluceau precum aurul, iar frunzele şi tulpinile se mişcau neîncetat. Pe fundul mării se afla un nisip de o fineţe rară, numai că era albastru ca flacăra de pucioasă. Pretutindeni acestă lume era învăluită într-o ciudată lumină albastră străvezie, de parcă te-ai fi aflat în slava cerului, nu pe fundul mării. Iar când marea era liniştită şi cerul senin, razele soarelui pătrundeau până acolo, jos, răspândind o lumină strălucitoare.

Fiecare dintre cele şase sirene avea locul ei în acea grădină, unde putea să sape şi să planteze ce dorea ea. Una din ele îşi aranjă stratul de flori în forma unei balene, alta în forma unei mici sirene. Mezina îl făcuse rotund ca soarele şi sădise în el flori roşii ca razele lui la asfinţit. Sirena cea mică era diferită de surorile ei. Modestă, liniştită, gânditoare, cu dragoste pentru florile roşii ca soarele. În timp ce surorile ei adunau podoabe şi diverse lucruri minunate de la corăbiile scufundate pe fundul mării, ei nu-i trebuia nimic, decât o statuetă, mică şi drăguţă, care întruchipa un tânăr frumos şi care căzuse pe fundul mării de pe o epavă. Lângă statuie, mica sirenă plantă o salcie plângătoare trandafirie. Salcia crescu înaltă, iar ramurile ei delicate se aruncau peste statuie atingând nisipul albăstrui. Umbra căpătă nuanţe violet şi se unduia o dată cu ramurile salciei. Ai fi zis că ramurile şi rădăcinile sale se jucau, încercând să se sărute.

Micuţa sirenă era nespus de fericită şi de încântată atunci când bunica ei îi istorisea poveşti despre lumea de deasupra mării. Bătrâna îi povestea despre oamenii şi animalele de pe pământ, despre oraşe şi corăbii. Copilei i se păru nemaipomenit când auzi că florile care cresc pe pământ au parfum, nu ca cele care cresc pe fundul mării şi că pomii sunt verzi, iar peştii care zboară printre ei cântă de ţi-e tare drag să-i asculţi. Bunica îi spuse că aceia sunt peşti, nu păsări, pentru că ea nu ar fi înţeles. Mica sirenă nu văzuse niciodată o pădure.

— Dragele mele, le spuse tuturor sirenelor într-o zi bunica, când veţi împlini cincisprezece ani veţi avea voie să ieşiţi la suprafaţa apei, să vă aşezaţi pe stânci şi să priviţi lumina lunii. Atunci o să vedeţi şi corăbiile care plutesc pe apă, dar şi pădurile şi oraşele.

Trecu un an şi iată că sirena cea mare împlini cincisprezece ani. Celelalte surori ale ei erau fiecare cu un an mai mici, aşa că mezina mai avea de aşteptat cinci ani până să vadă lumea de deasupra apei şi oamenii de pe uscat.

Sora cea mare le promise că atunci când se va întoarce le va povesti ce a văzut şi ce a impresionat-o cel mai mult. Nu era de ajuns ce le spunea bunica, ele voiau să vadă lumea de dincolo de mare.

Dar cea mai nerăbdătoare să vadă lumea oamenilor era sirena cea mică.

Liniştită, calmă, dar mereu gânditoare, micuţa sirenă îşi petrecea mereu nopţile privind prin ferestrele de chihlimbar peştişorii care înotau încolo şi încoace lovind apa cu aripioarele şi cozile lor strălucitoare.

Din adâncul mării vedea strălucirea lunii şi a stelelor dar apa le reflecta mult mai mari decât le vedem noi pe cer. Iar când un nor întunecat trecea între ea şi stele, ştia că trebuie să fie balena sau vreo corabie cu oameni ce nu se gândeau că acolo, jos, o micuţă sirenă îşi întinde mâinile către ei.

Dar iată că sora cea mare care împlinise vârsta de cincisprezece ani primi promisiunea să iasă noaptea la suprafaţa apei. Când se întoarse, plină de încântare, le povesti surorilor ei mai mici minunăţiile văzute. Cel mai frumos, zicea ea, era să stai pe un banc de nisip, sub razele strălucitoare ale lunii, şi să priveşti neîncetat oraşele din apropiere, unde se vedeau luminile ca nişte steluţe, să asculţi muzica şi forfotul oamenilor, precum şi clopotele bisericilor. Şi-şi dorea nespus să se apropie de acele lucruri, însă era cu neputinţă!

Sora cea mică asculta cu atenţie istorisirile sirenei iar ochii-i sclipeau de dorinţă şi nerăbdare.

Seara se duse iar la fereastră şi, privind adâncul mării, se gândi la oraşul acela mare, zgomotos, la oamenii ce trăiesc în el şi chiar i se păru că aude de acolo, de jos, clopotele bisericii.

Veni şi următorul an, iar cea de-a doua soră primi şi ea permisiunea să iasă la suprafaţă şi să înoate pe unde doreşte ea. Sirena ajunse tocmai când soarele apunea şi, după cum povestea ea la întoarcere, priveliştea era minunată. Cerul era parcă din aur, iar norii, trandafirii şi violeţi, de o frumuseţe rară, pluteau deasupra ei. Văzu şi un stol de lebede sălbatice ce desena un lung văl alb deasupra apei. Se duse şi ea înnotând către ele, dar soarele se afundase în mare şi lumina trandafirie din nori pieri.

Anul umător ieşi la suprafaţa apei şi ce-a de-a treia sirenă. Aceasta era cea mai curajoasă dintre ele. Înotă în susul unei ape curgătoare ce se vărsa în mare. Povesti cum văzu dealuri verzi acoperite cu viţă-de-vie, păduri nespus de frumoase ce ascundeau castele şi palate. Auzise chiar şi cântecul minunat al păsărelelor şi o încântară nespus de mult. Razele soarelui străluceau cu atâta putere, încât de multe ori trebui să intre în apă să se răcorească. Iar când ajunse într-un golfuleţ văzuse câţiva copii în pielea goală ce se bălăceau în apă. Vru şi ea să li se alăture, însă aceştia se speriară de coada ei şi fugiră. Apoi se trezi lângă ea cu un animal ciudat, era un câine, însă ea nu mai văzuse niciodată aşa ceva. Acesta începu să latre şi o sperie cumplit, aşa că, de frică, o porni înapoi spre largul mării. Dar, zicea ea, n-o să uite niciodată pădurile fermecătoare, dealurile verzi şi însorite, şi nici copii aceia care erau tare drăguţi şi care ştiau să înoate, deşi nu aveau cozi.

Cea de-a patra soră era mai puţin îndrăzneaţă. Ea rămase în mijlocul mării şi de acolo, spuse ea, totul era tare frumos. Pentru că puteai vedea de jur-împrejur, până departe. Şi ea văzuse corăbiile, delfinii ce se jucau în apă, balenele ce scoteau apă pe nări ca nişte fântâni arteziene.

Veni şi rândul celei de-a cincea soră, care împlini cincisprezece ani iarna, aşa că ea putu să vadă ce nu au văzut celelalte. Marea era verzuie, iar pe ea pluteau gheţari care nu se atingeau între ei, parcă fiecare era o perlă. Şi, spunea ea, aveau forme ciudate şi sclipeau ca diamantul. Se aşeză pe unul dintre acei gheţari, iar vântul se juca prin părul ei. Povestea cum corăbiile ocoleau acel loc unde se afla ea şi spre seară începu să tune şi să fulgere. Iar gheţarii se înălţau pe valurile tulburi şi mari şi străluceau în scânteierea fulgerelor. Toate corăbiile îşi înălţară speriate pânzele. Dar sirena rămase liniştită, acolo, pe acel gheţar, privind fulgerele albastre ce săgetau marea.

Toate acele cinci surori ce fuseseră deasupra apei se întoarseră încântate de ceea ce văzuseră. Fiecare povestise lucruri noi şi minunate. Dar acum erau deja mari şi aveau voie să iasă ori de câte ori doreau. Însă într-o lună îşi pierduseră interesul pentru lumea de deasupra a oamenilor şi chiar spuneau că nicăieri nu e mai bine şi mai frumos ca în adâncul mării, pentru că acolo se simţeau ele cel mai bine.

De multe ori, cele cinci sirene ieşeau la suprafaţa apei, se prindeau de mâini şi cântau. Aveau nişte voci minunate, mult mai frumoase ca ale oamenilor. Când se apropia vreo furtună şi ele simţeau că se poate scufunda vreo corabie, ele le cântau oamenilor care se aflau în pericol, spunându-le să nu se temă pentru că pe fundul mării e tare frumos. Dar corăbierii nu înţelegeau limba sirenelor şi credeau că e vuietul furtunii. Odată corabia scufundată, ei se înecau şi trupurile lor neînsufleţite ajungeau la castelul mării.

Când surorile ei se ridicau deasupra apei, mica sirenă rămânea singură şi tristă, uitându-se în urma lor. Parcă-i venea să plângă, însă sirenele nu au lacrimi, şi din această cauză durerea parcă e mai mare.

— Of, de-aş împlini şi eu odată cincisprezece ani! îşi tot spunea ea. Deja iubesc lumea şi pe oamenii care trăiesc în ea!

Dar, în cele din urmă veni şi acea zi. Mica sirenă împlini şi ea cincisprezece ani.

— Vezi, îi spuse bunica, te-ai făcut mare şi poţi pleca şi tu. Am să te gătesc ca şi pe surorile tale.Îi puse petale de crin în păr, iar la coadă îi prinse opt stridii, ca semn al rangului ei înalt.

— Vai, dar mă doare! zise micuţa sirenă.

— Ştiu, îi răspunse bunica ei. Dar trebuie să rabzi, căci aşa cere rangul.

Aceste semne ale măreţiei micuţei chiar nu-i trebuiau. S-ar fi lipsit de ele, îi erau de ajuns florile ei roşii din grădină. Dar nu se putea opune.

— Rămas-bun! zise mica sirenă. Şi se ridică uşor şi delicat deasupra apei.

Când micuţa sirenă ieşi la suprafaţa mării, soarele tocmai apuse. Pe cer norii aurii străluceau, iar stelele sclipeau în toată splendoarea lor. Era o seară liniştită, iar marea era calmă. Mica sirenă zări deodată o corabie ce plutea lin pe apă. Avea trei catarge şi o singură pânză ridicată pentru că vântul nu sufla deloc. Pe punte se vedeau cum marinarii stăteau lungiţi, se odihneau probabil. Dinspre corabie se auzea muzică şi glasuri de oameni, iar o dată cu lăsarea serii se aprinseră zeci de luminițe ca niște stegulețe fluturând în vânt.

Micuța sirenă se îndreptă înotând spre corabie. Când ajunse la ferestrele cabinelor zări în interior oameni îmbrăcați de sărbătoare. Îi atrase atenția un tânăr tare chipeș, un prinț cu ochii mari și negri, care nu avea mai mult de șaisprezece ani. Era ziua lui de naștere și în cinstea lui avea loc acea petrecere pe corabie.

Marinarii dansau pe punte și prințul alături de ei. Sute de artificii fură lansate în aer, iar cerul se lumină ca ziua. Mica sirenă se sperie cumplit și se băgă repede în apă. Când apăru din nou avu impresia că toate stelele de pe cer cad pe ea. Toate aceste minunății se reflectau în luciul albastru al apei.

Corabia era scăldată în lumină, astfel că se puteau vedea clar oamenii, dar și fiecare parâmă de pe vas. Prințul era felicitat de toți, dădea mâna cu fiecare și zâmbea fericit, în timp ce muzica răsuna în noapte.

Așa trecură ore întregi, iar micuța sirenă nu se sătura privind corabia și nu-și putea desprinde ochii de la tânărul chipeș.

Luminile fură stinse rând pe rând, artificiile nu se mai înălțau pe cer, încetase și bubuitul tunurilor, însă marea deveni agitată. Sirena rămase lângă geamul cabinei, legănându-se pe valuri și privind înăuntru. Vântul începu să bată, iar corabia își ridică pe rând pânzele, continuându-și călătoria. Valurile deveniră din ce în ce mai mari, cerul se umplu de nori negri, iar în depărtare se porniră fulgere. Urma o furtună năprasnică. Pânzele fură coborâte din nou, iar corabia își continua drumul prin marea zbuciumată. Valurile se ridicau ca niște munți întunecați, parcă mai înalți decât catargele. Corabia își făcea loc printre ele și revenea apoi la suprafață, ridicată pe culmea valului următor.

Micii sirene îi plăceau valurile, nu însă şi marinarilor. Corabia scârţâia din toate încheieturile, iar catargele ei se rupseră sub loviturile puternice ale mării, căzând pe punte. Apa se năpusti pe vas. Atunci mica sirenă realiză că marinarii de pe corabie sunt în pericol. Chiar şi ea trebuia să aibă grijă să nu se lovească de scândurile rupte din corabie, luate şi duse de valuri. Corabia se lăsă într-o parte şi începu să se scufunde.

Pentru o clipă se făcu întuneric, încât mica sirenă nu mai văzu nimic, dar lumina unui fulger îi arătă tragedia. Văzu toţi oamenii de pe corabie, însă pe prinţ nu-l putea zări.

Îl căută cu privirea şi observă cum se scufundă în adâncuri. Pentru moment se bucură, căci se gândea că prinţul va ajunge la ea la palatul de pe fundul mării. Dar îşi aminti imediat că oamenii nu pot trăi în apă, aşa că înotă cu disperare spre el pentru a-l salva. Pătrunse printre scândurile rupte ale corabiei împânzite pe toată suprafaţa apei, uitând că acestea ar fi putut s-o rănească. Dar nu putea să-l lase să moară. Se scufundă adânc în marea întunecată, se întoarse iar la suprafaţă ridicată de valuri, până ajunse la tânărul prinţ care abia mai putea înota în marea agitată. Îl lăsaseră puterile, iar ochii lui frumoşi se închiseră. Ar fi pierit cu siguranţă dacă mica sirenă nu ar fi sărit în ajutorul lui. Fata îi ridică capul deasupra apei şi se lăsară purtaţi de valuri.

Dimineaţa furtuna încetă, iar pe mare nu se mai vedea nici o urmă din corabie. Soarele strălucitor apăru din apă şi-i lumină chipul frumos al prinţului. Prinse iarăşi viaţă, însă ochii îi rămaseră închişi. Mica sirenă îi sărută fruntea şi-i dădu la o parte părul ud. Observă că semăna cu statuia de marmură pe care o avea ea în grădină. Îl mângâie şi-l mai sărută o dată, rugându-se din tot sufletul să trăiască.

Sirena îşi ridică privirea şi văzu în zare pământul, cu munţi înalţi ce aveau vârfurile îmbrăcate în zăpadă. La mal se întindeau pădurile verzi şi observă o clădire mare. Nu ştia dacă e biserică sau mănăstire. În grădină erau portocali şi lămâi, iar în faţa porţii stăteau de veghe palmierii. În acel loc marea formase un golfuleţ liniştit, însă adânc. Mica sirenă îl duse pe prinţ la mal, aşezându-l pe nisipul fin şi alb şi ţinându-i cu grijă capul ridicat şi cu faţa la soare.

Deodată se auziră bătând din clădirea cea mare clopotele şi grădina se umplu de feţe tinere. Mica sirenă se ascunse după nişte bolovani care ieşeau din apă şi se acoperi cu spuma mării, pentru ca nimeni să nu-i vadă înfăţişarea. De acolo aşteptă să vadă dacă va veni cineva la bietul prinţ.

Nu trecu mult timp, şi zări o fată ce se apropia de el. Aceasta se sperie pe moment, dar apoi se duse să cheme ajutoare. Mica sirenă văzu cum prinţul îşi revine în simţiri şi cum le zâmbeşte tuturor celor din jurul lui. Numai ei nu-i zâmbea, fiindcă nu ştia că ea îl salvase. Se simţea tristă şi nefericită. După ce văzu cum prinţul fu dus în clădirea aceea mare, mica sirenă se scufundă în apă şi se întoarse la palatul de pe fundul mării.

Mereu fusese o fire tăcută şi gânditoare, dar acum tristeţea pusese stăpânire pe ea. Surorile ei o întrebară curioase despre ieşirea ei deasupra apei, ea însă nu le spuse nimic. Deseori, seara şi dimineaţa mergea la locul unde-l lăsase pe prinţ cu gândul de a-l revedea. Văzu cum se coc fructele şi sunt culese din grădină, văzu cum zăpada se topeşte de pe munţi, însă pe prinţ nu-l mai văzu niciodată. Şi de fiecare dată se întorcea la palat tristă şi abătută. Singura ei bucurie era statueta de marmură care semăna cu prinţul. Nu-i mai păsa de florile şi plantele ei din grădină. Nu le mai îngrijea, iar buruienile crescuseră mari, aşa că acum grădina era tare întunecoasă.

Mica sirenă nu mai putu ţine în ea secretul, căci o durea sufletul, aşa că-i povesti totul uneia dintre surori. Aceasta le spuse şi celorlalte, iar acestea, altor prietene. Se întâmplă ca una dintre sirene să ştie unde se află prinţul, pentru că şi ea văzuse petrecerea de pe corabie şi aflase unde este regatul prinţului.

— Să mergem! îi ziseră surorile, micuţei sirene.

Se prinseră de mâini şi plutiră pe suprafaţa apei până la locul unde ştiau că este palatul prinţului.

Palatul era construit din piatră galbenă strălucitoare, cu lungi trepte de marmură, iar unele duceau chiar la malul mării. Dincolo de acoperiş se ridicau cupole aurite, iar între stâlpii din jurul palatului tronau statuete care arătau de parcă ar fi fost vii. Prin ferestrele înalte de cristal se vedeau încăperile, nişte săli impunătoare, cu draperii scumpe de mătase, cu pereţi ce aveau pe ei tablouri frumoase de-ţi era drag să le priveşti. Cel mai mare salon avea în mijloc o fântână arteziană şi apa ţâşnea până sus, la cupola de sticlă din tavan, prin care soarele îşi trimitea razele lui strălucitoare.

Mica sirenă ştia acum unde este locul în care trăieşte prinţul şi deseori, la lăsarea serii, venea lângă palat pentru a-l privi pe prinţ. Dintre toate sirenele, ea era singura care se apropia aşa mult de mal. Ajungea chiar pe micul canal de sub balconul prinţului, stătea acolo şi se uita la prinţ, în timp ce acesta credea că e singur sub clar de lună. De multe ori îl vedea plimbându-se cu o corabie pe apă, cu muzica cântând şi stegulețele fluturând. Când pescarii ieşeau în larg cu bărcile, îi auzea vorbind frumos de prinţ şi se bucura nespus că-i salvase viaţa. Îşi amintea cu plăcere când îi pusese capul pe pieptul ei şi când îl sărutase. Dar el nu ştia nimic din toate aceste lucruri şi nu se gândea că o mică sirenă îl scăpase dintre valurile mării zbuciumate.

Timpul se scurgea, iar mica sirenă îndrăgea tot mai mult lumea oamenilor. Tot ce-şi dorea ea acum era să trăiască printre oameni, i se părea că alături de ei viaţa e mai frumoasă, mult mai frumoasă decât cea din adâncul mării. Începuse să iubească pădurile verzi, câmpiile întinse, munţii cu vârfurile pline de zăpadă. Şi pe deasupra, ştia că sunt multe lucruri pe care ar fi vrut să le cunoască, aşa că merse la bunica ei care ştia totul despre lumea oamenilor, lume pe care o numea „tărâmul de deasupra mării".

— Bunico, dacă oamenii nu se îneacă, trăiesc veşnic? Mor şi ei la fel ca noi? întrebă micuţa sirenă.

— Ba da, răspunse bunica. Numai că viaţa oamenilor e mai scurtă decât a noastră. Noi putem trăi chiar trei sute de ani, şi când murim ne transformăm în spumă de mare, nu avem mormânt unde să ne plângă cei dragi. Iar sufletul nostru moare o dată cu noi. Suntem precum algele, o dată tăiate, nu mai înfloresc încă o dată. Când oamenii mor, sufletul lor se ridică la cer, printre stele, aşa cum ne ridicăm noi la suprafaţa apei şi privim lumea lor. Tot aşa se înalţă sufletele lor spre locuri necunoscute pe care noi nu avem norocul să le cunoaştem.

— Dar sufletul nostru de ce nu e nemuritor? o întrebă micuţa sirenă. Aş da fără regrete din sutele mele de ani numai să fiu şi eu muritoare măcar pentru o zi şi să cunosc şi eu fericirea din împărăţia de stele!

— Nu trebuie să gândeşti aşa, îi spuse bunica. Şi noi avem o viaţă fericită aici în adâncul mării.

— Îmi pare tare rău că am să mor şi o să mă prefac în spumă de mare. N-am să mai văd soarele strălucitor şi n-am să mai aud cântecul valurilor. Ce pot face să devin şi eu un suflet nemuritor?

— Nu poţi face nimic, micuţa mea. Doar dacă un muritor te-ar iubi nespus de mult, mai mult poate decât pe părinţii lui şi şi-ar îndrepta gândurile şi dragostea către tine, iar preotul i-ar uni viaţa lui cu a ta pe veşnicie. Doar aşa ţi-ar da şi ţie din sufletul lui nemuritor şi ai avea parte de fericirea cunoascută doar de oameni. El ţi-ar da ţie suflet, fără să şi-l piardă pe al lui. Însă acest lucru e cu neputinţă pentru noi sirenele. În timp ce noi ne mândrim cu coada noastră, pentru oameni nu e un lucru prea frumos. În lumea oamenilor, ca să fii arătos, înseamnă să ai două beţe cu care să mergi, ei le spun „picioare".

Micuţa sirenă se întristă la auzul acestor vorbe şi-şi privi cu amărăciune coada de peşte.

— Dar să nu ne posomorâm, îi zise bunica. Avem prilej de veselie şi bucurie, căci diseară e bal la palatul nostru!

Când se lăsă seara, palatul de pe fundul mării era o adevărată minunăţie, ceva ce nu găseşti în lumea oamenilor. Sala de bal era îmbrăcată în sticlă groasă străvezie. Pe pereţi stăteau una lângă alta scoici multicolore ce luminau toată marea cu strălucirea lor. În interior mii de peşti, mari şi mici, înotau pe lângă pereţii de sticlă. Unii aveau solzii coloraţi, alţii argintii şi aurii. Şi prin mijlocul sălii curgea un şuvoi de apă prin care treceau diferite vietăţi, dansând după cântecele cântate chiar de ele. Glasurile lor erau atât de frumoase, încât îţi era tare drag să le asculţi. Micuţa sirenă cântă şi ea un cântecel frumos, iar toţi cei de faţă o aplaudară cu cozile lor de peşte. Pentru o clipă se simţi fericită, căci ştia că are un glas tare plăcut, poate cel mai frumos glas de sub ape. Însă curând gândurile ei se îndreptară din nou către prinţ căci nu putea să-l dea uitării. Şi era tare tristă că nu avea şi ea un suflet nemuritor precum el.

Ieşi din palat fără să fie observată şi merse în grădiniţa ei unde putea sta liniştită cu gândurile ei. Deodată auzi un sunet de goarnă şi se gândi că e prinţul cu corabia lui pe apă. Dorea din tot sufletul să-i câştige dragostea şi să capete şi ea un suflet nemuritor. Îi trecu prin minte să meargă la vrăjitoarea mării, acum cât surorile ei petrec la palat. Deşi îi era teamă de ea, ştia că e singura care o poate învăţa ce să facă.

Aşa că ieşi din grădină şi se îndrepta spre vârtejurile de apă, dincolo de care îşi ducea viaţa vrăjitoarea mării. Nu mai înotase niciodată pe acolo, de aceea avea o mică teamă. Acolo nu creşteau flori, nici iarbă de mare, era doar pământ cenuşiu şi nisipos, ce se întindea până la vârtejul unde apa înghiţea tot ce se întâmpla să-i vină în cale. Era un drum anevoios, trebuia să treacă printr-un mâl care bolborosea precum o fiertură şi despre care vrăjitoarea spunea că e „pajiştea ei nămoloasă“. Dincolo de el se zărea casa vrăjitoarei, chiar în mijlocul unui codru în care toţi copacii erau jumătate animale, jumătate plante. Arătau ca nişte şerpi cu multe capete ce răsăreau din pământ. Ramurile aveau braţe lungi ce se mişcau neîncetat. Dacă prindeau vreo vietate cu ele, nu avea nici o scăpare. Văzându-le, mica sirenă începu să tremure de spaimă. Pentru moment se gândi să se întoarcă, însă dragostea pentru prinţ şi dorinţa de a avea un suflet nemuritor o împinseră să meargă mai departe. Aşa că îşi strânse pletele în vârful capului pentru a nu putea fi apucată de ele şi se strecură cu repeziciune printre vietăţile acelea ciudate care erau gata oricând să te prindă cu braţele lor lungi şi subţiri. Şi cum înota ea printre ele, văzu că toate ţineau în ghearele lor tot ceea ce înhăţaseră din mare. Oameni care-şi găsiseră sfârşitul în adâncul mării erau acum nişte schelete albe strânse ca într-un cleşte. Văzu vâsle, bucăţi de corăbii, animale mici terestre, ba chiar şi o sirenă pe care o sugrumaseră. Imaginea aceasta o înspăimântă pe mica sirenă.

Ajunse într-un loc mlăştinos, într-o pădure plină de şepri mari şi groşi de apă care se tot rostogoleau. În mijloc se ridica o casă făcută din oase de oameni care se înecaseră. O găsi pe vrăjitoare care hrănea o broască râioasă şi care zicea că şerpii aceia urâţi sunt copiii ei. Îi era tare drag de ei şi-i lăsă să se urce pe pieptul ei.

— Ştiu de ce ai venit la mine, micuţă sirenă, îi zise vrăjitoarea. Ceea ce vrei tu nu este de înţeles, căci vei avea parte de o durere cumplită, însă dacă asta ţi-i dorinţa, eu am cum să te ajut. Ştiu că vrei să scapi de coada de peşte şi să ai în schimb acele două beţe, picioarele aşa cum au oamenii. Şi ştiu că vrei să capeţi un suflet nemuritor, iar prinţul să te îndrăgească. Apoi vrăjitoarea se porni pe un hohot de râs, încât căzură de pe pieptul ei şarpele şi broasca râioasă. Ai venit la timp, căci de mâine, de la răsăritul soarelui, nu mai am puteri timp de un an. O să-ţi prepar o licoare magică, pe care ai s-o bei mâine, înainte de răsărit, când te vei duce pe uscat. Coada ta de peşte va dispărea şi, în locul ei, vei avea două beţe cărora oamenii le zic „picioare". Dar, bagă de seamă, căci vei avea o durere cumplită, ca şi când te taie cineva cu un fierăstrău. Pentru oameni vei fi o fiinţă deosebit de frumoasă, delicată şi vei avea un mers graţios. Însă la fiecare pas pe care-l vei face vei simţi o durere îngrozitoare, ca şi cum ai călca pe ceva foarte ascuţit. Dacă tu crezi că poţi îndura aşa ceva, eu mă învoiesc să te ajut.

— Da, vreau, răspunse mica sirenă cu glasul tremurând, dar cu gândul la prinţ şi la sufletul nemuritor.

— Să ţii minte însă, adăugă vrajitoarea, că odată ce capeţi înfăţişarea omenească, nu vei mai putea fi niciodată sirenă, nu vei mai putea coborî niciodată în adâncul mării şi nu-ţi vei mai putea vedea surorile şi castelul părintesc. Iar de nu-l vei face pe prinţ să te iubească din tot sufletul şi să se unească cu tine prin taina cununiei, nu vei căpăta un suflet nemuritor. Dacă prinţul o va lua pe alta de soţie, inima ta se va rupe, iar tu te vei transforma în spumă de mare.

— Mă învoiesc, îi răspunse copila parcă din ce în ce mai palidă.

— Numai că trebuie să îmi plăteşti şi mie. Nu e mare lucru ce-ţi cer. Vreau vocea ta. Ştiu că ai un glas fermecător, dar trebuie să mi-l dai mie în schimbul preţioasei licori. Va trebui să pun în ea sânge din sângele meu, ca să fie tăioasă precum o sabie cu două tăişuri.

— Dar mie ce-mi mai rămâne dacă-mi iei glasul? întrebă micuţa sirenă.

— Frumuseţea ta fermecătoare, mersul graţios şi ochii tăi pătrunzători. Cu aceste daruri vei încânta orice fiinţă omenească. Hai, fii curajoasă, scoate-ţi limba să ţi-o tai şi apoi vei primi licoarea.

— Bine, se învoi mica sirenă.

Vrăjitoarea se puse pe treabă. Luă un cazan mare şi-l curăţă cu ajutorul unui şarpe legat mănunchi. Apoi prepară licoarea în care picură câteva picături din sângele ei. Aburii se ridicau în forme înfiorătoare. Vrăjitoarea aruncă în cazan tot felul de ierburi, iar când fiertura începu să dea în clocot, din cazan se auzi un strigăt de crocodil. Licoarea fu gata şi deveni limpede precum apa de izvor.

— Acum poţi lua licoarea! îi zise vrăjitoarea micuţei, apoi îi tăie limba, lăsând-o mută, fără să mai poată vorbi sau cânta.

— Dacă vreunul din copacii mei va dori să te prindă cu braţele lui lungi, să arunci asupra lui câteva picături din licoare şi astfel degetele lui se vor sfărâma în mii de bucăţi.

Mica sirenă fu nevoită să facă acest lucru deoarece copacii se repeziră să o prindă cu toate braţele lor. Apoi înotă până la palatul tatălui său unde se aşternuse liniştea. Balul se sfârşise şi toată lumea acum dormea. Nu îndrăzni să intre, mai ales că ştia că-i va părăsi. Merse în grădina surorilor ei şi rupse din fiecare câte o floare.

Apoi trimise sărutări spre palat. Gândul că nu îi mai vedea vreodată o întristă, însă porni să înoate spre a-şi îndeplini visul.

Se ridică la suprafaţa apei, când soarele nu răsărise încă. Se afla lângă palatul prinţului şi urcă scările de marmură. Luase şi licoarea şi parcă un cuţit îi trecu prin tot corpul ei plăpând. Trupul ei fu străbătut de o durere cumplită şi căzu fără simţiri. Când soarele strălucea deasupra mării, îşi reveni. Acum se afla în faţa prinţului care o privea cu ochii lui negri. Era goală, însă se acoperise cu pletele lungi şi bogate. Se uită în jos şi observă cele două picioare graţioase.

Prinţul o întrebă cine este şi de unde a apărut. Ea îl privea cu ochii ei albaştri, însă nu putea vorbi. Avea în privire tristeţe amestecată cu blândeţe şi delicateţe.

Prinţul o luă de mână şi o duse în palat. Fiecare pas pe care îl făcea ea îi provoca durere, dar o îndura cu bucurie pentru că acum era lângă prinţul cel chipeş. El porunci să-i fie aduse haine fine de mătase. Toată lumea din palat o admira pentru frumuseţea ei rară, pentru mersul ei graţios şi elegant. Însă nu putea vorbi.

Roabe frumoase, îmbrăcate în straie fine de aur veneau să cânte şi să danseze la castel pentru prinţ şi pentru părinţii lui, împăratul şi împărăteasa. Una dintre ele cânta cel mai frumos, iar prinţul o admira şi îi zâmbea. Pe mica sirenă o întristă acest lucru. „Oh, dacă ar şti prinţul ce glas frumos am avut şi că l-am pierdut numai să fiu acum cu el!“ Când roabele începură să danseze, mica sirenă se ridică, se înălţă pe vârful picioarelor şi începu şi ea să dănţuiască atât de frumos de parcă plutea. Şi ori de câte ori atingea pământul, o străfulgerea durerea.

Toţi cei de la palat fuseră vrăjiţi de fata cea necunoscută, dar mai ales prinţul, căci el o găsise. Era nespus de încântat de ea şi de aceea se hotărâră să o găzduiască pentru totdeauna. Îi dărui o pernă mare de catifea pe care să doarmă în faţa uşii lui. De asemenea, prinţul porunci să i se facă haine de călărie, ca să poată merge cu el călare. Se plimbă cu el prin păduri cu copaci înmiresmaţi, prin munţi înalţi şi chiar dacă picioarele îi sângerau de durere, ea îl urmă prin cele mai frumoase locuri.

Noaptea, pe când toată lumea dormea, fata cobora scările de marmură şi-şi răcorea picioarele în mare, căci o ardeau de durere. Şi se gândea la surorile ei dragi şi la împărăţia din adâncul mării.

Într-o noapte ieşiră la suprafaţa apei surorile ei ţinându-se de mână. Cântau un cântec trist. Le era tare dor de sora cea mică. Aceasta le văzu şi le făcu cu mâna. Ele o recunoscură şi-i povestiră ce mâhniţi au fost cu toţii pentru că plecase de la palatul mării şi nu mai ştiau nimic de ea. De atunci fata ieşi în fiecare noapte să se întâlnească cu surorile ei. O dată o văzu şi pe bunica ei care înota pe deasupra apei. De mult nu mai făcuse acest lucru, şi-l văzu şi pe tatăl ei, cu coroana împărătească pe cap.

Îşi întinseră braţele spre ea, dar nu aveau curajul să se apropie aşa mult de mal.

Pe zi ce trecea, prinţul prindea mai mult drag de micuţa sirenă. Însă o iubea ca pe o soră, o săruta pe frunte şi se gândea la ea ca la un copil bun şi cuminte. Nu-i trecea prin cap s-o ia de soţie. Iar aceasta aştepta ca să poată căpăta suflet nemuritor şi să nu se prefacă în spuma mării dacă prinţul se va căsători cu o altă fată.

— Aşa-i că-ţi sunt dragă şi mă iubeşti mai mult decât pe oricine altcineva? păreau să întrebe ochii micii sirene când acesta o mângâia pe frunte.

— Da, aşa este, îi răspundea prinţul, care îi înţelegea întrebarea, tu eşti o fată bună la suflet şi-mi eşti mereu alături. Semeni cu fata pe care eu o iubesc nespus de mult. Am întâlnit-o de mult, şi nu ştiu dacă o voi mai vedea vreodată. Când corabia în care mă aflam s-a scufundat, valurile m-au adus la mal într-un lăcaş unde trăiau multe fete. Cea mai tânără m-a salvat, căci eram aproape mort şi, deşi am văzut-o doar de două ori, o iubesc din toată inima. Însă Dumnezeu mi te-a scos în cale şi aproape am uitat de ea. Semeni tare mult cu acea fată.

„Vai, îşi spuse în gând micuţa sirenă, prinţul nu ştie că eu sunt cea care l-am salvat din marea zbuciumată şi l-am adus la mal. Acea fată e sortită să rămână în templu şi nu are cum să se mai întâlnească vreodată. Eu sunt acum aici, lângă el, îl iubesc şi mi-aş da şi viaţa pentru el!"

La scurt timp se zvoni că prinţul urma să se însoare cu o prinţesă din ţinutul vecin şi se pregăti o corabie frumoasă.

— Voi merge să o văd pe prinţesă, îi spuse el micii sirene. Eu nu doresc să mă însor, este doar dorinţa părinţilor mei. Nu-mi este dragă, căci nu e la fel ca fata de la templu cu care semeni tu. Mai degrabă m-aş căsători cu tine, căci ochii tăi grăiesc mai mult decât cuvintele. O mângâie pe frunte şi o sărută, iar în inima copilei apăru speranţa că poate avea parte de fericire şi de un suflet fără de moarte.

— Sper că nu-ţi este frică de mare, draga mea copilă fără grai! îi spuse prinţul în timp ce se suiau amândoi în corabia care-i ducea pe tărâmul vecin.

Şi prinţul începu a-i povesti fetei despre tot ce ascundea marea, cum sunt peştii din adâncuri, cum sunt valurile pe timp de furtună.

Iar micuţa îl asculta cu zâmbetul pe buze. Căci cine ştia mai bine decât ea cum era în adâncul mării?

Noaptea, la lumina strălucitoare a lunii, pe când toţi de pe corabie dormeau, mica sirenă ieşi pe punte şi privi în apă. I se păru că-l vede pe tatăl ei cu coroana pe cap, apoi pe buna ei bunică. Apărură la suprafaţa apei şi surorile ei care o priviră şi ea le zâmbi, arătându-le cât e de fericită. Dar un om se ivi pe corabie şi ele se lăsară repede pe fundul mării, astfel că el crezu că este doar spuma mării.

Dimineaţa următoare corabia ajunse în portul din regatul vecin. Clopotele bisericilor anunţau venirea prinţului. Se dădeau baluri şi petreceri în cinstea lui, dar domniţa nu era în cetate. Se spunea că era într-un templu unde o trimiseră părinţii să înveţe cum să se poarte o viitoare împărăteasă. În sfârşit sosi şi ea.

Mica sirenă era nerăbdătoare să o vadă. Prinţesa era frumoasă, avea pielea catifelată şi ochii albaştri şi senini. Micuţa trebui să recunoască că într-adevăr prinţesa avea o frumuseţe rară.

— Tu eşti fata care m-a salvat de la moarte! strigă prinţul când o văzu. O strânse la piept de bucurie şi o sărută. Mi s-a îndeplinit dorinţa de a te revedea!

Apoi se îndreptă către micuţa sirenă şi-i spuse:

— Sunt nespus de fericit! Vreau să te bucuri alături de mine, fiindcă nimeni nu a fost aşa de sincer şi devotat ca tine!

Mica sirenă, plină de durere, îi sărută mâna. Ştia că după nunta lui ea se va transforma în spumă de mare...

Oraşul era în sărbătoare. Clopotele bisericilor băteau, iar crainicii colindau străzile anunţând logodna prinţului. Mirele şi mireasa, mână în mână, primiră binecuvântarea episcopului. Micuţa sirenă, îmbrăcată în straie de mătase şi aur, duse trena miresei. Tristă, îngândurată, nici nu auzi muzica de sărbătoare şi slujba de cununie. Ştia că i se apropie sfârşitul.

Corabia fu împodobită în cinstea mirilor. În mijlocul ei fusese ridicat un cort mic din aur, plin de perne şi saltele fine, în care aveau să-şi petreacă noaptea mirii.

La lăsarea serii corabia se lumină cu felinare colorate, iar lumea dansa veselă pe punte.

Mica sirenă îşi aminti de prima ei ieşire la suprafaţa mării, când văzuse corabia prinţului în plină sărbătoare, ca şi acum.

Intră şi ea în dansul acela ameţitor, plutind ca o rândunică prin aer. Toţi o aplaudau şi o admirau. Era graţioasă şi delicată, precum o balerină. Picioarele o dureau cumplit, însă nu-i păsa. Durerea din inima ei era mult mai mare. Ştia că trăia ultimele clipe alături de cel pentru care îşi părăsise familia şi îşi pierduse glasul ei fermecător, şi îndurase chinuri groaznice, fără ca măcar el să ştie din toate acestea. Era ultima noapte când mai respira acelaşi aer cu el, în care mai putea privi cerul plin de stele strălucitoare şi marea cea adâncă. Urma să vină întunericul fără sfârşit. Nu va mai putea avea niciodată suflet nemuritor, aşa cum îşi dorise nespus de mult. Gândul că va muri pătrunse în inima ei.

Prinţul îşi sărută mireasa fericit, iar aceasta îi mângâie părul negru ca abanosul. Împreună merseră în cortul special pregătit pentru ei.

Acum era linişte pe corabie. Doar cârmaciul şi mica sirenă mai erau pe punte. Fata merse la marginea corabiei şi-şi sprijini braţele pe parapet, privind răsăritul. Ştia că prima rază de soare îi va aduce sfârşitul. Aşa-i spuse vrăjitoarea. Dar deodată le văzu pe surorile ei ieşind din mare. Erau palide la faţă, iar părul nu le mai flutura în vânt. Şi-l tăiaseră.

— I-am dat vrăjitoarei pletele noastre, îi ziseră surorile, ca să te ajute să nu mori în zori. Şi ea ne-a dat un cuţit foarte ascuţit. Înainte de răsăritul soarelui mergi la prinţ şi străpunge-i inima cu el! Când sângele lui cald va picura peste picioarele tale, ele se vor transforma din nou în coadă de peşte, iar tu vei redeveni sirenă. Te vei putea întoarce în adâncul mării şi vei trăi alături de noi trei sute de ani, apoi te vei preschimba în spumă de mare. Hai, omoară-l pe prinţ înainte să răsară soarele şi întoarce-te la noi căci bunica, de dorul tău, își pierde părul, așa cum noi l-am tăiat sub foarfecele vrăjitoarei!

Zicând acestea, sirenele surori se pierdură în valuri. Mica sirenă merse la cortul unde se odihneau prințul și mireasa lui. Privi chipul frumos al prințului ce rostea prin vis numele miresei lui. Îl sărută pe frunte și se uită la cuțitul ascuțit. Apoi din nou îl privi pe prinț, iar cuțitul îi tremura în mână. Deodată îl aruncă cu o mișcare rapidă în valuri, departe. În locul în care căzu cuțitul, apa se înroși și împrăștie stropi ce păreau a fi picături de sânge. Îl privi cu multă dragoste pe prinț, apoi se aruncă în mare. Simți cum corpul i se topește în spuma mării.

Soarele, cu razele lui calde și blânde, apăru din mare peste spuma rece. Sirena nu mai simțea că moare.

Vedea cum soarele strălucește, iar în jurul ei pluteau ființe nespus de frumoase, vedea printre ele pânzele albe ale corabiei, norii roșiatici pe cer. Aveau un glas melodios, care nu-l poți auzi la o ființă omenească. Nu aveau aripi, dar pluteau prin văzduh. Mica sirenă observă că și ea are un corp la fel ca al lor și că se înalță tot mai mult din spumă.

— Unde mă duc? întrebă ea. Iar glasul ei îi răsuna ca și a celor de lângă ea, diafan, și era frumos, încât nimic nu s-ar fi măsurat cu el.

— Ai ajuns la fiicele văzduhului, îi răspunseră acele năluci. O sirenă nu poate avea un suflet nemuritor. Ea îl poate primi numai dacă reușește să câștige dragostea unui nemuritor. Fiicele văzduhului nu au un suflet nemuritor, dar îl poate obține prin fapte bune. Așa că mergem în țările calde și aducem oamenilor răcoarea. Purtăm prin văzduh parfumul florilor și aerul curat ce le aduce oamenilor sănătatea. Și, după trei sute de ani în care ne chinuim să facem fapte bune, primim un suflet nemuritor și ne bucurăm și noi de fericirea de care au parte doar oamenii.

Tu, micuţă sirenă, ai trecut prin mute chinuri, ai îndurat mari suferinţe, însă datorită faptelor tale bune te-ai preschimbat într-o nălucă şi vei primi un suflet nemuritor după trei sute de ani.

Mica sirenă privi spre cer, şi pentru prima dată simţi lacrimi în ochi.

Pe corabie începu iarăşi mişcarea şi gălăgia. Mica sirenă îl văzu pe prinţ şi pe mireasa lui cum o caută pe vas. Văzu cum privea trist spuma mării de parcă ar fi ştiut că se aruncase în valuri. Nevăzută, îşi luă rămas bun de la ei, apoi se sui pe un nor, la fel ca şi celelalte fiice ale văzduhului, fericită că tot astfel va pluti spre rai peste trei sute de ani.

Crăiasa Zăpezii

Prima poveste
Despre o oglindă şi cioburile ei

Trebuie să citiţi cu atenţie această poveste, căci la sfârşitul ei veţi şti mult mai multe decât ştiţi acum despre un diavol, o întruchipare a spiritului rău, un adevărat demon.

Cică într-o zi se puse el pe treabă. Şi ce credeţi că meşteri? O oglindă ce avea puterea ca tot ceea ce se oglindea în ea să devină urât, rău, schimonosit, deşi era bun şi frumos. Astfel că, priveliştile minunate ale naturii deveneau nişte monstruozităţi, oamenii corecţi, miloşi, înţelepţi se transformau în nişte pocitanii rele şi crude. Chipurile erau de nerecunoscut, păreau strâmbe, pe dos, cu picioarele în sus. Acest lucru îl mulţumea tare pe drac, era încântat de isprava lui şi chiar făcea haz de ea.

— Dar ştii că-mi place? îşi tot zicea dracul satisfăcut.

Dacă prin mintea omului se ivea vreun gând bun şi cuminte, oglinda tremura, se încreţea, şi-l transforma pe om într-o arătare.

Iar acest drac avea chiar şi o şcoală, iar cei ce veneau la ea povesteau despre minunăţiile pe care le vedeau acolo, spunând că, pentru prima oară se puteau vedea oamenii aşa cum sunt ei de fapt.

Mergeau cu oglinda peste tot în lume, nu rămăsese niciun om care să nu se fi văzut strâmb în această oglindă, zburară cu ea chiar până sus la ceruri ca să vadă şi îngerii şi Dumnezeu. Dar iată că, într-un final, oglinda alunecă din mâna dracilor. Căzu pe jos, se sparse şi se făcu ţăndări. Şi câte ţăndări, atâtea nenorociri în lume. Unele cioburi ale oglinzii erau mărunte ca nisipul. Vântul le luă şi le împrăştie în întrega lume, peste fiecare ţară.

La mulţi oameni le-a intrat în ochi, astfel că ei vedeau totul urât, strâmb. Fiecare fărâmă de oglindă avea aceeaşi putere ca oglinda întreagă. Unele cioburi au ajuns chiar şi în inima oamenilor, transformându-i în fiinţe reci şi crude.

Unii şi-au făcut ochelari din bucăţile mai mari de oglindă, iar acum râdeau precum dracul când se priveau în oglindă.

Văzând toate lucrurile astea, dracul rânjea de pozna pe care a făcut-o.

Şi-n acest timp vântul tot mai împrăştia bucăţele ale oglinzii, iar acum veţi vedea ce s-a întâmplat mai departe...

A doua poveste
Despre un băiețel și o fetiță

Într-un oraș mare, cu multe case și oameni, nu toată lumea poate avea o grădină. Mulți se mulțumesc să aibă la fereastră chiar și câteva ghivece cu flori. Într-unul dintre aceste orașe, trăiau doi copii sărmani, un băiețel pe nume Key și o fetiță pe nume Gerda. Nu erau frați, dar țineau tare unul la celălalt. Părinții lor locuiau în două mansarde ale unor case învecinate, foarte aproape una de alta. Streașinile aproape că se atingeau și fără nici o primejdie puteai trece de la o casă la cealaltă.

Fiecare familie avea la fereastră câte o lădiță cu pământ în care creștea câte un trandafir, iar în umbra lui răsăreau în voie tot felul de ierburi aromate.

Părinții s-au gândit să așeze cele două lădițe astfel încât să unească mansardele. Era o minunăție să vezi cum trandafirii își unesc crengile lor.

Pentru că lădițele erau așezate destul de sus, copiii nu puteau ajunge la ele, însă se jucau bucuroși sub bolta făcută de trandafiri. Erau veseli și plini de viață.

Pentru a fi împreună, vara era de ajuns o singură săritură de la o fereastră la cealaltă. Dar iarna toate aceste plăceri se sfârșeau. Trebuiau să urce și să coboare scările lungi pentru a ieși afară în zăpadă. Geamurile erau înghețate, iar copiii încălzeau bănuți de aramă pe sobă și îi puneau așa calzi pe geamul înghețat; se forma un mic orificiu prin care ei se puteau vedea și tare mult se mai distrau privindu-și ochii strălucitori.

Acum era într-o iarnă geroasă, iar afară ningea necontenit.

— Privește albinele albe! spuse bunica.

— Dar ele oare au regina lor? întrebă curios Kay, care știa că albinele adevărate au regină.

— Bineînţeles, răspunse bunica. Ea este cea mai mare dintre toate. Neobosită parcă, zboară sus până la nori. Iar noaptea vine deasupra oraşului şi priveşte înăuntru pe ferestre, care pe loc îngheaţă şi se acoperă cu flori.

— Da, aşa e, le-am văzut şi noi, încredinţară copiii, convinşi că într-adevăr şi ei le văzuseră.

— Dar oare Crăiasa Zăpezii poate intra şi la noi în casă? întrebă fetiţa.

— Dacă vine, zise băieţelul, o pun pe sobă şi îndată se topeşte.

Bunica îl atinse pe cap în semn de dragoste şi-şi continuă frumoasele ei poveşti.

În acea seară, Key era gata de culcare, dar mai întâi se duse la fereastră şi privi afară prin micul orificiu făcut de gologanul încălzit pe sobă.

Încă mai cădeau câţiva fulgi de nea, iar cel mai mare dintre ei se aşeză frumos pe marginea lădiţei cu flori.

Fulgul începu să crească tot mai mare şi mai mare, până deveni o adevărată femeie îmbrăcată într-o rochie de voal alb, pe care străluceau mii de fulgi de zăpadă în formă de stele. Era blondă, graţioasă, plină de farmec, delicată, însă toată numai de gheaţă. Doar ochii plini de viaţă îi luminau faţa precum luceferii pe cer. Ea se întoarse spre fereastră şi-i făcu un semn băiatului. Acesta se sperie şi sări de pe scaun. Atunci se auzi un zgomot afară, ca şi când ar fi trecut o pasăre mare pe lângă fereastră, atingând-o cu aripile ei.

În ziua următoare gheaţa se topi şi curând sosi primăvara. Soarele strălucea din ce în ce mai puternic încălzind pământul. Totul era acum verde, iar copacii înfloriţi; rândunelele îşi căutau loc pe sub jgheaburi să îşi facă cuiburi. Ferestrele acum se deschideau largi, iar cei doi copii se întâlneau din nou în grădiniţa lor de pe casă, sus, deasupra tuturor. Şi cât de frumos înfloriseră acum trandafirii! Fetiţa învăţase chiar şi un cântecel despre ei, pe care acum îl cântau împreună. Se prindeau de mâini, sărutau trandafirii şi se bucurau de lumina soarelui la care priveau ca şi când ar fi fost Isus.

Cât de încărcaţi erau trandafirii de flori, aşa de frumoase erau acele zile! Iar copiii se bucurau la umbra lor. Acum răsfoiau o carte cu poze, unde erau tot felul de animale, păsări şi fluturaşi viu coloraţi. Ceasul din turnul bisericii bătu ora douăsprezece, iar Key strigă deodată:

— Ceva mi-a atins inima!

Imediat după aceea adăugă speriat:

— Iar în ochi mi-a intrat ceva!

Fetiţa îi luă capul între palme, se uită în ochii lui, dar nu observă nimic.

— Eu nu văd nimic, zise Gerda.

— Poate a ieşit, adăugă băiatul.

Dar nu dispăruse, pentru că era chiar una din fărâmiţele oglinzii magice, despre care v-am vorbit la începutul povestirii. Oglinda aceea blestemată care făcea ca tot ce era frumos şi bun să pară urât şi rău. Tocmai el, bietul Key, avusese parte de un asemenea ghinion. Inima lui se transformă într-o bucată de gheaţă. Nu mai simţea durere. În el intrase Răul.

— Şi acum de ce plângi? îi spuse fetiţei. Nu am nimic. Iar plânsul te face urâtă. Ia priveşte! Strigă deodată. Trandafirii sunt mâncaţi de viermi. Şi lovi cu piciorul în lădiţe şi smulse cu răutate cei doi trandafiri.

— Hei, Key, dar ce faci? strigă fetiţa îngrozită de ce vedea.

Băiatul smulse un alt trandafir şi plecă de lângă Gerda fără să-i spună un cuvânt. Apoi aduse cartea cu poze despre care începuse să spună numai lucruri urâte şi caraghioase.

Începuse să se poarte din ce în ce mai grosolan, şi asta numai din cauza oglinzii blestemate...

Chiar și când bunica le spunea povești, el o întrerupea obraznic, schimonosindu-se în spatele ei. Și din ce în ce mai des imita oamenii de pe stradă într-un mod foarte neplăcut, iar aceștia nu-l luau în seamă, râdeau și spuneau: „Băiatul are haz și e chiar înzestrat!"

Răceala din inimă și bucățica de oglindă din ochii lui îl făceau să devină nesuferit și respingător. O necăjea mereu pe micuța Gerda, care îl iubea din toată ființa ei. Nici jocurile lor nu mai erau la fel de copilărești ca înainte.

Într-o zi de iarnă, pe când afară ningea, își întinse hăinuța să prindă cu ea câțiva fulgi de nea. Apoi îi dădu Gerdei o bucată de sticlă și-i zise:

— Ia privește prin ea!

Fata vedea fulgii ca niște flori frumoase și strălucitoare!

— Vezi? E mult mai plăcut să te uiți la fulgi decât la niște flori adevărate! N-au nici un cusur, doar că până la urmă se topesc!

După un timp, Key luă sania în spinare și strigă în sus pe scări spre Gerda:

— Eu plec în piața mare unde se joacă toți băieții! Și nepăsându-i de prietena lui, plecă în goană.

Ajuns în piața cea mare, Key și tovarășii lui legau săniile la căruțele țăranilor care-i trăgeau o bucată de drum. Era tare distractiv. Dar, tocmai în toiul jocului, în piață își făcu apariția o sanie mare, albă, iar în ea stătea cineva îmbrăcat în blănuri albe, iar pe cap cu o căciulă tot din blană albă.

Sania dădu ocol pieții de două ori, iar Key își legă săniuța de ea, așa că acum se plimba și el cu ea.

Sania aluneca tot mai repede și se îndrepta către strada următoare. Iar omul care o conducea se întoarse către Key zâmbind ca și când ar fi o veche cunoștință. Băiatul voia să-și dezlege săniuța lui căci se cam îndepărtase de piaţă, însă omul îi făcea semn, aşa că rămase pe loc.

Şi iată că ieşiră din oraş şi încă mai înaintau. Începuse să ningă atât de tare, că băiatul nu mai vedea nici la doi paşi de el.

Îl cuprinse frica, dorea să se dezlege de sania cea albă, însă nu reuşea. Omul mergea repede ca vântul. Începu să strige, dar nimeni nu-l auzea.

Din când în când săreau peste hopuri, băiatul înspăimântat încerca să se roage, dar nu-şi amintea nici o rugăciune. Se trezea spunând tabla înmulţirii şi tare înfricoşat mai era.

Fulgii de zăpadă cădeau tot mai mari şi mai deşi. Deodată sania cea albă se opri, iar blănurile se desfăcură şi din ele ieşi o doamnă deosebită, albă, cu părul blond şi înaltă. Era Crăiasa Zăpezii.

— Hai că am mers repede şi bine, spuse ea. Hei, dar ce-i cu tine? Văd că tremuri. Vino lângă mine şi înveleşte-te cu blana mea cea caldă!

Dar băiatului i se păru că se scufundă într-un val de zăpadă.

— Îţi mai este frig acum? întrebă ea sărutându-l pe frunte. Sărutul ei îl simţi mai rece decât gheaţa şi-i pătrunse până în inima lui care era pe jumătate îngheţată.

Curând se simţi mai bine şi nu mai simţi frigul atât de tare.

— Dar unde-i sania mea? întrebă Key. Apoi văzu că era legată de un fulg mare de nea.

Crăiasa Zăpezii îl sărută iarăşi pe băiat , iar el uită şi de Gerda şi de bunica lui, de tot ce lăsase acasă.

— De acum n-am să te mai sărut! Sărutul meu te poate omorî! zise Crăiasa.

Key o privi şi observă cât de frumoasă era. Nu mai văzuse niciodată pe cineva care să fie atât de încântătoare privirii! Acum parcă nu mai era de gheaţă ca atunci când îi făcuse cu mâna la fereastră. Nici frică nu-i mai era de ea. Îi spuse că a învățat tabla înmulțirii, că știe a socoti și că știe ce suprafață și câți locuitori are țara lui. Crăiasa zâmbea ascultându-l. Lui i se părea că încă nu cunoaște destule lucruri.

Cu timpul a deprins să zboare cu Crăiasa în înaltul cerului, către norii negri. Furtuna urla ca o melodie sălbatică, străveche, suflând flori de gheață peste pământ.

Zbură peste păduri întinse, lacuri, peste mări și țări. Sub ei vântul șuiera, lupii urlau, suflau uraganele, iar deasupra corbii cei negri croncăneau. Luna răsărea mereu, mai sus, în înaltul cerului, luminoasă și strălucitoare și astfel trecu peste Key lunga noapte de iarnă, iar zorii zilei îl găsiră adormit la picioarele Crăiesei Zăpezii.

A treia poveste
Vrăjitoarea din grădina cu flori

Dar în acest timp ce făcea Gerda? Key nu se mai întorsese și nimeni nu știa nimic de el. Doar un băiețel povestea cum Key își legase sania de o alta, mare și albă și plecase cu ea departe, dincolo de poarta orașului. Nimeni nu știa mai mult. Multe lacrimi se vărsaseră după el, iar Gerda plânsese amarnic. Se gândea că poate a murit, că se înecase în râul de lângă școală.

Și iar se pornea pe plâns. Inima îi era sfâșiată de durere. Iernile erau lungi și triste.

Veni primăvara, cu soarele ei cald și blând. Însă Gerda tot plină de durere era.

— Key a murit, nu mai e printre noi – îi spuse ea Soarelui.

— Eu nu cred, răspunse Raza-de-Soare.

— S-a dus și n-am să-l mai văd niciodată! le spuse și vrăbiilor.

— Nici noi nu credem! grăiră ele.

Micuţa Gerda începuse să nu mai creadă că a murit Key. O licărire de speranţă se ivi în sufletul ei.

„Am să mă încalţ în pantofiorii mei roşii şi noi – îşi spuse într-o dimineaţă – aceia pe care Key nu-i cunoaşte, şi apoi voi merge la râu. Am să întreb apa dacă ştie ceva de el."

Se duse la bunica ei care dormea, o sărută pe frunte, se încălţă cu pantofiorii roşii şi porni singurică către râu.

Ajunse pe malul râului, dincolo de poarta oraşului şi întrebă apa:

— Tu l-ai luat de lângă mine pe bunul meu prieten, Key? Dacă-mi spui adevărul îţi voi da pantofiorii mei cei roşii la care ţin nespus de mult!

Valurile s-au mişcat neobişnuit către ea. Fetiţa se descălţă şi aruncă în apă pantofiorii, dar ei căzură prea aproape. Valurile îi aruncară înapoi, parcă nu ar fi vrut să ia ceva de la ea, la care ţinea atât de mult, mai ales că nu putea spune nimic despre Key.

Gerda înţelese că nu aruncase cu destulă putere pantofiorii, aşa că se urcă într-o barcă ascunsă în stufăriş şi aruncă din nou pantofiorii în apă. Însă barca nu era legată şi alunecă cu ea îndepărtându-se de mal. Gerda se repezi să sară înapoi pe uscat, dar deja era departe şi barca înainta pe râu cu repeziciune.

Speriată, micuţa începu să strige după ajutor, dar nimeni nu o auzea. Doar vrăbiile, însă ele nu aveau putere să o ducă spre mal. Însă căutau să o liniştească.

Şi barca se tot ducea împinsă de curent. Acum micuţa Gerda nici nu mai putea să plângă, stătea nemişcată, având în picioare doar ciorăpeii. Pantofiorii ei cei roşii pluteau pe apă, însă nu putea ajunge la ei pentru că barca mergea prea repede.

Fetiţa privea în jur malurile unde creşteau flori multicolore, copacii bătrâni, dealurile înverzite pe care păşteau oile şi vacile. Dar nu se vedea nici măcar un om.

Fetiţa se gândea că, cine ştie? Poate barca o duce către micul ei prieten, Key. Şi aşa se mai înveselea ridicându-şi capul şi privind spre malurile înverzite.

La un moment dat ajunse la o livadă cu cireşi. Printre pomi se zări o căsuţă mică, cam ciudată, roşie, cu ferestre colorate în albastru, roşu şi verde. Acoperişul era din paie, iar la uşă doi soldaţi de lemn care păreau că salută cu arma în mână. Fetiţa crezu că sunt vii şi le ceru să-i vină în ajutor. Dar ei nici nu se mişcară, însă barca se îndreptă spre mal. Gerda strigă şi mai tare, ca să fie auzită. Atunci, din casă ieşi o bătrână cocoşată ce se sprijinea de o cârjă. Pe cap avea o pălărie mare, împodobită cu flori.

Bătrâna intră în apă întinse cârja şi trase barca. Văzându-se din nou cu picioarele pe pământ, Gerda simţi o mare fericire, însă îi era cam teamă de bătrână.

— Ce-i cu tine, fetiţo? Cine eşti şi cum de ai plecat aşa singură prin lumea largă?

Gerda îi povesti totul în timp ce bătrâna asculta cu atenţie zicând din când în când: „Hm – hm“. Când termină, fetiţa o întrebă pe bătrână dacă nu cumva l-a văzut pe micul Key, iar ea răspunse că nu trecuse pe acolo, însă cu siguranţă va trece. O îndemnă pe fetiţă să nu mai sufere şi să-şi alunge tristeţea, să guste din cireşe şi să admire minunatele ei flori.

— Priveşte florile, sunt mai frumoase decât cele din cărţile cu poze! Iar eu le-am învăţat pe fiecare să spună o poveste.

Bătrâna o duse pe fetiţă în casă şi închise uşa în urma ei. Ferestrele erau sus, departe de pământ şi cum erau ele vopsite în roşu, albastru şi verde lumina zilei strălucea prin ele în culori deosebite.

Pe masă erau puse într-un coş, cireşe de o frumuseţe rară, iar fetiţa putea mânca în voie.

În timp ce fetiţa mânca cireşe, bătrâna îi pieptăna părul bălai de o parte şi de alta a feţei.

— De mult mi-am dorit o fetiţă ca tine, îi spuse bătrâna. Ai să rămâi cu mine şi vei vedea ce bine va fi şi ce fericite vom trăi împreună.

Şi în timp ce trecea cu pieptenele de aur prin părul fetiţei, aceasta îşi aminti tot mai puţin de Key, pentru că bătrâna era o vrăjitoare, dar nu din cele rele, ea făcea vrăji numai aşa, să-i treacă de urât şi să se distreze. Acum voia nespus de mult să o păstreze pe Gerda la ea, căci deja o îndrăgise.

Se duse în grădină şi atinse cu cârja toţi trandafirii, iar aceştia, pe dată intrară în pământ.

Bătrânei îi era teamă ca fetiţa, văzând trandafirii, să-şi aducă aminte de casă şi de Key, ca apoi să nu o apuce dorul şi să fugă de acolo. Apoi o duse pe Gerda în grădina cu flori, acum fără nici un trandafir.

Dar ce minunăţie de grădină! Şi ce parfumuri îmbătătoare prin aer! Aici găseai nenumărate flori multicolore, ce creşteau în fiecare anotimp al anului. Într-adevăr, nici o carte cu poze nu putea să aibă atâtea culori şi atâtea frumuseţi! Gerda era fericită. Se juca plină de bucurie printre straturile de flori sub strălucirea caldă a a soarelui Când soarele apuse, fetiţa merse la culcare. Bătrâna o aşeză într-un pat minunat cu pernuţe de mătase roşie brodate cu violete. Gerda adormi liniştită şi intră în lumea viselor.

A doua zi, dar şi în următoarele, fetiţa se juca cu minunatele flori în ploaia razelor de soare. Cunoştea fiecare floare, deşi erau nenumărate, însă fetiţei i se păru că lipseşte una. Dar nu-şi dădea seama care anume.

Într-o zi, privi cu atenţie pălăria bătrânei împodobită cu flori multicolore. Observă că cea mai elegantă şi distinsă dintre flori era un trandafir. Bătrâna uitase să-l dea jos atunci când îngropase în pământ toţi trandafirii din grădină. Chiar scăpase din vedere acest lucru.

— Dar în grădina asta nu cresc trandafiri? se întrebă mirată Gerda şi porni îndată într-acolo. Căută cu atenţie printre straturile de flori şi nu găsi nici un trandafir. Se puse pe plâns. Una din lacrimi căzu chiar pe locul unde bătrâna afundase tufele de trandafiri. În acel moment răsări trandafirul, la fel de fumos şi înfloritor ca-n ziua în care fusese îngropat de bătrână. De bucurie, Gerda îmbrăţişă şi sărută trandafirii, aducându-şi din nou aminte de casă şi de micul ei prieten, Key.

— Vai de mine, eu aici am fost o prizonieră! îşi zise fetiţa. Plecasem în căutarea lui Key. Voi, trandafirilor, ştiţi unde este el? Oare este mort?

— Nu, n-a murit, răspunseră trandafirii. Cât am stat sub pământ, unde sunt toţi morţii, pe el nu l-am întâlnit.

— Vă mulţumesc din suflet! Mi-aţi dat o veste bună! spuse micuţa.

Apoi se îndreptă către celelalte flori, se opri la fiecare, întrebând.

— Dar voi ştiţi unde este prietenul meu Key?

Fiecare floare îşi depăna propria-i poveste la care visa sub soarele cald. Însă nici una nu auzise şi nu-l văzuse pe Key.

— Ia ascultă, fetiţă dragă – spuse crinul. Auzi tobele? Bum-bum! Se aud tot timpul numai două note, bum–bum!, mereu aceleaşi. Auzi bocetul văduvei și strigătul popii? Iat-o pe văduva indiană îmbrăcată în mantaua ei roşie stând lângă rug. Flăcările încep să se înalţe în jurul ei şi-n jurul trupului soţului ei. Văduva se gândește numai la fiul ei care a aprins rugul cu mâna lui. Ochii lui strălucitori îi tulbură inima şi aşa plină de durere. Oare poate focul rugului să stingă focul inimii?

— Dar nu te înţeleg! îi răspunse Gerda.

— Este doar povestea mea, zise crinul.

Rochiţa-rândunicii îşi începu şi ea povestea:

— Acolo, pe drumul cel îngust, se înălţa un vechi castel. Zidurile sălbatice şi neîngrijite erau cuprinse de o iederă deasă, până la balconul unde veghea o preafrumoasă fată. Fata se aplecă peste marginea balconului şi privi drumul în zare. Nici un trandafir pe lumea asta nu era mai gingaş şi mai neasemuit decât ea şi nici florile de măr purtate de vânt nu pluteau aşa uşor precum era mersul ei. Rochia de mătase foşnea când se apleca peste balcon, iar glasul ei se auzi întrebând: „Oare va veni?"

— Vorbeşti de Key?

— O, nu, e doar o povestioară din visul meu, răspunse floarea.

Dar ghiocelul ce spuse?

— Între doi copaci atârna o frânghie şi o scândură. Era un leagăn în care se dădeau două fetiţe minunate, cu rochii albe ca zăpada şi panglici de aur la pălării ce le fluturau în vânt. Fratele lor mai mare le dădea în leagăn. El avea în mână o cupă, iar în cealaltă, o ţeavă. Făcea baloane de săpun. În vreme ce leagănul sălta, baloanele de săpun zburau în aer, oglindind frumoase culori. Iată şi un balon la capătul ţevii, pe care-l clatină vântul precum şi un căţeluş mic şi negru care tare mult ar dori să urce şi el în leagăn, dar leagănul nu se opreşte. Se înfurie şi latră. Copiii îl întărâtă, iar baloanele de săpun se sparg spre el. Un leagăn, nişte copii veseli, un câine şi nişte balonaşe de săpun strălucitoare în soare, iată povestea mea.

— E frumos ce-mi spui, dragă ghiocelule, dar povestea ta nu e tristă şi nu pomeneşte nimic de Key în ea.

Ghiocelul a tăcut şi au început zambilele să povestească.

Erau odată trei surori frumoase ca lumina zilei. Aveau părul blond şi erau îmbrăcate în rochii de voal. Una avea rochia roşie, alta albastră, iar a treia, albă ca zăpada.

Şi la venirea nopţii, sub strălucirea lunii, dansau ţinându-se de mână, pe malul lacului. Ele nu erau zâne, ci fiinţe omeneşti. Mireasma pădurii le atrăgea şi le chema pe fete în inima codrului. Aici, deodată, deveniră nevăzute. Ce s-a întâmplat? Ce nenorocire a dat peste ele? Ce e cu aceste trei sicrie lunecând pe loc dinspre desişul pădurii? Deasupra lor zburau licuricii ca nişte torţe plutitoare. Oare fetele sunt adormite sau au murit? Mireasma pădurii ne spune că sunt moarte. Seara se aud din depărtare clopotele.

— Dar m-aţi îndurerat cu povestea voastră, dragi zambile! Oare Key este mort precum fetele voastre? Trandafirii care au fost sub pământ mi-au spus că el nu este acolo.

— Cling-cling! sunară clopoţeii zambilelor. Clinchetul nostru nu este pentru Key. Nu l-am văzut şi nu am auzit de el. Noi atât ştim să cântăm: cling-cling!

Gerda o întrebă apoi pe Gura-Leului, care înflorea în iarbă:

— Străluceşti atât de frumos acolo, îi zise ea. Îmi poţi spune unde este prietenul meu Key?

Gura-Leului cântă un cântec plin de voioşie, dar nu pomenea nimic de Key.

— Într-o curte mică soarele cald al primăverii încălzea pereţii casei; iar în apropierea acestei case era o floare galbenă ce strălucea ca aurul. În faţa uşii stătea o bătrânică lângă nepoţica ei, care venise la ea în vizită. Când copila îşi sărută bunicuţa, totul se trensformă în aur, căci sărutul fetiţei era mai preţios decât toate bogăţiile şi nestematele de pe lumea asta. Aceasta este povestea mea, spuse Gura-Leului, alta nu ştiu.

Gerda pe dată se gândi la bunicuţa ei, care sigur era tare îngrijorată.

— Of, sărmana mea bunică. Cred că plânge după mine, aşa cum a plâns şi după Key, dar curând mă voi întoarce acasă împreună cu el. Degeaba întreb florile, ele ştiu doar povestioarele lor şi nu mă vor ajuta pe mine cu nimic.

Apoi îşi ridică rochiţa şi alergă repede la capătul grădinii. Dar o prinse de picior narcisa, se opri şi o întrebă:

—Poate ştii tu ceva de prietenul meu, Key.

Se apleca spre floare şi-i ascultă povestea:

— Eu pot să mă văd! Iar parfumul meu e tare dulce şi îmbietor! spuse narcisa.

Sus, într-o odaie cu fereastra înclinată, stătea o micuţă dansatoare, pe jumătate dezbrăcată. Câteodată stă într-un picior, alteori în celălalt, pare a avea lumea la picioarele ei. Dar e doar o nălucă. Ţine în mână un cojocel şi toarnă apă dintr-un ibric pe el. „Curăţenia e un lucru bun", zice ea. Rochia ei cea albă atârnă într-un cui. A fost şi ea spălată. O îmbracă, iar în jurul gâtului îşi pune o batistă galbenă. Acum rochia pare şi mai albă. Îşi întinde picioarele ca şi când ar sta pe sârmă la un spectacol. Mă văd! Mă văd!

— Dar nu-mi pasă mie de poveştile astea! zise Gerda. Şi fugi spre capătul grădinii. Uşiţa era închisă, aşa că trase zăvorul ruginit şi micuţa Gerda plecă în lumea largă, aşa desculţă cum era. Se uită în urma ei de câteva ori, dar nimeni nu o urmărea.

După o vreme se aşeză pe o piatră ca să se odihnească puţin. Privind în jur, observă că vara se scursese fără să-şi dea seama, iar toamna se apropia. Nu simţise trecerea timpului pentru că în grădina bătrânei mereu soarele stălucea, iar florile erau înflorite întreg anul.

— Vai, dar cum am pierdut atâta vreme? îşi spuse fetiţa. S-a făcut toamnă, trebuie să mă grăbesc să-l găsesc pe micul meu prieten!

Se ridică şi porni din nou la drum. Dar picioarele o dureau, era plină de răni, iar în jurul ei totul era trist şi posomorât. Salcia se îngălbenise, picăturile de rouă curgeau ca apa, copacii deveneau din ce în ce mai goi, căci își pierdeau frunzele rând pe rând; numai porumbarul cu ramurile lui spinoase mai făcea fructe, dar erau tare acre! Întrega lume era rece și posacă.

A patra poveste
Prințul și prințesa

Tot mergând, Gerda fu nevoită să se oprească pentru a se odihni. Deodată văzu o cioară țopăind prin zăpadă spre ea. Cioara privi o vreme fetița, apoi o salută clătinând din cap:

— Cra, cra, bună ziua, bună ziua!

Rosti cuvintele cum putu ea mai bine pentru că dorea să fie bună și prietenoasă cu drăguța copilă. Apoi o întrebă pe copilă unde pornise ea așa, singură, în lumea largă. Gerda îi povesti ciorii întreaga ei aventură, cu toate întâmplările ei, iar la urmă o întrebă:

— L-ai văzut cumva pe micul meu Key?

Iar cioara clătină solemn din cap și zise:

— Cred că știu ceva de el...

— Chiar crezi că l-ai văzut? strigă fetița și se repezi să o îmbrățișeze pe cioară. Era cât pe ce să o sufoce de atâta bucurie.

— Hei, stai calmă, îi zise cioara. Tot ce pot să-ți spun e că te-a uitat pe tine din cauza prințesei.

— Cum? O prințesă?

— Ei, da. Am să-ți explic, dar nu știu dacă ai să mă înțelegi, căci nu vorbesc prea bine limba ta. Tu nu știi să croncănești ca noi, ciorile?

— Din păcate, nu știu. Bunica mea știa limba voastră și acum îmi pare tare rău că nu am învățat-o și eu.

— Lasă, zise cioara, am să mă străduiesc să mă fac înţeleasă, chiar dacă nu mă descurc extraordinar.

Şi începu să-i povestească ce auzise şi ea:

— În împărăţia asta unde ne aflăm acum, trăia o prinţesă tare frumoasă, dar şi deşteaptă. Citise toate cărţile care apăruseră pe lumea asta, dar le şi uitase cu toată inteligenţa ei. Şi cum stătea ea odată în scaunul ei, dintr-o dată începu a cânta un cântecel care începea cu aceste cuvinte: „De ce nu m-aş mărita şi eu?" şi chiar aşa, gândi ea, de ce nu s-ar mărita?

Aşa că luă hotărârea să se căsătorească. Dar prinţesa dorea să-şi găsească un soţ ager la minte, înţelept, cu care să poată sta de vorbă, nu unul care doar să arate bine şi de neam mare, căci i se părea plictisitor.

Prinţesa trimise toboşarul să bată toba ca să adune la palat toate doamnele de onoare pentru a le da vestea cea mare. Acestea se arătară bucuroase de vestea dată de prinţesă, pentru că discutaseră chiar între ele despre acest lucru.

— Să ştii că tot ce-ţi spun este adevărat, adăugă cioara. Ştiu de la iubitul meu, cioroiul, care stă pe la palat şi-mi povesteşte tot ceea ce vede şi aude acolo.

Aşa că, s-a dat anunţ în toate împărăţiile vecine că prinţesa îşi caută un soţ care vorbeşte bine, inteligent, înţelept. La palat veniră tinerii cu sutele. Se îmbulzeau şi se înghesuiau, dar nici unul nu se dovedi vrednic pentru mâna prinţesei. Afară, în curtea palatului se pricepeau să vorbească, dar de cum intrau pe poartă şi vedeau străjerii în straie cusute cu fir de aur şi pătrundeau în sălile luminate ca ziua, le pierea graiul. Ajunşi în faţa tronului prinţesei îşi pierdeau cumpătul, se bâlbâiau şi vorbeau anapoda.

Nici unul nu o încântă pe prinţesă. Bieţii tineri parcă erau cuprinşi de farmece în interiorul palatului, căci imediat ce ieşeau pe poartă îşi regăseau cu uşurinţă cuvintele şi nici nu mai tăceau.

Aşa se întâmplă în primele două zile. Mulţi tineri erau daţi afară de la palat, dar şi mai mulţi formau coadă să intre la prinţesă. Să ştii că şi eu i-am văzut, adăugă cioara. Multora li se făcea foame şi sete acolo în stradă. Unii aveau merinde la ei, dar nu împărţeau cu prietenii, căci ar fi dorit ca acestora să li se usuce limba, să nu mai poată zice nimic când ajung în faţa prinţesei.

— Dar spune-mi, Key era şi el acolo? întrebă curioasă Gerda.

— Ai răbdare, zise cioara. Ajungem imediat şi la el. În a treia zi, iată că veni la palat şi un băieţel. Era pe jos, ceilalţi veniseră călare, ori cu trăsura, vrând să arate că sunt boieri. Însă el, se duse glonţ la palat. Avea ochii sclipitori ca ai tăi şi părul lung şi frumos, dar hainele-i erau sărăcăcioase şi tocite.

— Da, el e! E Key! bătu din palme Gerda bucuroasă. L-am găsit!

— Iar în spinare avea o lădiţă parcă...

— Nu, era săniuţa lui, cu ea a plecat de acasă.

— Se poate, spuse cioara, nu l-am văzut de aproape. Dar mi-a povestit cioroiul că nu era deloc intimidat de gărzile îmbrăcate în uniformă aurie. Odată ajuns la poarta palatului, soldaţii au vrut să-l oprească, dar el le-a spus: „E plictisitor să stai la coadă. Eu am să intru direct!"

Şi fără să aştepte răspuns, o porni pe scările palatului şi pătrunse în sălile impunătoare, iluminate cu sute de candelabre. Dar nimic nu l-a impresionat. Văzu acolo curteni de vază ce păşeau cu pantofi moi în picioare ca să nu facă zgomot şi duceau de colo-colo felurite vase de aur. Era de ajuns să-i vezi, că-ţi dădeai seama că te afli într-un adevărat palat împărătesc.

Dar ghetele băiatului scârţâiau groaznic când făcea fiecare pas, dar lui nu-i păsa.

— Precis e Key. Ştiu sigur că avea ghete noi, iar când umbla prin cămara bunicii scârţâiau de mama focului!

— Da' rău mai scârţâiau! continuă cioara. Însă pe el nu-l interesa acest lucru. Înainta cu îndrăzneală până ce se văzu în faţa prinţesei care stătea pe un mărgăritar mare cât perna. Era înconjurată de doamna de onoare, fiecare cu guvernanta sa, de servitori şi oameni de serviciu. Aceştia erau mândrii şi păşeau ţanţoş. Dar tânărul nici nu se uită la ei.

— Cred că a fost groaznic, zise fetiţa.

— Dar spune-mi, prinţesa l-a ales pe Key?

— Dacă eu n-aş fi o cioară, m-aş mărita cu el! A vorbit tare frumos şi plăcut. I-a spus prinţesei că el nu a venit să se însoare, ci să o cunoască pentru că auzise că este deosebit de inteligentă. Au stat de vorbă şi s-au plăcut unul pe celălalt.

— Da, acum sunt sigură că este Key. El ştie să vorbească frumos. Ce zici mă duci şi pe mine la palat?

— Uşor de zis, răspunse cioara, dar greu de făcut. O să vorbesc cu cioroiul şi am să-l întreb cum să facem; să ştii că nu e treabă uşoară ca o fetiţă ca tine să intre în palat.

— Ştiu, dar nu mă îngrijorez, căci de va afla Key că sunt aici, precis va veni să mă bage chiar el în palat!

— Aşteaptă-mă acolo lângă gard! spuse cioara luându-şi zborul!

Se întoarse seara târziu.

— Cra-cra, uite, cioroiul meu îţi trimte salutări, dar şi un corn pe care l-a luat de la bucătăria palatului. S-a gândit că eşti înfometată. E greu de pătruns în palat pe poarta mare. Gărzile te vor împiedica, însă nu te întrista, el ştie o scăriţă care duce spre dormitoare şi ştie şi unde se află cheia.

Cioara o luă pe fetiţă şi împreună intrară pe aleea principală în grădină, unde frunzele cădeau una după alta, iar de acolo se putea vedea când se sting luminile rând pe rând la palat. Intrară pe o uşă lăturalnică, lăsată întredeschisă. Of, dar cât de tare îi bătea inimioara fetiţei de nelinişte şi dor, dar şi de puţină teamă. Simţea că parcă făcea ceva rău, însă ea nu dorea decât să afle unde e prietenul ei, Key. „El trebuie să fie, gândea ea, numai el are ochii aşa sclipitori şi pletele lungi şi frumoase!". Visa cum vine bucuros spre ea, zâmbind de fericire când o s-o vadă şi când o să afle cât drum a parcurs ea să-l găsească. Îşi amintea cu plăcere de zilele minunate petrecute cu el sub razele strălucitoare, când se jucau în voie sub minunaţii trandafiri şi are să-i spună lui Key cât de întristaţi au fost cu toţii când el nu s-a mai întors de la săniuş...

Era cuprinsă de bucurie dar şi de teamă!

Urcară scările, iar la capătul lor ardea o lampă. Pe podea stătea cioroiul uitându-se atent la Gerda care-i făcu o reverenţă precum o învăţase bunica ei.

— Cioara mi-a vorbit mult de tine şi îţi cunosc bine povestea! E printre puţinele poveşti care m-au înduioşat, zise cioroiul. Ia tu această lampă iar eu îţi voi arăta drumul. Pe aici nu trece nimeni.

— Dar mie mi se pare că cineva e în spatele nostru, îi zise Gerda, şi chiar în clipa acea parcă trecu ceva în fugă pe lângă ea.

Într-adevăr părea ca o umbră pe pereţi, cai cu coame în vânt, cu picioare subţiri, vânători, cavaleri, doamne şi domni călare...

— Sunt doar năluciri, îi zise cioroiul, vin să ia la vânătoare gândurile feţelor împărăteşti. Dar e bine, că acum dorm şi noi ne putem uita la ei în voie. Merseră ei ce merseră până intrară într-o sală mare cu pereţii tapetaţi în satin roz brodat cu flori. Dar nălucirile treceau aşa repede, că Gerda nu putea distinge persoanele de rang înalt.

Apoi intrară şi în alte săli, una mai frumosă ca cealaltă. Fiecare te zăpăcea cu luxul şi frumuseţea ei.

Dar ajunseră şi-n camera de culcare. Tavanul parcă era un palmier cu frunze uriaşe din cristal, iar în mijlocul odăii se aflau pături în formă de crin. Pe patul alb dormea prinţesa, iar pe cel roşu, prinţul. Aici trebuia să se uite Gerda. Fetiţa se apropie, îl strigă pe Key cu glas tare şi îl privi la lumina lămpii. Prinţul se trezi şi se întoarse cu faţa spre fetiţă. Dar, ce să vezi? Prinţul era tânăr şi chipeş, dar nu era Key. Apoi se trezi şi prinţesa şi întrebă ce se petrece. Fetiţa se porni să plângă şi le spuse povestea ei şi cât de mult o ajutaseră cele două ciori.

— Biată copilă! ziseră prinţul şi prinţesa induioşaţi de cuvintele fetiţei. Le lăudă pe cele două ciori, însă le spuse ca altădată să nu mai facă aşa ceva. Iar acum vor fi răsplătite pentru bunătatea lor.

— Vreţi să vă recăpătaţi libertatea, sau să deveniţi Ciorile Curţii Împărăteşti şi astfel să primiţi resturile de mâncare de la bucătărie?

Cele două ciori făcură o plecăciune înaintea prinţesei şi ziseră că cel mai bine ar fi să le dea o slujbă, astfel îşi vor avea asigurate bătrâneţile şi nu vor duce lipsă de nimic.

Prinţul se ridică din pat şi o lăsă pe Gerda în locul lui să se odihnească. Altfel nici nu avea cum să o ajute. „Ce buni sunt aceşti oameni cu mine, iar păsările cât au vrut să mă ajute!" gândi fetiţa, apoi închise ochii şi adormi. Visă cum un înger trăgea o sanie în care se afla Key. Iar el îi făcea cu mâna fetei... Însă era doar un vis, iar când se trezi totul dispăruse.

A doua zi, Gerda fu îmbrăcată din cap până-n picioare cu lucruri din mătase şi catifea. Prinţul şi prinţesa o poftiră pe fetiţă să-şi petreacă câteva zile la palat şi să se bucure de tot ce e mai bun, însă Gerda le ceru doar o pereche de ghetuţe şi o trăsurică cu cal pentru a porni în lumea mare să-l caute pe Key.

Fetiţa primi ghetuţele dar şi un manşon să-i ţină de cald la mâini, şi când fu gata de plecare, la poartă o aştepta o caleaşcă de aur, cu simbolul prinţesei şi prinţului pe ea, iar însoţitorii aveau pe cap coroane de aur.

Prinţul şi prinţesa o conduseră la caleaşcă şi-i urară noroc în căutarea prietenului ei. Cioara, care acum se măritase cu cioroiul, o conduse o bucată de drum, iar despărţirea lor a fost parcă mai tristă decât toate. Zbură într-un copac şi stătu acolo până ce caleaşca ce strălucea în soare se pierdu în zare.

A cincea poveste
Hoaţa

Caleaşca trecu printr-o pădure deasă şi pentru că strălucea atât de tare, le lumina drumul înaintea lor. Nişte tâlhari ce se aflau prin acel codru o văzură şi se năpustiră asupra ei.

— E din aur! strigară ei, sărind în faţa celeştii şi oprind caii.

Tâlharii omorâră vizitiul apoi pe slujitor şi pe ceilalţi însoţitori, iar pe Gerda o scoaseră afară din caleaşcă.

— Ia te uită aici, ce fetiţă grasă şi frumoasă! zise o tâlhăroaică urâtă şi bătrână, ce semăna parcă a bărbat, căci avea barbă şi sprâncene groase.

— Cred că are carnea fragedă şi gustoasă, continuă ea, ce ospăţ o să facem din această fetiţă!

Şi scoase un cuţit cu o lamă lucioasă de te treceau toţi fiorii.

— Au! ţipă ea deodată, fiindcă fata ei, pe care o ducea în cârcă, o muşcă de ureche.

— Ce vrei, neastâmpărato?

— Lasă-mi mie această fetiţă, n-o omorî, am să mă joc cu ea şi o voi culca cu mine în pat.

Apoi o muşcă din nou pe maică-sa de ureche încât o făcu să ţipe şi să ţopăie de colo-colo de durere. Ceilalţi tâlhari râdeau de mama focului, zicând:

— Ia te uită ce mai dansează cu fiică-sa în spinare!

— Vreau să mă uit şi eu în caleaşcă, zise fata de tâlhar şi toţi trebuiră să-i facă pe plac, pentru că era tare răzgâiată şi încăpăţânată.

Aşa că, se aşeză lângă Gerda în caleaşcă şi o porniră spre inima codrului, peste buturugi şi pietre.

Fata de tâlhar era de aceeaşi statură cu Gerda, dar mai zdravănă, era lată în spate, avea ochii negri şi privea tristă. O apucă de mână pe Gerda şi scuturând-o îi zise:

— Dacă nu ne superi, n-ai să fii omorâtă. Eşti o prinţesă, nu-i aşa?

— Nu, nu sunt prinţesă, răspunse Gerda care trecuse printr-o mare spaimă. Tremurând de frică, ea îi povesti fetei de tâlhar prin ce trecuse şi cât de mult îşi dorea să-l găsească pe prietenul ei, Key.

— Ei nu te vor ucide, spuse fata de tâthar. Dar dacă mă vei supăra, am să te omor eu cu mâna mea! Apoi şterse lacrimile Gerdei, îi luă manşonul cel moale şi călduros şi îşi vârî ea mâinile în el.

După o bucată de drum, caleaşca se opri în curtea unui castel ce avea pereţii dărăpănaţi şi crăpaţi de sus până jos. Aici îşi aveau hoţii adăpostul. De colo până colo zburau ciorile, iar doi dulăi săreau de mama focului, dar nu lătrau, pentru că nu le era permis. Camera cea mare era plină de fum de la un foc ce ardea pe podeaua de piatră. Horn nu era, aşa că fumul se ridică-n tavan şi-şi găsea loc să iasă printre crăpături. Pe foc fierbea supa şi pe proţap se rumeneau iepurii.

— La noapte vei dormi cu mine şi cu prietenii mei necuvântători, îi zise mica hoaţă Gerdei, după ce mâncară şi băură.

Merse cu Gerda într-un colţ al camerei unde erau puse pe jos covoraşe de paie. Deasupra, pe nişte stinghii de lemn, erau o droaie de porumbei care începuseră să se foiască la venirea fetelor.

— Toţi porumbeii sunt ai mei, zise fata de tâlhar apucând pe unul de picioare, scuturându-l şi făcându-l să dea din aripi. Hai, dă-i un sărut, zise ea şi îl împinse către Gerda. Aceştia sunt porumbeii domestici, dar mai am şi alţii sălbatici pe care dacă nu i-aş ţine legaţi, ar fugi. Dar favoritul meu este el, şi arătă un ren tânăr, pe care-l ţinea legat cu o zgardă de aramă în jurul gâtului.

În fiecare seară mă joc cu el, îl gâdil cu un cuţit, însă lui nu-i place deloc.

Atunci fata de tâlhar scoase din perete un cuţit pe care-l îndreptă spre ren. Acesta începu să se zbată, iar pe fată acest lucru o distra.

O trase pe Gerda lângă ea în pat.

— Tu dormi cu cuţitul lângă tine? o întrebă Gerda înfricoşată de cuţitul pe care nu-l lăsase fata de tâlhar din mână.

— Da, întotdeauna îl ţin lângă mine. Nu se ştie niciodată ce se poate întâmpla. Dar, hai, mai povesteşte-mi de Key al tău.

Şi Gerda îi istorisi prin ce trecuse ea şi cât de tristă este din cauza dispariţiei lui Key. În acest timp porumbeii dormeau, iar fata de tâlhar o ţinea cu o mână de după gât pe Gerda, iar cu cealaltă cuţitul. Deodată adormi buştean şi începu să sforăie. Gerda însă nu închise un ochi de teamă. Se gândea că poate tâlharii o vor omorî. Ei acum cântau, chiuiau şi beau în jurul focului alături de tâlhăroaica cea bătrână care se împleticea pe lângă ei. Pentru Gerda era cumplit ceea ce vedea.

Dar iată că porumbeii cei sălbatici începură să prindă grai:

—Gu-guştiuc! Gu-guştiuc! Noi l-am văzut pe Key! Era cu Crăiasa Zăpezii într-o sanie mare ce zbura peste pădure pe când noi stăteam în cuib, fiindcă eram mici. Ea a suflat un vânt îngheţat peste noi, frăţiorii noştri au adormit, însă noi am scăpat.

— Ce spuneţi voi acolo, porumbeilor? strigă Gerda. Şi încotro a luat-o Crăiasa Zăpezii? Mai ştiţi şi altceva?

— Noi credem că mergea spre Laponia, acolo e zăpadă tot anul. Dar cred că renul ştie mai multe, întreabă-l şi pe el.

— Da, aşa este, răspunse renul care era legat. Acolo, în Laponia, e mereu zăpadă şi gheaţă, e ger şi e tare frumos. Poţi alerga cât vrei pe câmpiile acoperite cu zăpada strălucitoare. Crăiasa Zăpezii are acolo un castel, la Polul Nord, pe o insulă numită Spitzbergen.

— Vai, micule Key, unde-ai ajuns! zise plângând Gerda.

— Dacă nu taci, înfig cuţitul în tine! îi zise fata de tâlhar Gerdei, auzind-o cum plângea.

A doua zi, de dimineaţă, Gerda îi povesti fetei de tâlhar tot ce-i spuseră porumbeii. Dar ea clătină din cap plină de seriozitate şi-l întrebă pe ren:

— Ce ştii tu de Laponia? Astea sunt vorbe goale!

— Cum să nu ştiu? răspunse renul. Păi cine ştie mai bine ca mine? Acolo m-am născut şi m-am jucat pe câmpiile pline de zăpadă, şi abia apoi am fost adus aici.

— Ascultă aici, zise fata de tâlhar uitându-se la Gerda. Tâlharii sunt toţi plecaţi, acasă e doar mama, dar ea la prânz, după ce bea, se culcă; atunci când va adormi eu te voi ajuta să scapi de aici.

Aşa se şi întâmplă. Tâlhăroaica adormi, iar fata ei merse la ren şi-i spuse:

— Tare te-aş mai necăji puţin acum cu cuţitaşul, dar nu mai e vreme. Uite, te dezleg şi-ţi dau drumul să te întorci în Laponia! Dar ia-o şi pe Gerda cu tine şi du-o la castelul Crăiesei Zăpezii, unde e prietenul ei, Key.

Renul se bucură la gândul că va fi din nou liber să plece în ţara lui. Fata de tâlhar o ajută pe Gerda să încalece renul, avu grijă să o lege, îi dădu chiar şi pernuţa ei, apoi îi spuse:

— Aici ai ghetuţele de blană, căci acolo îţi va fi frig. Manşonul îl opresc eu că-mi place mult, tu ia mănuşile mamei mele, chiar de-ţi sunt mari, îţi vor ţine de cald. Lasă-mă să ţi le pun eu, ia priveşte, acum ai mâinile mari ca ale mamei!

Gerda plânse de bucurie.

— Nu-mi place să te văd plângând, acum trebuie să te bucuri! Uite, ia aici o bucată de pâine şi una de carne, să-ţi ţină de foame!

După ce legă şi mâncarea într-o desagă pe spinarea renului, fata de tâlhar deschise uşa, îşi potoli câinii cei mari, tăie cu cuţitul sfoara de care era legat renul şi-i spuse animalului:

— Du-te de grabă şi să ai grijă de Gerda!

Cele două fete îşi luară rămas-bun, iar renul o porni în goană, ieşi din pădurea deasă, peste mlaştini şi câmpii, cât putu el de repede. Sus pe cer se vedeau lumini roşii ca nişte limbi de foc.

— Acolo e ţara mea, sunt luminile Nordului!

Şi goniră zi şi noapte, iar până ajunseră în Laponia terminară de mâncat pâinea şi bucata de carne.

A şasea poveste

Laponia şi Finlanda

Renul se opri lângă o căsuţă săracă şi mică, că trebuia să te apleci ca să poţi intra în ea. Înăuntru se afla doar o bătrână laponă care prăjea nişte peşte la o lampă cu ulei. Renul îi povesti prin ce trecuse el, apoi îi spuse despre Gerda, căci ea nici nu putea vorbi de frig.

— Vai, bieţii de voi! zise lapona, dar să ştiţi că nu sunteţi la capătul luptei voastre. Vă aşteaptă un lung drum, mai aveţi mult de mers până în Finlanda, unde trăieşte Crăiasa Zăpezii şi care, în fiecare seară aprinde câte un foc de artificii. Am să scriu câteva rânduri pe un peşte uscat, căci hârtie nu am, să-l daţi unei finlandeze de acolo. Ea vă poate ajuta mai mult decât mine şi vă va îndruma mai departe.

În acest timp, Gerda se mai încălzi puţin, mâncă şi bău din ce îi oferi lapona, apoi luă peştele uscat pe care erau scrise câteva rânduri.

Porniră iarăşi la drum. Toată noaptea se vedeau pe cer frumoasele lumini ale Nordului.

Ajunseră în Finlanda, bătură în hornul colibei femeii pentru că aceasta nu avea uşă, casa ei era sub pământ. Intrară înăuntru unde era cald şi bine. Femeia era mică şi neîngrijită. O ajută pe Gerda să îşi scoată hăinuţele de pe ea, apoi să se descalţe; apoi puse pe capul renului o bucată de gheaţă şi citi scrisoarea din Laponia scrisă pe peştele uscat. O citi de trei ori, că acum o ştia pe de rost. Aruncă peştele în oala cu supă, pentru că femeia nu făcea niciodată risipă de nimic.

Renul şi fetiţa îi povestiră femeii finlandeze întâmplările prin care trecuseră şi cum veniseră ei acolo în speranţa că Gerda îl va regăsi pe micul Key.

— Ştiu că tu eşti ageră la minte, că ai mari puteri, că poţi să înnozi vânturile şi să le faci mănunchi cu o bucată de funie. Dacă desfaci un nod, ai vânt bun, dacă desfaci al doilea, vântul bate cu putere, iar dacă le desfaci şi pe celelalte începe vijelie, iar furtuna se dezlănţuie pe pământ. Fă tu în aşa fel încât să-i dai acestei fetiţe putere cât doisprezece bărbaţi să o înfrunte pe Crăiasa Zăpezii.

— Hm...zise finlandeza. Cât doisprezece bărbaţi? Nu ştiu dacă i-ar fi de folos.

Şi se duse la un raft de unde luă un sul mare de piele, îl desfăcu şi începu să citească ce era scris pe el. Erau nişte litere tare stranii scrise acolo şi când le citea, pe bătrână o apucau toate transpiraţiile.

Renul se rugă tare mult de finlandeză să o ajute pe fată, iar Gerda, cu ochii plini de lacrimi, o implora din răsputeri să nu o lase şi să o sprijine cât poate.

Atunci, îl luă de o parte pe ren şi-i spuse la ureche:

— Am citit în aceste rânduri că la Crăiasa Zăpezii se află Key. Dar lui îi este tare bine acolo pentru că în mintea lui nu e loc mai bun ca acela. Şi asta din pricina faptului că în el au intrat cioburile de oglindă fermecată, care l-au transformat într-un astfel de om. Bucăţile acelea de oglindă trebuie scoase, altfel nu mai scapă de sub puterea Crăiesei.

— Dar nu poţi să-i dai micuţei Gerda ceva care să o învingă pe Crăiasa Zăpezii?

— Nimic nu e mai puternic decât ea însăşi. Nu vezi câte a putut îndura în drumul ei lung? A străbătut cu picioarele goale o lume întreagă. Are tărie multă, iar oamenii, păsările şi animalele cu care s-a întâlnit, i-au căzut la picioare şi au slujit-o. Ea nu poate primi de la mine mai mult decât are chiar ea. Puterea stă chiar în inima ei de copilă nevinovată şi plină de blândeţe!

Dacă ea nu poate singură să ajungă la Crăiasa Zăpezii şi să-i scoată lui Key bucăţile de oglindă care-i i-au provocat rău, apoi nici eu nu pot s-o ajut cu nimic. Nu mai e mult până la grădina crăiesei, du-o pe fată acolo şi las-o lângă tufişul cu fructe roşii din mijlocul zăpezii. Dar întoarce-te cât poţi de repede!

Femeia finlandeză o aşeză pe Gerda pe spatele renului, iar acesta o şi porni din loc.

— Dar mi-am uitat mănuşile şi ghetele! strigă fetiţa simţind frigul, însă renul nu se opri, ci alergă până ajunse la tufişul cu fructe roşii. O lăsă acolo şi porni degrabă înapoi.

Gerda rămase singură, fără ghete şi mănuşi în mijlocul Finlandei care era numai gheaţă. De teamă şi frig, o luă la goană şi deodată se trezi înconjurată de mii de fulgi de zăpadă care nu cădeau de sus, ci pluteau pe lângă ea, aproape de pământ şi deveneau din ce în ce mai mari. Erau mari şi înfricoşători, pentru că erau vii, erau gărzile Crăiesei Zăpezii. Aveau diferite forme, unii semănau cu nişte mistreţi, alţii cu şerpi încolăciţi. Cei mai mulţi parcă erau nişte urşi graşi cu blana zburlită. Dar toţi erau albi, de un alb orbitor.

Fetiţei i se făcu frică şi începu să se roage la Dumnezeu. Şi-i era atât de frig încât îşi vedea răsuflarea îngheţând. Încet-încet, din răsuflarea ei se născuseră nişte îngeraşi, care în timp ce cădeau pe pământ, creşteau văzând cu ochii. Toţi aveau pe cap coifuri, iar în mâini, suliţe şi scuturi. Se înmulţeau din ce în ce mai mult, iar când fetiţa îşi termină rugăciunea, se formă în jurul ei o întreagă oaste de îngeri. Ei se luptară cu fulgii mari de zăpadă şi-i sfărâmaseră în sute de bucăţi, astfel că Gerda îşi putu contiuna drumul mai departe. Îngerii o mângâiară pe mâini, pe picioare pentru a o încălzi, iar acum Gerda ajunse la palatul Crăiesei Zăpezii, unde se afla Key. Dar oare ce făcea Key? Sigur nu se gândea la prietena lui, Gerda, care era chiar acum la poarta palatului.

A şaptea poveste
Palatul Crăiesei Zăpezii

Zidurile palatului erau construite din maldăre de zăpadă, iar ferestrele şi uşile, din vânturi năvalnice. În interiorul palatului erau peste o sută de încăperi, toate albe şi reci şi atât de mari încât îţi lua mult timp să le străbaţi de la un capăt la altul; toate erau luminate de focurile aurorei boreale, erau goale, îngheţate şi sclipitoare.

Aici nu avea loc niciodată vreo petrecere, sau vreo distracţie în care să danseze urşii polari pe muzica viscolului. Nici vulpile albe nu erau primite la palat. Nici domnişoarele de onoare ne se adunau să stea de vorbă cum se face la alte curţi. Nu. Aici totul era sobru, iar saloanele reci şi pustii. Şi de peste tot se puteau vedea luminile aurorei boreale, indiferent de anotimp.

În mijlocul celei mai mari săli se afla un lac îngheţat a cărui gheaţă se crăpase în mii şi mii de forme. Şi fiecare formă semăna cu cealaltă, de parcă fusese sculptată de un meşter priceput; iar în mijlocul acelui lac de gheaţă când era acasă, stătea Crăiasa Zăpezii. Îşi numise lacul „oglinda inteligenţei", spunând că e unic în lume.

Key era vânăt de frig, ba chiar negru, dar nu simţea acest lucru. Crăiasa Zăpezii îl făcuse să nu mai simtă frigul, şi apoi, inima lui era chiar de gheaţă. În mână ţinea bucăţi de gheaţă ce le aşeza în diferite forme, ca şi când încerca să construiască ceva, un fel de puzzle. Făcea o mulţime de figuri care alcătuiau cuvinte, dar un cuvânt nu reuşea el să îl formeze, deşi încerca din răsputeri. Era vorba despre cuvântul „veşnicie". Crăiasa Zăpezii îi spuse:

— Când vei găsi acel cuvânt, vei fi propriul tău stăpân, iar eu îţi voi da în dar lumea întreagă. Lumea şi o pereche de patine noi.

Dar Key nu reuşea să găsească acel cuvânt, se chinuia în fel şi chip, totuşi zadarnic.

— Eu voi pleca în ţările calde, îi zise Crăiasa. Trebuie să văd craterele din vârful munţilor care scuipă foc. Vreau să-i fac şi pe ei albi ca gheaţa!

Şi Crăiasa plecă cu sania ei cea albă, lăsându-l pe Key singur în salonul cel mare, rece şi pustiu. Stătea aplecat deasupra bucăţilor de gheaţă şi se tot gândea cum să le aşeze. Era atât de pătruns de gânduri şi stătea nemişcat, încât părea o statuie.

În vremea asta, Gerda intră în palat, deşi vânturile încercară s-o împiedice. Ea îşi spuse în gând rugăciunile ei, iar vânturile se domoliră. Pătrunse în salonul cel mare şi-l văzu pe Key. Alergă spre el, îi sări de gât, îl luă în braţe plină de bucurie şi strigă:

— Dragul meu Key! În sfârşit te-am regăsit!

Dar Key rămase nemişcat, rece şi indiferent.

Fata începu să plângă, iar lacrimile ei fierbinţi căzură pe pieptul lui Key, intrară în inimă, topiră gheaţa, iar odată cu ea şi bucăţica de oglindă fermecată se topi.

Atunci Key îşi ridică privirea spre Gerda care începu să cânte despre trandafiri, aşa cum făceau în grădiniţa lor.

Auzind cântecelul Key izbucni în lacrimi şi odată cu lacrimile au ieşit şi bucăţelele de oglindă blestemate ce-i întunecau vederea. O recunoscu imediat pe Gerda şi plin de bucurie îi spuse:

— Unde ai fost scumpa mea Gerda atâta vreme? Sau eu am fost plecat?

Cei doi copii se îmbrăţişară, râdeau şi plângeau de fericire. Ţi-era mai mare dragul să-i priveşti. Chiar şi bucăţelele de oglindă porniră a dansa în jurul lor, iar când se potoliră, alcătuiră cuvântul „Veşnicie", acel cuvânt care pentru Key însemna libertate şi patine noi.

Gerda îi sărută obrajii băiatului, iar aceştia prinseră culoare. Apoi îi sărută mâinile şi picioarele, băiatul se înzdrăveni pe loc, era plin de sănătate şi veselie ca altădată.

Nu o mai aşteptă pe Crăiasa Zăpezii ca să-i dea ce îi promisese.

Îi lăsă doar cuvântul „veşnicie“ scris cu litere de gheaţă, care dovedea că băiatul îşi câştigase libertatea.

Gerda şi Key se prinseră de mâini şi plecară din palatul rece. Acum vorbeau despre grădiniţa de pe acoperişuri, despre trandafirii pe care-i iubeau atât de mult şi despre bunicuţa care acum sigur plângea de dorul lor. Şi în timp ce ei mergeau, vânturile deveneau blânde, iar soarele începea să-i încălzească. Când au ajuns la tufişul cu poame roşii îl găsiră pe ren care-i aştepta cu tânăra lui soţie. Copiii băură din laptele ei cald şi o îmbrăţişară. Cei doi reni i-au dus pe copii la femeia finlandeză unde s-au încălzit, iar de acolo au pornit la femeia laponă care făcuse pentru ei haine noi şi le pregătise o sanie mică. Aceasta, împreună cu cei doi reni îi conduseră pe copii până la hotarele Laponiei, unde se vedeau deja copacii împodobiţi de primele frunze ale primăverii.

Îşi luară rămas-bun, iar copiii porniră mai departe. Intrară în pădurea care era plină de copaci înverziţi, iar păsărelele le cântau cântecele de primăvară. Deodată le ieşi în cale un cal, iar Gerda îl recunoscu. Era calul de la caleaşca de aur. Iar pe el era călare chiar fiica de tâlhar, cu pistoale la cingătoare, care se săturase să stea acasă şi pornise să-şi caute norocul în lumea largă.

Cele două fete se bucurară de reîntâlnirea lor.

— Prin ce întâmplări ai trecut! îi zise fata de tâlhar lui Key.Dar oare meriţi ca cineva să umble după tine până la capătul lumii?

Gerda o mângâie pe obraz şi o întrebă de prinţ şi de prinţesă.

— Sunt plecaţi pe alte meleaguri, zise fata de tâlhar.

— Dar cioara? întrebă Gerda.

— A rămas văduvă, căci cioroiul a murit. Poartă o sforicică neagră la picior şi plânge într-una după el. Dar povesteşte-mi, cum l-ai găsit pe Key?

Gerda şi Key povestiră împreună prin ce au trecut.

— Bine că totul s-a terminat şi că acum sunteţi împreună! zise fata de tâlhar. Apoi îşi luă rămas-bun de la ei, promiţându-le că-i va vizita când va trece prin oraşul lor.

Gerda şi Key porniră mai departe spre casă. Se ţineau fericiţi de mână, iar primăvara le zâmbea cu frumoasele ei flori. Curând intrară în oraşul lor iar clopotele începură să bată de veselie. Copiii o luară spre casa bunicii, intrară în odaie unde lucrurile erau toate la locul lor, aşa cum fuseseră când plecaseră ei.

Ceasul arăta miezul zilei, iar când intrară în cameră, copiii îşi dădură seama că acum erau oameni mari.

Pe acoperiş trandafirii înfloreau din plin şi priveau curioşi în odaie. Acolo se aflau şi scăunelele pe care ei stăteau când erau mici. Key şi Gerda se aşezară pe ele ca odinioară, ţinându-se de mână. Crăiasa Zăpezii era acum pentru ei ca un vis urât, care trece odată cu venirea dimineţii. Bunica citea din Biblie: „Numai cei cu suflet de copil vor putea păşi pe tărâmul Domnului".

Key şi Gerda se priviră unul pe celălalt şi înţeleseră aceste cuvinte vechi.

Au stat mult aşa, ţinându-se de mână. Deşi deveniseră oameni mari, sufletele lor rămăsese de copii.

Fișă de lucru

1. Răspundeți în scris la întrebări:

- Unde locuiau fiicele Regelui Mării din povestea *Mica Sirenă*?
- Ce au descoperit fetele când s-au ridicat la suprafața apei?
- Cum l-a salvat Mica Sirenă pe prinț?
- Ce trebuia să facă Sirena pentrua căpăta picioare?
- Cum ajunge Mica Sirenă o fiică a văzduhului?
- Care sunt personajele din *Crăiasa Zăpezii*?
- Cine l-a răpit pe Kay?
- Unde locuia Crăiasa Zăpezii?
- Cum îl ajută Gerda pe Kay să scape din locuința Crăiesii Zăpezii?

2. Alcătuiți propoziții folosind expresiile: *inimă pe jumătate înghețată, mergea repede ca vântul, furtuna urla ca o melodie sălbatică.*

3. Realizați un desen cu Crăiasa Zăpezii.

4.Ce cântecele cunoașteți despre iarnă? Dar poezii?

5. Ghicitoare: Totu-i înghețat în drum
Florile-s pe geam acum,
În sobă focul trosnește,
Spune, ce anotimp este?
(i _ _ _ a)

ALEKSEI NIKOLAEVICI TOLSTOI (1883-1945)

Cheița de aur sau Aventurile lui Burattino

– fragmente –

O bucată de lemn, care strigă cu glas de om ajunge în mâinile tâmplarului Giuseppe

Cândva, odată, cu mult timp în urmă, pe malul Mării Mediterane, într-un orăşel trăia un tâmplar bătrân pe nume Giuseppe, poreclit Nas-Vineţiu.

Într-o zi, bătrânului îi căzu la îndemână o bucată de lemn, un lemn ca oricare altul, ca acela care încălzeşte soba pe timpul iernii.

„Nu arată prea rău, îşi spuse Giuseppe; se poate face ceva din el, poate un picior de masă..."

Şi aruncându-şi pe nas ochelarii legaţi cu sfoară pentru că erau foarte vechi, învârti lemnul în mână şi începu a-l ciopli cu o bardă.

Nici nu-l atinse bine că se şi auzi un glas piţigăiat.

— Aaaa, aoleo! Se poate mai încet? Te rog!

Giuseppe împinse ochelarii spre vârful nasului şi începu să verifice atelierul, însă nu găsi nimic neobişnuit. Sub tejghea nu era nimeni. În coşul cu talaş, nimeni.

Scoase capul pe uşă, dar nici pe stradă nu era nimeni... „Chiar mi s-a părut?", se întrebă Giuseppe. „Cine o fi ţipat?"

Şi se apucă iarăşi de treabă. Luă barda în mână şi lovi în lemn...

— Aaaa, aoleo! Ce mă doare! zise din nou glasul piţigăiat. Acum bătrânul Giuseppe se sperie, nu glumă, că de atâta spaimă îi transpirară şi ochelarii... Căută prin toate colţurile camerei, se băgă chiar în sobă şi, răsucind capul, se uită îndelung prin horn.

Nu văzu pe nimeni.

„Poate că am băut câteva pahare în plus şi îmi ţiuie urechile", gândi el.

Nu, în ziua aceea, el băuse ca de obicei... După ce îi mai trecu spaima, luă rindeaua, lovi încet cu ciocănelul în partea din spate, aşeză cuţitul să nu iasă prea mult în afară, dar nici să fie prea înăuntru. Puse apoi bucata de lemn pe tejghea şi nici nu începu bine să lucreze că se şi auzi:

— Aaaa, aoleo! De ce mă înţepi?... ţipă glăsciorul cel piţigăiat.

Lui Giuseppe îi căzu din mâini rindeaua, se retrase cât mai în spate, şi genunchii i se înmuiară... Îşi dădu seama că din interiorul lemnului venea glasul cel piţigăiat.

Giuseppe oferă bucata de lemn prietenului său, Carlo

În momentul acela apăru în atelierul lui Giuseppe vechiul său prieten Carlo, care era flaşnetar.

Pe vremuri, acesta, purtând o pălărie cu boruri mari, mergea prin oraşe şi având o flaşnetă minunată, cânta la ea şi astfel îşi câştiga pâinea cea de toate zilele.

Însă trecură anii şi Carlo nu mai era chiar tânăr. Acum era bolnav, iar flaşneta se stricase de mult.

— Bună ziua, Giuseppe! salută el în timp ce intra în atelier. Dar de ce stai pe podea?

— Păi, stai să vezi... am pierdut ceva, un burghiu, şi nu-l văd deloc, răspunse Giuseppe, uitându-se încruntat la bucata de lemn. Tu cum o mai duci, bătrânule?

— Rău, mă tot gândesc ce să fac să câştig şi eu o pâine, răspunse Carlo. Dacă m-ai ajuta cu un sfat...

— Foarte uşor, spuse voios Giuseppe, în timp ce gândea: „Stai un pic că scap eu de lemnul ăsta afurisit". Foarte uşor: iată, am pe tejghea o bucată de lemn minunat; poţi să-l iei şi să-l duci acasă.

— Ehei, răspunse dezamăgit Carlo; şi apoi, ce? Am să duc lemnul acasă, dar n-am nici măcar sobă.

— Lasă, că te învăţ eu, Carlo, ce să faci... Ia un cuţit şi ciopleşte din lemnul acesta o păpuşă, învaţ-o să rostească fel de fel de cuvinte haioase, să cânte, să danseze, şi apoi mergi cu ea din casă-n casă. Vei câştiga destul şi pentru pâine, şi pentru un pahar cu vin.

Nici nu termină bine Giuseppe de rostit acele cuvinte, că de pe tejgheaua, unde era lemnul, se auzi un glas voios:

— Minunat te-ai gândit Nas-Vineţiu!

Lui Giuseppe i se făcu din nou frică, însă Carlo căuta nedumerit de unde putea să vină vocea aceea.

—Mulţumesc pentru sfat Giuseppe. Şi acum, dă-mi lemnul!

Giuseppe înşfăcă bucata de lemn şi o întinse prietenului său. Dar, ori că nu l-a întins prea bine, ori că lemnul a sărit singur, adevărul e că l-a pocnit pe Carlo drept în cap.

— Ah, iată ce cadouri îmi faci! strigă necăjit Carlo.

— Iartă-mă, prietene, dar nu te-am pocnit eu.

— Vrei să spui că m-am pocnit singur, drept în cap?

— Nu, scumpul meu prieten, e posibil să te fi lovit chiar lemnul, nu se ştie cum.

— Mincinosule, tu m-ai lovit...

— Nu, Doamne fereşte!

— Mă, Nas-Vineţiu, ştiam eu că îţi place băutura, spuse Carlo, dar să mai fii şi mincinos...

— Aha, vrei să ne certăm? strigă Giuseppe. Ia vino încoace!

— Ba vino tu, să te trag un pic de nas!

Bătrânii se încruntară şi începură să se plesnească unul pe altul. Carlo îl apucă pe Giuseppe de nasul lui vânat, iar Giuseppe îl înhăţă pe Carlo de părul cărunt, ce-i atârna pe lângă urechi. Apoi începură să-şi tragă pumni unul altuia, în timp ce glasul ascuţit şi puternic zbiera şi îi întărâta:

— Loveşte-l! Dă-i!

Într-un final bătrânii osteniţi începură să respire greu.

— Mai bine să ne împăcăm, zise Giuseppe.

— De acord, răspunse Carlo.

Cei doi se pupară. Apoi Carlo se îndreptă spre casă luând cu el bucata de lemn.

Cu îndemânare şi iscusinţă Carlo face o păpuşă de lemn şi o numeşte Burattino

Locuinţa lui Carlo era simpă, el îşi ducea zilele într-o cămăruţă goală ce se afla sub scara unei case. Faţă în faţă cu uşa se afla o sobă foarte frumoasă.

Însă nimic nu era adevărat: nici soba în care ardea focul, nici ceaunul cu apă fierbinte, toate erau desenate pe o bucată de pânză veche.

Carlo intră în odăiţă, se aşeză pe singurul scaun din încăpere, ce se rezema de o masă fără picioare şi, rotind lemnul pe toate direcţiile, începu să cioplească o păpuşă.

„Oare ce nume să-i pun?“, se gândea Carlo. „O să o numesc Burattino. Acest nume îmi va aduce noroc. Cunosc o familie al cărui nume unic este Burattino: tatăl-Burattino, mama-Burattino, copiii-Burattino... Toţi au dus-o bine, veseli şi fără griji...“

Ciopli în lemn mai întâi părul, apoi fruntea, pe urmă ochii. Pe neaşteptate ochii se deschiseră singuri şi se uitară ţintă spre el...

Carlo se prefăcu că nu s-a speriat şi întrebă calm:

— Scânteiuţe de lemn, de ce mă priviţi aşa de ciudat?

Dar păpuşa nu zise nimic, pentru că nu avea încă gură.

Carlo ciopli şi obrajii, apoi un nas ca oricare altul.

Şi, dintr-o dată nasul începu să se lungească, şi crescu lung şi ascuţit, încât Carlo se înspăimântă şi zise:

„Dar e prea lung şi nu e bine deloc..."

Şi vru să mai scurteze vârful nasului. Dar ce să vezi? Nasul se răsuci şi se frământă şi astfel rămase lung, ciudat şi ascuţit.

Apoi Carlo începu să-i facă gura. Dar nici nu-i făcu bine buzele şi gura prinse a vorbi:

— Hî-hî-hî-hî, hă-hă-hă-hă!

O limbă roşie şi subţire ieşi din gură şi începu să-l necăjească pe bătrân. Însă acesta se făcu că nu observă ceva neobişnuit şi îşi văzu mai departe de lucru. Ciopli bărbia, gâtul, umerii, trupul, mâinile. Imediat ce termină cioplitul ultimului deget, păpuşa începu să-i tragă pumni în cap, să-l pişte şi să-l gâdile.

— Auzi, spuse Carlo aspru, nici nu te-am terminat bine şi ai şi început să te răsfeţi? Ce vei face mai târziu?

Şi se uită urât la Burattino, care privi şi el spre bătrânul Carlo, cu ochii lui rotunzi ca de şoarece.

Acesta îi făcu din surcele picioarele şi de aceea erau lungi, iar labele erau şi ele mari, şi-uite aşa o dată terminată treaba, aşeză păpuşa pe duşumea, ca să-o înveţe să umble. La început Burattino se clătină pe picioarele-i subţiri, făcu un pas, doi, şi hopa-hopa se îndreptă direct spre uşă, sări pragul şi nimeri chiar în stradă. Neliniştit, Carlo se duse după el.

— He-he, copil zburdalnic ce eşti, vino înapoi!

Dar ce vorbeşti? Burattino fugea de mânca pământul iar tălpile lui de lemn se auzeau pe pietre: toc-toc-toc...

— Puneţi mâna pe el! strigă Carlo.

Oamenii se amuzau arătându-l cu degetul pe Burattino. La o răspântie stătea un poliţist grăsuţ, ce avea mustăţile răsucite şi un chipiu triunghiular.

Văzându-l pe omuleţul de lemn fugind, el îşi desfăcu larg picioarele, blocând astfel strada. Burattino vru să treacă printre picioarele lui, dar poliţistul îl prinse de nas, şi îl ţinu aşa până la sosirea lui Carlo.

— Stai niţel, să vezi cum mă răfuiesc eu cu tine, spuse Carlo trăgându-şi sufletul şi voind să-l bage în buzunarul hainei.

Lui Burattino nu-i plăcu să stea în buzunar, aşa cu picioarele în sus, mai ales că era o zi frumoasă şi multă lume la plimbare, de aceea reuşi să scape şi se lungi pe pavajul străzii prefăcându-se că e mort.

— He-hei, spuse poliţistul, mi se pare ceva în neregulă aici.

Drumeţii începură să se adune şi, uitându-se la Burattino, îşi mişcau capul într-o parte şi în alta.

— Sărmanul, zise unul, o fi leşinat de foame...

— Carlo l-a bătut măr, ziseră alţii. Bătrânul ăsta flaşnetar pare un om bun, însă se vede treaba că nu-i aşa deloc, este rău şi agresiv.

De cum auzi ce vorbeau oamenii, poliţistul mustăcios îl înhăţă pe bietul Carlo de guler şi-l duse la poliţie. În timp ce ridica praful cu ghetele, Carlo se tânguia:

— Uf, uf! De ce oi fi făcut eu păpuşa asta de lemn?

Când toată lumea plecă, Burattino săltă nasul, se uită în jurul lui şi o rupse la fugă spre casă.

Burattino primeşte un sfat înţelept de la un greiere cu glas de om

Ajungând în goana mare în odăiţa de sub scară, Burattino se întinse pe podea lângă piciorul scaunului, întrebându-se: „Ce să mai inventez?“

Să ne aducem aminte că era prima zi din viaţa lui Burattino. Intenţiile sale erau meschine, limitate şi neimportante.

În timp ce se gândea, se auzi:

„Cri-cri-cri, cri-cri-cri, cri-cri-cri!“

Burattino întoarse capul şi cercetă camera.

— Hei, e cineva aici?

— Eu sunt, cri-cri-cri...

Burattino zări o făptură ce părea a fi un gândac care avea capul unui greiere de câmp. Stătea pe peretele cu soba, deaspura ei, şi cânta: cri-cri-cri, în timp ce mustăţile i se mişcau, iar ochii răspândeau raze de lumină.

— Hei, cine eşti tu?

— Sunt Greieraşul cu glas de om, a răspuns creatura şi aici locuiesc de peste de o sută de ani.

— Aici eu sunt stăpân, aşa că pleacă de aici!

— Bine, am să mă duc de aici, cu toate că sunt îndurerat că trebuie să abandonez camera unde am trăit o sută de ani, răspunse Greieraşul cu glas de om. Înainte de a pleca, ascultă-mi povaţa înţeleaptă.

— Ce să zic, am eu nevoie de sfaturile unui greier bătrân...

— Oh, Burattino, Burattino, zise greierele, lasă alintul şi ascultă-l pe Carlo; să nu pleci de acasă dacă nu trebuie, şi chiar de mâine să mergi la şcoală. Iată ce te învăţ eu. Altminteri, te pândesc primejdii mari şi întâmplări înfricoşătoare, iar viaţa ta nu mai valorează nici cât o muscă moartă şi uscată.

— Şi, mă rog, de ce? întrebă Burattino.

— O să vezi imediat de ce, îi răspunse Greierașul cu glas de om.

— Ascultă insectă de o sută de ani! strigă Burattino. Cel mai mult pe lumea asta îmi plac provocările! Mâine, de cu zori voi pleca, mă voi urca pe garduri, voi nimici cuiburile păsărilor, îi voi necăji pe băieţei, voi trage câinii de cozi şi pisicile... şi ăsta e doar începutul!

— Ce păcat de tine, Burattino, câte lacrimi vei vărsa!

— Şi, mă rog, de ce? întrebă din nou Burattino.

— Fiindcă ţi-e capul prost, de lemn.

Atunci Burattino se căţără pe scaun şi apoi pe masă, luă ciocanul şi-l aruncă în capul Greieraşului cu glas de om.

Greierele cel bătrân şi înţelept oftă din tot sufletul, şi dând din mustăţi o luă binişor pe lângă sobă, ieşind din camera unde trăise mai bine de o sută de ani.

Pe Burattino era cât pe ce să-l coste naivitatea. Bătrânul Carlo îi face din hârtie colorată hăinuţe şi îi cumpără Abecedar

După peripeţia cu Greieraşul cu glas de om, în odăiţa de sub scară se aşternu plictiseala. Ziua trecea cu mare greutate şi stomacul lui Burattino ducea lipsă de ceva... de aceea închise ochii şi văzu deodată o găină friptă pe o farfurie. Când deschise ochii, găina dispăruse cu farfurie cu tot. Închise ochii iarăşi, şi de data aceasta văzu o farfurie jumătate cu griş şi jumătate cu dulceaţă de zmeură. Când îi deschise, farfuria cu griş şi dulceaţă de zmeură dispăruse. Burattino îşi dădu seama că foamea îl chinuia.

Fugi repede spre sobă şi băgă nasul în ceaunul de pe foc cu apă clocotită. Dar cum soba şi ceaunul nu existau în realitate, ci erau desenate pe o pânză, nasul lung al lui Burattino făcu o gaură.

Burattino scoase nasul şi privi prin gaură; după pânză, pe perete, era ceva asemănător cu o uşiţă, dar locul era acoperit cu pânze de păianjen şi nu se putea desluşi nimic.

Burattino răscoli peste tot sperând să găsească ceva de mâncare, o coajă de pâine sau vreun os de găină, fie el ros de pisică.

Dar nu găsi nimic, deoarece Carlo nu avea nimic de mâncare.

Deodată zări într-un coş cu talaş un ou de găină. Îl înşfăcă, îl puse pe rama ferestrei şi... lovi cu nasul: toc-toc, până ce făcu o gaură în coajă.

Din interiorul oului se auzi un glas subţire şi prelung:

— Îţi mulţumesc, omuleţule de lemn.

Şi din ou ieşi un puişor acoperit cu puf şi cu ochii zâmbitori.

— La revedere! Mama mea cloşca mă aşteaptă de ceva vreme în curte... Zicând asta, puiul sări pe geam şi ... găseşte acul în carul cu fân…

— Vai, vai, strigă Burattino, mi-e aşa de foame!

Şi ziua se scurse, lăsând loc amurgului. Burattino şedea lângă focul inexistent şi, de foame, începu să sughită.

Deodată, de sub scară, îşi făcu apariţia un cap diform. Un animal ciudat, nici alb, nici negru, cu labe scurte, mirosi în jur şi intră în cameră.

Merse încet chiar spre coşul cu talaş şi intră în el, apoi începu să miroasă şi să caute printre resturile de lemn. Pesemne că animalul voia oul pe care îl spărsese Burattino. Apoi ieşi din coş şi se apropie de omuleţul de lemn. Îl adulmecă rotindu-şi nasul negru cu câte patru fire lungi de mustăţi, de-o parte şi de alta.

Burattino însă nu avea miros de mâncare şi animalul merse mai departe, târându-şi coada lungă şi subţire după el.

Să nu-l observe el pe Burattino! Ce greşeală din partea lui! Băieţelul îl apucă imediat de coadă.

Animalul era un şobolan bătrân şi rău, pe nume Şuşara. Îngrozit, acesta se năpusti ca o umbră sub scară, luându-l şi pe Burattino; văzând însă că el nu este decât o păpuşă de lemn, se întoarse furios, şi se năpusti asupra lui, ca să-i rupă gâtul cu dinţii.

Acum i se făcu frică şi lui Burattino; el abandonă coada rece a şobolanului şi sări pe scaun. Şobolanul se luă după el. De pe scaun, sări pe rama ferestrei. Şobolanul, după el. Burattino zbură prin cameră şi ateriză drept pe masă. Şobolanul, după el... Şi aici, pe masă, îl apucă pe Burattino de gât, îl întoarse şi, ţinându-l în dinţi, sări apoi pe podea şi începu să-l târâie spre ascunzătoarea lui de sub scară.

— Tată Carlo! izbuti să ţipe Burattino.

— Sunt aici! răspunse un glas puternic. Uşa se împinse în lături şi îşi făcu apariţia Carlo. Scoase papucul de lemn din picior şi-l aruncă după şobolan, care îl eliberă pe băieţel, scoase un sunet de ciudă din dinţi şi se ascunse.

— Ce de probleme când eşti răsfăţat peste măsură! bolborosi tata Carlo, ridicându-l pe Burattino de pe jos.

Îl pipăi să vadă dacă a rămas întreg, apoi îl puse pe genunchi, scoase din buzunar o ceapă şi o curăţă.

— Poftim, hrăneşte-te!

Burattino, lihnit de foame, îşi înfipse dinţii în ceapă şi o mâncă, pârâind şi molfăind. La urmă, începu să se frece cu capul de obrazul păros al lui tata Carlo.

— Voi fi cuminte şi isteţ, tată Carlo. Greieraşul cu glas de om m-a sfătuit să merg la şcoală.

— E o idee bună, micuţul meu.

— Tată Carlo, dar eu nu am haine şi sunt de lemn, iar la şcoală băieţii vor râde de mine.

— Mda, spuse Carlo, scărpinându-şi barba. Ai dreptate, băieţaş...

Aprinse apoi lampa, luă o foarfecă, clei şi bucăţele de hârtie colorată. Croi şi lipi o hăinuţă din hârtie maro şi pantalonaşi de un verde aprins. Îi făcu şi pantofii din pielea unei cizme scorojite şi o căciuliţă dintr-un ciorap vechi. După ce îl îmbrăcă îi ură să le poarte sănătos.

— Tată Carlo, zise Burattino, dar cum mă voi duce eu la şcoală fără Abecedar?

— Ai dreptate, băieţaş...

Tata Carlo îşi scărpină ceafa, se îmbrăcă cu singura lui haină, şi aceea foarte veche, şi ieşi din casă.

Se întoarse imediat, dar fără haină. În mână ţinea o cărticică cu litere mari şi cu poze foarte atrăgătoare.

— Uite Abecedarul tău! Să înveţi sănătos!

— Tată Carlo, dar unde ţi-e haina?

— Am vândut-o... Nu-i nimic, mă descurc eu şi fără ea. Numai tu să fii sănătos!

Burattino îşi băgă nasul în mâinile calde şi bune ale bătrânului.

— O să mă fac mare, o să învăţ mult şi o să-ţi cumpăr o mie de haine noi.

În prima seară din viaţa lui, Burattino dorea din tot sufletul să trăiască liniştit aşa cum îl sfătuise Greieraşul cu glas de om.

Pentru un bilet la teatrul de păpuşi, Burattino îşi vinde Abecedarul

Cu noaptea-n cap, Burattino îşi puse Abecedarul în ghiozdan şi, sărind de pe un picior pe altul, se îndreptă către şcoală. Pe drum, nu se uită nici la bunătăţile ce erau expuse în vitrină: prăjituri cu miere şi mac, pateuri dulci şi acadele în formă de cocoşi. Nu se uită nici la un copilaş ce înălţase un zmeu...

Basilio, motanul vărgat, trecu strada, şi cu toate că Burattino îl putea trage de coadă, nu o făcu.

Pe măsură ce se apropia de şcoală, se auzea şi mai tare muzica veselă de pe malul Mării Mediterane.

— Fa-fa-fa, ţipa flautul.

— La-la-la-la, cânta vioara.

— Tzin-Tzin, zdrăngăneau talgerele de cupru.

— Boom! bătea toba.

Ca să ajungi la şcoală trebuia s-o coteşti spre dreapta, iar muzica se auzea din stânga. Burattino începu să îşi piardă echilibrul şi picioarele se îndreptară singure spre mare, unde se auzea muzica:

— Fa-fa-faaaaa...

— Dzin-la-la, dzin-la-la...

— Bom!

„Şcoala nu pleacă nicăieri", vorbi singur Burattino. „Doar să-mi arunc o privire, să ascult puţin şi apoi fug la şcoală".

Ca un spiriduş, fugi cât îl ţineau picioarele spre mare. Acolo văzu un cort ce avea pereţii din pânză şi era împodobit cu steguleţe multicolore care fluturau în bătaia brizei. Patru muzicanţi cântau şi dansau.

La intrare, o femeie trecută de prima tinereţe, vindea bilete. Alături, oameni din toate categoriile: băieţi şi fete, vânzători de limonadă, soldaţi, copilaşi cu doicele lor, pompieri... toţi citeau un afiş mare:

Teatru de marionete
Spectacol unic
Veniţi degrabă!

Burattino îl apucă de mânecă pe un băiat:

— Spune-mi te rog, cât costă un bilet?

— Patru monede, omuleţule de lemn.

— Eu... eu mi-am uitat banii acasă, ai putea să mă împrumuţi?

Băiatul fluieră batjocoritor:

— Da, ce mă crezi fraier?

— Dar îmi doresc foarte mult să văd spectacolul, spuse Burattino printre lacrimi. Îţi vând frumuseţea asta de haină pentru patru monede.

— Patru bănuţi pentru haina asta de hârtie? Am eu faţă de prost?

— Atunci poate vrei minunăţia asta de căciuliţă...

— E bună pentru prins mormoloci! Caută-ţi fraierul în altă parte!

Lui Burattino aproape că-i îngheţă nasul... atât de mult voia să vadă spectacolul.

— Uite, îţi dau Abecedarul meu în schimbul a patru monede!

— E cu poze?

— Are poze frumoase şi literele mari.

— Bine, ia patru monede şi dă-mi Abecedarul.

Burattino fugi cât putu de repede la femeia cu bilete şi ceru cu glasul lui subţire:

— Vă rog să-mi daţi un bilet la unicul spectacol cu marionete.

În timpul spectacolului, identitatea lui Burattino este dezvăluită de către păpuşi

Burattino se aşeză în primul rând şi se uită cu admiraţie la cortina pictată cu oameni dansând, fete cu măşti, bărbaţi cu barbă ce purtau tichii ornate cu stele, un soare care părea o plăcintă cu ochi şi nas şi alte imagini haioase.

Când gongul bătu a treia oară se ridică cortina. Pe scena micuţă erau copaci din carton, în stânga şi în dreapta. Deasupra copacilor – un felinar ca o lună care se reflecta într-o spărtură de oglindă ce voia să sugereze un lac. Pe lac – două lebede din vată cu ciocurile din aur.

Un omuleţ cu faţa albă ca varul îşi făcu apariţia de după unul din copacii de carton. După ce făcu o plecăciune în faţa publicului, zise necăjit:

— Ziua bună! Numele meu este Pierrot. Veţi avea plăcerea să ne vedeţi astăzi jucând în comedia „Fata cu părul de culoarea cerului sau treizeci şi trei de lovituri după ceafă".

Apoi apăru un alt omuleţ cu hainele în carouri, ca o tablă de şah. Şi el făcu o plecăciune şi zise:

— Ziua bună! Eu sunt Arlechino!

Apoi se întoarse către celălalt omuleţ şi-i trase două palme peste faţă aşa de tare, încât se văzu cum îi sare pudra de pe faţă.

— De ce plângi, prefăcutule?

— Sunt supărat că m-a părăsit logodnica şi aş fi vrut să mă însor…

— Hi hi hi, pufni în râs Arlechino.

El luă o bâtă şi îl lovi pe Pierrot.

— Şi care-i numele logodnicei tale?

— Dacă îţi spun o să mă mai bati?

— Ei, asta a fost aşa de încălzire.

— Bine, o cheamă Malvina sau Fata cu părul de culoarea cerului.

— Hi hi hi, pufni din nou Arlechino, în timp ce îi mai trăgea trei pumni după ceafă. Onorate public, există fete cu părul de culoarea cerului?

Şi se uită în sală la publicul spectator, unde îl zări pe Burattino.

— Ia priviţi-l pe Burattino! strigă deodată Arlechino.

— O păpuşă însufleţită! ţipă Pierrot, gesticulând cu mâinile.

O mulţime de personaje îşi făcură apariţia de după copacii din carton: fete ce purtau măşti negre, bărbaţi cu barbă ce purtau tichii ornate cu stele, câini cu laţe multe şi cu ochi din nasturi, cocoşaţi cu nasurile mari precum castraveţii. Toţi se îndreptară către lumina ce provenea de la lumânările de pe scenă, şi începură să-l strige pe Burattino.

Acesta sări de pe banca unde stătea direct pe căsuţa suflerului şi apoi pe scenă. Îl prinseră şi începură să-l pupe şi să-l pişte...Apoi păpuşile cântară „Polca păsăricii“:

Păsărica făcea mici salturi
Era vioaie dimineaţa
Nasul în stânga, în dreapta coada
Polca e dansul lui Carabas.

Doi gândaci bat tobele
O broască suflă în contrabas
Nasul în stânga, în dreapta coada
Polca e dansul lui Barabbas.

Păsărica făcea mici salturi,
Fiind vioaie dimineaţa.
Nasul îl stânga, în dreapta coada
Până când dansul se termină.

Toţi cei din sală fură înduioşaţi. Unei doici îi dădură lacrimile, un pompier plângea de se cutremurau pereţii. Doar cei din ultimele rânduri începură să facă zgomote cu picioarele şi să strige:

— Gata cu pupatul, continuaţi spectacolul!

Din cauza gălăgiei din sală, apăru în culise un om cu o înfăţişare înfricoşătoare de-ţi stătea inima în loc. Avea o barbă neperiată ce-i atârna până la podea, ochii bulbucaţi se învârteau în toate direcţiile, dinţii îi clănţăneau în gura mare ca la crocodil. În mână avea o biciuşcă cu şapte şireturi. El era stăpânul teatrului, mare maestru păpuşar, domnul Carabas Barabbas.

— Ceeee? începu el să zbiere la Burattino. Deci tu mi-ai zăpăcit păpuşile şi ai întrerupt reprezentaţia?

Şi îl înhăţă pe Burattino şi-l agăţă într-un cui din magazia teatrului. Apoi se întoarse la păpuşi şi le ameninţă cu biciuşca să continue. Păpuşile continuară piesa iar spectatorii se împrăştiară. Domnul Carabas Barabbas merse să ia cina la bucătărie. Îşi băgă barba în buzunar ca să nu-l incomodeze, şi se aşeză în faţa unui foc unde se rumeneau un iepure şi doi pui. Dar pentru că lemnele care ardeau erau puţine, îi chemă pe Arlechino şi Pierrot, bătând din palme.

— Să mi-l aduceţi pe acest linge blide de Burattino să-l pun pe foc! Aşa friptura mea se va face mai repede şi mai bine!

Cei doi îl implorară în genunchi să-l ierte pe Burattino.

— Unde-i biciuşca? urlă Carabas Barabbas.

Plângând de ţi se rupea inima, cei doi se duseră la magazie, îl luară pe Burattino, şi-l aduseră în bucătărie.

Carabas Barabbas îi dă lui Burattino cinci galbeni şi-l lasă să plece

Păpuşile îl aruncară pe Burattino pe podea în timp ce domnul Carabas Barabbas strănuta groaznic şi răcâia tăciunii cu un vătrai.

Dintr-o dată ochii i se înroşiră, iar nasul şi toată faţa i se încreţi. Probabil că îi intrase în nas vreo bucată de tăciune.

— Hap, hap, hap! începu să ţipe cât îl ţinea gura. Apoi – hapciu! strănută cu putere că se ridică cenuşa ca un nor. Şi când îl apuca strănutul, nu se mai putea opri, şi strănuta aşa de cinci zeci de ori sau chiar o sută, până obosea. Şi atunci devenea om de treabă.

Pierrot îl sfătui pe Burattino să vorbească cu Carabas Barabbas aşa, printre strănuturi.

De la zgomotul produs de strănuturi, toată bucătăria se zguduia, ba chiar şi geamurile, tigăile şi cratiţele. Burattino începu să ţipe cu glas piţigăiat şi rugător:

— Vai de viaţa mea, săracul de mine, nimănui nu-i pasă de mine!

— Nu te mai văicări, mă faci să mă simt vinovat, spuse Carabas Barabbas. Apoi strănută din nou.

— Noroc! oftă printre lacrimi Burattino.

— Mulţumesc... Dar, părinţii tăi mai trăiesc?

— Eu nu mi-am cunoscut mama, domnule. Oh, sărmanul de mine, ţipă Burattino atât de ascuţit încât lui Carabas Barabbas începură să-i ţiuie urechile.

— Încetează odată! Dar ce s-a întâmplat cu tatăl tău? Hapciuu!

—Tatăl meu trăieşte, domnule.

— Cât de greu îi va fi când va afla că eu te-am ars pentru a-mi găti cina... Hapciuu!

— Sărmanul meu tată, oricum se va prăpădi de foame şi de frig. Eu eram toiagul lui la bătrâneţe, hai domnule, dă-mi drumul!

— Drace! Nu poate să-mi fie milă de tine, trebuie să îmi rumenesc bine iepurele şi puii. Hai odată, sari în foc!

— N-am cum să fac asta domnule, răcni Burattino.

— Cum aşa? întrebă Carabas Barabbas dorind să nu-l mai audă pe Burattino ţipând.

— Păi, domnule, eu am mai vrut o dată să-mi bag nasul în sobă, şi nu am făcut decât o gaură.

— Ce minciuni! se miră Carabas Barabbas. Cum să faci o gaură în sobă cu nasul?

— Păi domnule, soba şi ceaunul erau desenate pe o pânză veche.

Carabas Barabbas strănută din nou aşa de tare încât Pierrot fu aruncat în strânga, Arlechino în dreapta, iar Burattino începu să se învârtă ca o sfârlează.

— Unde ai văzut tu aşa ceva desenat?

— În camera tatălui meu, Carlo.

— Tatăl tău e Carlo? sări ca ars Carabas Barabbas, agitându-şi mâinile şi fluturându-şi barba. Camera bătrânului Carlo, unde se află comoara...

Apoi Carabas Barabbas îşi astupă gura cu pumnii nevoind să mai spună ceva în plus. Şi privi o vreme cu ochii bulbucaţi la focul care ardea mocnit.

— O să mănânc iepurele fript pe jumătate şi puii cruzi, zise el într-un sfârşit. Şi o să te las în viaţă Burattino, ba mai mult...

Vârî mâna în buzunarul vestei, scoase cinci bănuţi de aur şi îi dădu lui Burattino.

— Dă-i banii ăştia lui Carlo şi spune-i să aibă grijă să nu moară de foame sau frig şi să nu părăsească cămăruţa lui unde este desenată soba... Mergi la culcare şi mâine vei pleca spre casă.

Burattino îşi băgă banii în buzunar şi îi mulţumi făcând o plecăciune respectuoasă:

— Mulţumesc domnule, nici că se putea să alegeţi o persoană mai de încredere ca mine, căreia să-i încredinţaţi banii.

Arlechino şi Pierrot îl duseră pe Burattino în camera păpuşilor unde cu toţii se bucurară că acesta scăpase cu viaţă şi începură să-l ciupească, să-l pupe, să-l înghiontească. Burratino le spuse în şoaptă păpuşilor:

— Trebuie să aflăm o taină!

Pe drumul spre casă, Burattino întâlneşte doi cerşetori: motanul Basilio şi vulpea Alice

Dimineaţa devreme, Burattino numără banii; monedele erau cât degetele de la o mână. Strânse apoi banii în pumn şi, ţopăind într-un picior, fugi spre casă, fredonând pe drum o melodie:

„O să cumpăr pentru tata Carlo o haină nou-nouţă, mai multe prăjituri cu mac şi acadele în formă de cocoşei."

Când se îndepărtă suficient de mult şi în urma lui nu mai văzu teatrul de păpuşi, cu tot cu steguleţele-i multicolore, Burattino se întâlni cu doi cerşetori ce mergeau trişti pe drumul prăfuit; erau vulpea Alice, care şchiopăta pe trei picioare, şi motanul orb, Basilio.

Acesta însă nu era motanul pe care Burattino îl întâlnise cu o zi în urmă, ci un altul, dar tot Basilio îl chema şi avea tot blană în dungi. Burattino vru să treacă neobservat, dar vulpea Alice îi spuse cu glas mierlos:

— Bună ziua, binevoitorule Burattino. Unde te grăbeşti aşa?

— Acasă, la tata Carlo!

— Vulpea oftă şi mai linguşitor:

— Nu se ştie dacă mai trăieşte, bietul Carlo era pe moarte, din cauza foamei şi a frigului...

— Dar pe asta o ştii?

Şi Burattino desfăcu pumnul, arătând cele cinci monede de aur.

Cum văzu banii, vulpea întinse laba spre ei, iar motanul deschise deodată larg ochii săi orbi, ce începură să sclipească precum două felinare verzi. Burattino nu observă nimic.

— Bunule, simpaticule Burattino, ce-ai de gând să faci cu aceşti bani?

— Vreau să cumpăr o haină pentru tata Carlo. Şi apoi, un Abecedar nou...

— Un Abecedar, uf, uf, spuse vulpea Alice, înclinându-şi capul într-o parte şi în alta; învăţătura nu duce la nimic bun... priveşte-mă pe mine; am învăţat, am învăţat şi uite cum am ajuns, cu trei picioare...

— Abecedar!... bombăni motanul Basilio, sforăind în mustăţi. Din cauza acestei învăţături blestemate am rămas eu fără vedere.

Într-un pom de lângă drum, pe o ramură uscată, stătea o cioară bătrână. Ascultă ce ascultă, şi apoi cârâi:

— Mint, mint!...

Motanul Basilio sări în copac şi cu laba dădu cioara jos, smulgându-i jumătate din coadă, de biata cioară abia că mai putea să zboare. Motanul se prefăcu din nou că ar fi orb.

— Dar ce rău v-a făcut? întrebă mirat Burattino.

— Eu nu văd, îi răspunse motanul, şi mi s-a părut că... e un câine în pom.

Şi tot mergeau ei pe drumul prăfuit, când vulpea spuse:

— Deşteptule şi generosule Burattino, ai vrea tu ca bănuţii să ţi se înmulţească de zeci de ori?

— Bineînţeles că vreau! Dar cum s-ar putea asta?

— O nimica toată. Hai cu noi!

— Încotro?

— În Ţara Proştilor.

Burattino căzu pe gânduri.

— Nu, zise el, merg acasă acum.

— Bine, du-te, că doar nu te luăm cu japca, zise vulpea, cu atât mai rău pentru tine.

— Cu atât mai rău pentru tine, bombăni şi motanul.

— Tu îţi faci singur rău, spuse vulpea.

— Îţi faci singur rău, bombăni motanul.

— Alfel, banii tăi s-ar transforma în morman de bani.

Burattino se opri şi rămase cu gura căscată.

— Eşti un mincinos!

Vulpea se aşeză pe coadă făcând scandal:

—Am să-ţi explic deîndată. În Ţara Proştilor este o câmpie vrăjită, ce se numeşte „Câmpia Minunilor"... Pe acestă câmpie, sapi o gropiţă şi spui de trei ori: „ics, mics, drics"...arunci în gropiţă o monedă de aur, o acoperi cu pământ, pui deasupra sare, stropeşti cu apă şi apoi te duci să tragi un pui de somn. Dimineaţa, a doua zi, din gropiţă va creşte un copăcel care va avea în loc de frunze, monede de aur. Pricepi?

Burattino sări ca ars:

— Eşti un mincinos!

— Să mergem Basilio, zise vulpea, întorcându-şi nasul furioasă. Nu ne crede, şi nu e nevoie...

— Ba da, vă cred! strigă Burattino. Să plecăm cât mai repede în Ţara Proştilor!...

Burattino este atacat de hoţi

La marginea cerului se ivi o lumină gălbuie: răsărise luna. În faţă se vedea o pădure neagră. Burattino mări pasul. Simţi că cineva din spate îl urmărea. Atunci începu să fugă. Necunoscutul din spatele lui iuţi şi el pasul. Se întoarse şi privi înapoi. Doi indivizi ce purtau pe cap câte un sac găurit în dreptul ochilor îl urmăreau. Unul, mai mic de înălţime, avea un cuţit în mână; celălalt, mai înalt, ţinea un pistol ce avea ţeava mai largă spre vârf.

— Văleu! ţipă Burattino şi o rupse la fugă spre pădurea cea neagră.

— Nu te mişca! strigară hoţii.

Burattino, deşi era îngrozit de frică, găsi o soluţie: băgă în gură cei patru bănuţi de aur şi merse în altă direcţie, îndreptându-se spre un gard din rugi de mure. Aici însă fu prins de cei doi hoţi.

— Banii sau viaţa!

Burattino se făcu că nu pricepe ce vor de la el şi începu să respire din ce în ce mai repede. Hoţii îl scuturară de guler, unul îl ameninţă cu pistolul, iar celălalt îl scotocea prin buzunare.

— Unde sunt banii? urlă cel înalt.

— Banii, canalie, bombăni cel mic.

— Praf te fac!

— O să rămâi fără cap!

Auzind toate acestea, Burattino începu să dârdâie aşa de tare, încât monedele de aur începură a-i zăngăni în gură.

— Uite unde îşi ţine banii! urlară hoţii. În gură...

Unul îl apucă pe Burattino de cap iar celălalt îl luă de picioare şi începură să-l arunce în sus. Dar el strângea dinţii şi mai tare. Ridicându-l cu picioarele în sus, tâlharii îl loviră cu capul de pământ . Dar nici aşa nu reuşiră să scoată nimic de la el. Atunci hoţul cel mic încercă să-i descleşteze dinţii cu un cuţit mare. Şi aproape reuşi... Însă Burattino îi muşcă mâna cu toată puterea. Mâna nu era una obişnuită, ci o labă de motan. Hoţul urla ca un nebun. Atunci Burattino se răsuci, reuşi să scape şi fugi de mâncă pământul spre gardul din rugi de mure, se afundă în tufişuri rupându-şi hainele de pe el, dar nu se opri.

Însă la marginea pădurii, hoţii îl ajunseră din urmă. El sări, se apucă de o creangă ce se clătina şi se urcă în copac. Hoţii, după el. Însă îi încurcau sacii ce-i purtau pe cap. Ajungând sus de tot, tocmai în vârful copacului, Burattino îşi făcu vânt şi sări în alt copac; hoţii, după el...

Amândoi însă săriră prost şi căzură la pământ. Până să se ridice şi să-şi îndrepte ei spinarea, Burattino se dădu jos din copac şi începu să fugă, mişcând picioarele cu o aşa viteză, că de-abia i se mai vedeau. Datorită lunii, toţi copacii aveau umbra lungă. Pădurea întreagă parcă era brăzdată de dungi... Burattino, când dispărea în umbră, când apărea cu căciulița lui albă în lumina lunii.

Aşa ajunse la un lac. Deasupra apei sclipitoare, luna strălucea întocmai ca la teatrul de păpuşi. Burattino se aruncă spre dreapta şi dădu peste o mlaştină, la stânga, la fel... În spatele lui auzi însă din nou un trosnet de vreascuri.

— Pune mâna pe el!

Hoţii se apropiară în fugă, săltându-se pe vârful picioarelor în iarba udă, ca să-l vadă pe Burattino.

— Uite-l!

Singura scăpare pentru Burattino era să se arunce în apă. Apoi văzu o lebădă ce dormea în apropierea malului, cu capul sub aripă. Se aruncă în lac şi apucă lebăda de lăbuțe.

— Ga-ga, zise lebăda, trezindu-se. Ce fel de glumă proastă este asta? Dă-mi drumul!

Lebăda îşi desfăcu aripile şi zbură pe malul celălalt chiar în momentul când cei doi hoţi voiau să-l apuce pe Burattino de picioare. Acesta dădu drumul lebedei şi căzu la pământ, apoi se ridică şi începu să alerge pe moviliţele de muşchi dintre stuf, glonţ spre luna rotundă şi mare de deasupra dealurilor.

Hoţii îl atârnă pe Burattino de crengile unui copac

După atâta trudă, Burattino abia îşi mai mişca picioarele, asemeni unei muşte îngheţate toamna, pe marginea fereastrei. Deodată, printre crengile unui nuc, văzu o poieniţă minunată şi, în mijlocul ei, o căsuţă cu patru ferestre, luminată de lună. Pe obloane erau desenate soarele, luna şi stelele.

În jur creşteau flori mari de culoarea cerului. Potecuţele erau presărate cu nisip curat. Din fântână, un fir de apă ţâşnea în sus, ţinând ridicată o minge în dungi. Burattino se târi în patru labe pe scările căsuţei. Bătu la uşă. În căsuţă era linişte. Bătu din nou, mai tare, ca să se facă auzit deoarece toţi din casă dormeau adânc.

Deodată, din pădure îşi făcură apariţia hoţii. Trecuseră lacul înot şi apa curgea şiroaie de pe ei. Văzându-l pe Burattino, hoţul cel mic începu să miorlăie ca un motan, iar cel mai înalt, ca o vulpe.

Burattino începu să bată în uşă cu mâinile şi picioarele.

— Ajutor, ajutor, oameni buni!... La fereastră apăru o fetiţă drăguţă, cu părul în bucle, cu năsucul frumos şi cârn. Ţinea ochii închişi.

— Fetiţo, deschide uşa, că mă urmăresc hoţii!

— Vai, ce glumă proastă! spuse fetiţa, în timp ce căsca. Vreau să dorm, mi-e somn, nu pot să deschid ochii.

Şi ridicând mâinile, se întinse somnoroasă şi dispăru de la fereastră.

Disperat, Burattino căzu cu nasul în nisip şi se prefăcu că-i mort.

Dar hoţii îl luară cu asalt:

— Aşa, acum nu mai scapi din mâna noastră!

Şi câte nu au încercat să-l facă pe Burattino să deschidă gura! Dacă în timpul urmăririi n-ar fi aruncat cuţitul şi pistolul, am fi putut termina chiar acum povestea zăpăcitului Burattino...

În final, hoţii au hotărât să-l agaţe cu capul în jos. Îi legară picioarele cu o funie, iar funia, de creanga unui stejar şi acum, Burattino stătea spânzurat cu capul în jos... Cei doi se întinseră sub stejar lungindu-se cu cozile lor umede şi aşteptară să-i cadă banii din gură lui Burattino. În zorii zilei se porni un vânticel, iar frunzele foşniră. Burattino se legăna ca un lemn. Hoţii obosiră să tot aştepte să-i pice banii păpuşii şi-i spuseră:

— Rămâi aşa agăţat până diseară, prietene, spuseră ei cu glas răutăcios. Şi plecară să caute vreun han.

Fetiţa cu părul de culoarea cerului îl salvează pe Burattino de la moarte

După crengile stejarului, unde era spânzurat Burattino, se lumină de ziuă. Iarba din poieniţă se făcu albăstrie, iar florile de culoarea cerului se acoperiră cu picături de rouă. Fetiţa cu părul cârlionţat apăru iarăşi la geam şi deschise larg ochii somnoroşi.

Fusese cea mai frumoasă păpuşă din teatrul de păpuşi al domnului Carabas Barabbas. Dar, neputând suporta mizeriile stăpânului, fugise de la teatru şi se instalase în căsuţa aceasta retrasă, din poieniţa verde.

Toate vieţuitoarele din poieniţă o primiră cu bucurie, pentru că era o fetiţă cuminte şi generoasă. Animalele îi aduceau tot ce avea nevoie pentru a trăi: cârtiţa îi aducea rădăcini comestibile; de la şoareci primea zahăr, brânză şi bucăţi de cârnat, pudelul Artemon îi aducea pâinişoare delicioase; coţofana fura pentru ea de la piaţă bomboane de ciocolată ambalate în staniol; broaştele îi aduceau limonada în coji de nucă, uliul, vânat prăjit, cărăbuşul, fructe de toate felurile, fluturii polenul florilor ca pudră, omizile storceau pastă de dinţi şi grăsime pentru uşile ce scârţâiau, iar rândunelele nimiceau ţânţarii şi viespile din jurul casei.

Deci, după ce a făcut ochii mari, fetiţa cu părul ca cerul l-a văzut pe Burattino spânzurat cu capul în jos. Puse palmele pe obraji şi strigă:

— Văleu! Văleu!

Sub fereastră, Artemon pudelul nobil ciuli urechile. În fiecare zi tundea câte puţin din partea din spate a corpului, iar acum ajunsese la jumătate. Părul creţ din jumătatea din faţă a corpului era periat, iar vârful codiţei sub formă de ciucure era prins cu o fundă neagră. Pe una dintre labele din faţă purta un ceas de argint.

— Iată-mă!

Artemon se învârti ţinându-şi nasul într-o parte şi ridică buza de sus lăsând la vedere dinţii albi.

— Cheamă pe cineva Artemon! strigă fetiţa. Trebuie să-l coborâm pe bietul Burattino, să-l ducem în casă şi să chemăm un medic...

— Desigur!

Artemon se răsuci grăbit în toate direcţiile, iar nisipul ud zbură din labele lui din spate... Se năpusti asupra unui muşuroi de furnici, lătră până le trezi pe toate din somn şi trimise patru sute dintre ele să roadă sfoara de care era atârnat Burattino. Patru sute de furnici harnice porniră una după alta, pe o cărare îngustă, se urcară în stejar şi roaseră sfoara. Artemon îl apucă pe Burattino cu labele din faţă şi-l târî în casă. Punându-l pe pat, fugi iute până în desişul pădurii şi-l aduse pe renumitul medic Bufniţă, pe asistenta medicală Brotăcica şi pe vraciul Lecuitorul, care semăna cu o buturugă uscată.

Bufniţa îşi puse urechea pe pieptul lui Burattino.

— Pacientul e mai degrabă mort, decât viu! şopti şi întoarse capul înapoi, rotindu-l la o sută opt zeci de grade.

Brotăcica îl pipăi mult cu laba ei umedă, apoi gândindu-se privi cu ochii ei holbaţi în toate părţile. Apoi deschise gura mare şi vorbi nedesluşit:

— Pacientul este mai degrabă viu decât mort!

Vraciul Lecuitorul, ce avea mâinile uscate ca iarba, începu să-l pipăie pe Burattino.

— Una din două, şuşoti el, pacientul ori e viu ori e mort.

Dacă e viu, atunci el va trăi sau nu va trăi. Dacă e mort, îl putem învia, ori nu-l putem învia.

— Înşelătorie, spuse Bufniţa şi, dând din aripile-i moi, zbură în podul neluminat.

Mânioasă fiind, broaştei i se umflară toţi negii.

— Ce execrabilă făcătură! orăcăi ea, şi plescăind din burtă sări în pivniţa rece.

Pentru orice eventualitate, Vraciul Lecuitorul se prefăcu într-o buturugă uscată şi se aruncă pe fereastră.

Fetiţa pocni din mâinile-i drăguţe:

— Ei bine, oameni buni, cum să-l fac bine?

— Cu ulei de ricin, orăcăi Brotăcica din adâncul pivniţei.

— Cu ulei de ricin! pufni în râs Bufniţa din podul casei.

— Ori cu ulei de ricin, ori fără ulei de ricin! scrâşni de după fereastră Lecuitorul.

În acea clipă, amărâtul Burattino, plin de vânătăi şi cu hainele rupte, oftă:

— Nu-mi trebuie ulei de ricin, mă simt foarte bine!

Fetiţa cu părul de culoarea cerului se aplecă cu grijă peste el:

— Burattino, te rog mult, închide ochii, ţine-te de nas şi bea.

— Nu vreau, nu vreau, nu vreau!...

— Am să-ţi dau o bucăţică de zahăr...

Îndată, pe plapuma patului, un şoricel alb ţinea o bucăţică de zahăr.

— Ţi-o dau, dacă o să mă asculţi, zise fetiţa.

— Vreau numai zăhărelul...

— Trebuie să înţelegi că, dacă nu iei medicamentul, poţi să mori!

— Mai bine mor, decât să iau ulei de ricin!

Atunci fetiţa vorbi serios, cu glas de adult:

— Ţine-te de nas şi priveşte în sus... Unu, doi, trei.

Şi fetiţa îi turnă uleiul de ricin în gură, îi dădu apoi imediat o bucăţică de zahăr şi îl sărută.

— Am terminat!

Nobilul Artemon, căruia îi plăceau finalurile fericite, își prinse vârful cozii cu dinții, învârtindu-se sub fereastră ca un vârtej format din mii de labe, mii de urechi și mii de ochi strălucitori.

Fetița cu părul de culoarea cerului vrea să-i facă educație lui Burattino

În ziua următoare, dimineața, Burattino se trezi bine dispus și sănătos, de parcă niciodată n-ar fi avut nimic. Fetița cu părul de culoarea cerului îl aștepta în grădină, stând la o măsuță pe care se aflau tacâmuri pentru păpuși. Fața ei era proaspăt spălată și avea polen de floricele pe năsucul cârn și pe obrăjiori. În timp ce-l aștepta pe Burattino, ea se apăra de fluturii ce o enervau:

— Hei, pe voi, de fapt cine...

Ea îl analiză din cap până-n picioare pe Burattino, iar apoi se încruntă. Îi ordonă să ia loc la masă, servindu-i o ceșcuță cu cacao.

Burattino se așeză la masă și își îndoi un picior sub el. Băgă în gură prăjiturile întregi cu migdale, înghițindu-le fără să le mestece. Își vârî apoi toate degetele în borcanul cu dulceață, lingându-le cu plăcere.

Când fetița se răsuci pentru un moment ca să arunce câte ceva unui gândac auriu, el apucă ibricul și bău cacao băgându-și și nasul în ibric. Dar se înecă și vărsă cacao pe fața de masă. Fetița îl certă furioasă:

— Scoate-ți piciorul de sub tine și așază-te cuviincios!

— Și nu mai lua cu mâna! Pentru asta există linguri și furculițe.

Pentru că se simțea insultată, fetița clipea din gene.

— Spune-mi, te rog, cine se ocupă cu educația ta?

— Uneori, tata Carlo, dar în general nimeni nu se ocupă de mine.

— Stai liniştit, de acum mă voi ocupa eu de educaţia ta.

„Vai şi amar de mine!", gândi Burattino.

Prin iarba de pe lângă casă, pudelul Artemon sărea şi alerga după păsărele. Când ele se aşezau pe ramurile pomilor, el ridica capul, sărea şi lătra, urlând câteodată.

„Ce frumos aleargă după păsărele!" se gândi cu ciudă Burattino. Din cauză că stătea frumos la masă, parcă îl furnica tot corpul. În sfârşit, chinuitorul mic dejun se termină. Fetiţa îi porunci să-şi cureţe nasul de cacao. Îşi aranjă pliurile şi funditele rochiţei, îl luă pe Burattino de mână şi-l duse în casă, pentru a-i face educaţie. Artemon, pudelul fericit, fugea prin iarbă şi lătra, păsările ciripeau vesele şi nu le era frică de el, iar vântul mişca lin frunzele pomilor.

— Dă-ţi jos zdrenţele alea de haine, o să primeşti altele, spuse fetiţa.

Patru croitori: un rac mare meşter singuratic, o ciocănitoare cenuşie şi moţată, un cărăbuş mare şi o şoricioaică îi făcură din rochiţele vechi ale fetiţei un costum frumos de băieţel. Racul croia, ciocănitoarea făcea găuri cu ciocul şi apoi cosea, cărăbuşul cu picioruşele-i din spate răsucea aţa, iar şoricioaica o tăia.

Lui Burattino îi fu jenă să îmbrace hainele vechi ale fetiţei, dar n-avu încotro. Făcând nazuri, el ascunse în buzunarul hainei noi cei patru bănuţi de aur.

— Acum, stai jos şi pune mâinile în faţă. Stai drept, nu te cocoşa, spuse fetiţa, luând o bucăţică de cretă. Vom învăţa aritmetica: tu ai în buzunar două mere...

Burattino făcu pe prostul:

— Nu-i adevărat, n-am nici unul...

— Încerc să spun, repetă cu indulgență fetița... să zicem că în buzunarul tău sunt două mere. Cineva îți ia unul. Câte mere ți-au rămas?

— Două.

— Gândește-te bine!...

Burattino se încruntă, gândind profund.

— Două...

— De ce?

— Fiindcă n-am să dau un măr lui Cineva, chiar dacă m-ar bătea!

— N-ai nicio chemare pentru aritmetică, spuse tristă fetița. Să facem o dictare.

Și ridică ochii ei frumoși în sus.

— Scrie: „Iepurașul cenușiu aleargă". Ai scris?... Acum citește propoziția aceasta magică invers.

Noi știm însă că Burattino nu mai văzuse vreodată nici toc și nici călimară. Îndată ce fetița zise: „Scrie!", Burattino vârî nasul în călimară și se sperie îngrozitor când văzu că din nas îi cad picături de cerneală pe hârtie. Fetița pocni din palme, ba chiar ochii i se umplură de lacrimi:

— Ești un mare nerușinat și trebuie să te pedepsesc!

Și scoase capul pe fereastră:

— Artemon, du-l pe Burattino în cămara cea întunecată!

Nobilul Artemon apăru în ușă, arătându-și dinții albi. Îl înșfăcă pe Burattino și-l trase spre odaia unde, pe la colțuri, atârnau păianjeni mari. Îl închise acolo, apoi urlă, ca să bage frica în el, și plecă din nou să alerge păsărelele.

Fetița se aruncă pe un pătuț dantelat de păpușă, și începu să plângă și să ofteze din greu pentru că a fost nevoită să se poarte așa de sever cu băiețelul de lemn. Dar, dacă tot s-a apucat să-l educe, trebuia s-o facă până la capăt.

Burattino mormăia în cămara întunecată:

— Ce fetiță fără minte!... S-a trezit ea să-mi facă mie educație!... De fapt are cap de marmură și corpul umplut cu vată...

În cămară se auzi un scârțâit, de parcă cineva crănțănea din niște dințișori.

— Fii atent, fii atent...

Burattino ridică nasul murdar de cerneală și se lămuri. În întuneric, tocmai sub tavan, un liliac sta agățat cu capul în jos.

— Tu ce vrei?

— Fii calm până la noapte, Burattino.

— Mai încet, mai încet! șușotiră păianjenii pe la colțuri, să nu ne mișcați pânzele sau să ne speriați musculițele!

Burattino se așeză pe o oală găurită sprijinindu-și capul între mâini.

Trecuse el prin situații mult mai dificile însă acum îl deranja nedreptatea...

— Oare așa se educă copiii? Asta e suferință, nu educație! Nu ai voie să stai așa, nu ai voie să mănânci așa... Copilul nu știe nici măcar alfabetul și ea îl trimite la călimară... Iar câinele aleargă după păsărele, n-are nicio grijă.

Liliacul răcni din nou:

— Așteaptă să vină noaptea, Burattino, și te voi duce în Țara Proștilor; acolo te așteaptă prietenii tăi, motanul și vulpea, te așteaptă succesul și bucuria. Așteaptă să vină noaptea!

Burattino fuge de la Fetița cu părul de culoarea cerului. Ajutat de un liliac ajunge în Țara Proștilor

Fetița cu părul de culoarea cerului îi vorbi din ușa cămării:

— Burattino, prietenul meu, îţi pare rău pentru ce ai făcut?

El era trist şi îi veneau tot felul de gânduri în minte.

— Nu are de ce să îmi pară rău. Să nu te aştepţi să îmi cer iertare.

— Atunci va trebui să îţi petreci noaptea în cămară...

Fetiţa suspină cu regret şi plecă.

Veni noaptea. Cucuveaua chicoti în pod, broasca ieşi încet din beci pentru a se băga cu burta în băltoacele în care se reflecta luna. Fetiţa adormi în pătuţul dantelat şi plânse cu suspine mult timp până i se închiseră ochii. Câinele se făcu covrig şi se culcă şi el în faţa uşii de la camera fetiţei. Pendulul anunţă miezul nopţii.

Liliacul coborî de pe tavan.

— A sosit vremea să fugi, Burattino, îi strigă în ureche. Într-un colţ al cămării e o gaură de şobolan, ce duce spre pivniţă. Ne vedem pe pajişte.

Liliacul zbură fără zgomot pe fereastră. Burattino înaintă cu greu pe podeaua cămării, împotmolindu-se în pânzele de păianjeni. Aceştia în urma lui bodogăneau furioşi. Burattino se târî spre pivniţă. Locul devenea din ce în ce mai îngust. El îşi croi cu greu un drum. Deodată ajunse în beci cu capul în jos. Aproape că era să cadă într-o cursă de prins şobolani, călcă pe coadă o pisică cre se ospătase din laptele lăsat în sufragerie, şi ajunse pe pajişte sărind prin locul pe unde intra şi pisica. Deasupra florilor albăstrii, liliacul zbura fără nici un zgomot.

— Să mergem în Ţara Proştilor!

Liliecii nu au coadă, ei zboară în sus şi în jos, cu aripile fără pene, semănând cu puii de drac, gura le este mereu deschisă ca să prindă în timpul zborului muşte, ţânţari sau fluturi de noapte.

Burattino goni în urma liliacului prin iarba înaltă ce-i trecea de umeri, iar trifoiul verde îi atingea obrajii.

Brusc, liliacul se ridică spre luna rotundă şi de acolo ţipă către cineva:

— Iată-l!

Chiar atunci Burattino căzu într-o prăpastie abruptă. Se dădu peste cap până se opri în nişte brusturi. Avea pielea sfâşiată, gura plină de nisip şi ochii bulbucaţi.

— Măi, să fie!

Chiar în faţa lui îi văzu pe motanul Basilo şi vulpea Alice.

— Viteazule Burattino, se pare că ai aterizat din lună, spuse vulpea.

— E straniu cum de mai e în viaţă, zise supărat motanul.

Burattino se bucură când îi revăzu pe cei doi, însă i se păru ciudat că motanul avea o lăbuţă pansată, iar vulpea avea coada murdară de nămol de mlaştină.

— Totul e bine când se sfârşeşte cu bine, spuse vulpea, bine că ai ajuns în Ţara Proştilor.

Şi făcu un semn cu lăbuţa spre un pod rupt, peste un râu fără apă. Pe malul celălalt al râului, printre mormane de gunoi se vedeau case dărâmate, copaci fără viaţă, cu ramurile rupte, turnuri de biserică înclinate în toate părţile.

— Aici se găsesc celebrele haine de blană de iepure, potrivite pentru tata Carlo, zise vulpea netezindu-şi buzele cu limba. Mai găseşti Abecedare cu poze colorate şi multe acadele. Sper că mai ai banii, minunatule Burattino?

Burattino se sprijini de vulpe şi se ridică în picioare. Aceasta îşi linse laba şi îi curăţă haina, apoi îl trecu peste podul rupt. Motanul Basilio venea la urmă, şchiopătând supărat.

Deşi era încă noapte, în Ţara Proştilor nimeni nu dormea. Pe un drum prăfuit rătăceau câini fără vlagă care urlau de foame:

— A-hu-u-u-uuuu!

Capre care năpârliseră pe coaste, legănându-şi cozile ciuntite mâncau firele de iarbă prăfuită de pe marginea străzii.

— Me-he-heeee!

O vacă stătea cu capul în jos, şi de slabă ce era oasele îi ieşeau prin piele.

— Ce chin! repeta ea gânditoare.

Pe grămezile de gunoaie stăteau vrăbii cu penele căzute, care nu mai puteau zbura, abia de mai reuşeau să respire... Găini cu cozi jumulite se împleticeau pentru că erau lihnite de foame...

La răscruce de drumuri stăteau de veghe buldogi-poliţişti ce purtau pălării îndoite în trei colţuri, cu zgărzi ţepoase şi care ţipau la gloata înfometată şi murdară:

— Circulaţi! Mergeţi pe dreapta! Nu vă opriţi!

Vulpea îl duse pe Burattino mai departe. Pe marginea drumului se plimbau sub lumina lunii, motani cu ochelari de aur şi care aveau la braţ pisicuţe cu pălării. La fel se plimba şi un vultur burtos iar la braţul lui sta o vulpe încrezută ce ţinea în lăbuţă o floare de regina nopţii. Vulpea Alice zise:

— Cei de pe trotuar pe care-i respectă toată lumea sunt cei care au plantat bani în Câmpia Miraculoasă. Doar în noaptea asta se mai pot semăna bani. Dimineaţa vei putea să culegi foarte mulţi bani şi-i vei putea cheltui cum vrei tu...

Vulpea şi motanul îl duseră pe Burattino pe un câmp presărat cu cioburi de oale, ghete rupte, cizme găurite şi tot felul de zdrenţe. Se tot opreau din vorbă unul pe altul când deodată începură să vorbească ca două mori stricate:

— Faci o groapă.

— Arunci banii în ea.

— Pui din belşug apă din baltă.

— Şi la sfârşit adaugi: „ics, mics, drics"...

Burattino se scărpină în nasul pătat de cerneală.

— Mergeți voi doi un pic mai încolo...

— Dar pe noi nu ne interesează unde-ți îngropi banii, spuse vulpea.

— Chiar așa! zise și motanul

Cei doi se îndepărtară câțiva pași, stând ascunși după o movilă de gunoi. Burattino săpă o groapă, spuse de trei ori formula magică și puse în groapă cei patru bănuți de aur. Apoi o acoperi cu pământ, presără puțină sare deasupra și udă cu apă din baltă. Și așteptă să crească copacul...

Burattino fuge din Țara Proștilor și întâlnește un tovarăș de suferință

Și cum nimeni nu-i arătă drumul, Burattino o rupse la fugă mâncând pământul. Dincolo de copacii întunecoși stelele străluceau, acolo unde drumul de-abia se mai vedea se iviră niște stânci, iar în vale se lăsă o ceață grea. Deodată calea îi fu tăiată de un ghemotoc de culoarea plumbului. Apoi, se auzi un câine lătrând.

Burattino se ascunse după o stâncă. Pe lângă el trecură în goană cei doi buldogi polițiști din Orașul Proștilor. Ghemotocul sări într-o parte a drumului, pe o pantă. Câinii îl urmară. Când se făcu puțină liniște Burattino o luă la fugă așa de repede, că lăsă în urmă stelele apărute printre copaci...

Brusc, cocoloșul plumburiu îi apăru în față. Burattino observă că era un iepure ce ducea în spate un omuleț alb ca varul. De sus curgeau pietricele. Buldogii erau de partea cealaltă a drumului. Din nou se așternu tăcerea. Burattino o luă la fugă și mai repede, astfel încât odată cu el, alergau și stelele cu o viteză nemaipomenită.

Iarăşi îi apăru în cale iepurele. Omuleţul îşi prinse capul de o creangă şi alunecă de pe spinarea iepurelui, ajungând la picioarele lui Burattino.

În spatele urecheatului se vedeau buldogii poliţişti, care se apropiau cu iuţeală. Ochii lor erau plini de ură şi de aceea nu-l observară nici pe Burattino, nici pe omuleţul alb ca varul.

— Adio, draga mea Malvina! spuse cu glasul sfârşit omuleţul.

Burattino se aplecă asupra lui şi-l recunoscu pe Pierrot, omuleţul în cămaşa albă şi cu mânecile lungi. Acum zăcea înfipt cu capul în pământ. Şopti cu glasul pierdut: „Adio, draga mea Malvina!", ca şi când trăia ultimele clipe din viaţă. Dar Burattino se hotărî să-l salveze. Întâi îl trase de un picior, apoi îi puse pe nas o lipitoare rătăcită prin buzunarul lui. Pierrot sări ca ars, aruncă lipitoarea şi începu să ofteze:

— Uf, încă mai sunt în viaţă!

Burattino îl prinse de obrajii palizi, îl sărută şi-i spuse:

— Cum ai ajuns aici? Şi de ce fugeai călare pe urecheatul acela plumburiu?

— Burattino, Burattino, zise Pierrot privind în jur cu frică, ascunde-mă cât mai repede... Căci pe mine mă caută dulăii poliţişti. Domnul Carabas Barabbas mă urmăreşte încontinuu. El i-a angajat pe câinii poliţişti din Oraşul Proştilor să mă prindă în viaţă sau mort...

În depărtare câinii se auzeau lătrând. Burattino îl trase pe omuleţ într-un desiş unde erau tufe cu flori mici şi parfumate. Stând întinşi pe frunzele uscate, Pierrot începu să povestească cu vocea stinsă:

— Pricepi tu, Burattino, cândva, în miezul nopţii, când vântul şuiera şi ploua cu găleata...

Pierrot povesteşte cum a ajuns în Ţara Proştilor călărind un iepure

— Pricepi tu, Burattino, cândva, în miezul nopţii, când vântul şuiera şi ploua cu găleata... Domnul Carbas Barabbas stătea la gura sobei şi fuma scoţând fum puţin câte puţin. Cu toţii dormeau, mai puţin eu. Mă gândeam la Fetiţa cu părul de culoarea cerului...

— Ce om fără minte! De parcă ar fi meritat, îl întrerupse Burattino. Tocmai ce am fugit de la ea aseară, din camera cu păianjeni...

— Ce tot spui? Ai văzut-o pe Fetiţa cu părul de culoarea cerului? Pe Malvinuţa mea dragă?

— Ce să zic! O smiorcăită şi o enervantă...

— Vreau să o văd! Dacă mă ajuţi s-o găsesc, o să îţi dezvălui misterul cheiţei de aur...

— Ce? strigă Burattino. Tu cunoşti taina cheiţei de aur?

— Ştiu unde-i cheiţa şi cum poţi intra în posesia ei. Trebuie să deschizi o uşiţă cu ea. Pentru că ştiu această taină, caută să mă prindă domnul Carabas Barabbas.

Burattino ar fi vrut să-i spună bucuros că are cheiţa, dar ca să fie sigur că nu se dă de gol şi nu rosteşte o vorbă, îşi vârî căciuliţa în gură.

Pierrot îl rugă cu lacrimi în ochi să-l ducă la Malvina. Burattino îl făcu să înţeleagă prin semne că nu puteau pleca noaptea, dar că vor pleca dis-de-dimineaţă. Apoi îl obligă pe Pierrot să se ascundă în desişul ce avea tufe cu floricele parfumate şi-i şopti cu o voce stinsă, deoarece avea gura astupată cu căciuliţa:

— Hai, vorbeşte!

— Ei bine, cândva odată, la miezul nopţii vântul şuiera...

— Ai mai spus asta odată...

— Ei bine, eu nu dormeam când am auzit lovituri puternice în fereastră. Domnul Carabas Barabbas a mormăit:

„— Cine o fi pe o astfel de vreme?"

„— Eu sunt, Duremar, vânzătorul de lipitori vindecătoare. Lasă-mă să mă usuc lângă sobă puţin."

Eu îmi doream tare mult să văd cum arată un astfel de om. Am ridicat un colţ al draperiei, mi-am vârât capul în cameră şi l-am văzut pe domnul Carabas Barabbas cum se ridică, îşi calcă pe barbă şi înjurând deschide uşa. În odaie intră un domn înalt, ud leoarcă, cu o faţă mică şi zbârcită. Purta un palton verde, iar la brâu îi atrânau cleşti, ace şi cârlige. Avea cu el o cutie de tablă şi o ploscă. Începu să vorbească în timp ce se înclina de parcă avea şira spinării ruptă:

„— Dacă aveţi dureri de stomac ori de cap, sau dacă vă zvâcnesc urechile, vă pot pune după urechi şase lipitori de cea mai bună calitate."

Domnul Carabas Barabbas mormăi:

„— Nu mă interesează, însă te poţi usca la foc cât vrei."

Duremar se lipi cu spatele de sobă. Din paltonul său verde începură să iasă aburi şi miros de nămol.

„— Nu merge deloc vânzarea de lipitori, zise el. Vă fac un tratament pentru durere de oase, cu lipitori calitate extra, în schimbul unui pahar de vin şi a unei fripturi reci."

„— Nu mă interesează, însă poţi mânca friptură şi bea vin", răspunse Carabas Barabbas.

În timp ce mânca, lui Duremar i se mişca faţa, de parcă era de gumă. După ce se ospătă, ceru să fumeze o lulea:

„— Domnule, aţi fost foarte generos, am mâncat şi băut pe săturate şi de aceea am să vă dezvălui o taină."

Domnul Carabas Barabbas trase din lulea şi zise:

„— În lumea asta doar o taină aş vrea să o aflu, restul valorează cât o ceapă degerată."

„— Dar eu cunosc un secret pe care mi l-a spus broasca ţestoasă Torttila."

Când auzi aceste cuvinte, Carabas Barabbas căscă ochii mari, sări ca ars, se împiedică în barbă, se aruncă către Duremar, îl îmboldi în burtă şi răcni ca un taur:

„— Drăgălaşule Duremar, valorosule Dureman, spune-mi odată, ce ai aflat de la broasca ţestoasă?"

Atunci Duremar începu să povestească:

„— Adunam lipitori într-un iaz murdar lângă Oraşul Proştilor. Îl plăteam pe un om sărman să intre în iaz, iar lipitorile se prindeau pe corpul lui gol. Apoi omul ieşea la mal şi eu adunam lipitorile de pe corpul lui şi iarăşi intra în apă. Când adunasem o cantitate destul de mare, din apă a ieşit un cap de şarpe."

„— Ia aminte, Duremar, mi-a spus capul, ai speriat toate vietăţile din iazul nostru, ne tulburi apa şi nu ne putem odihni după masa de dimineaţă. Când o să termini cu toate acestea?"

„Mi-am dat seama că este o broască ţestoasă şi i-am zis:"

„— După ce voi aduna toate lipitorile din iazul vostru murdar."

„— Eu pot să-ţi ofer o recompensă, dacă laşi iazul în pace şi nu mai treci niciodată pe aici."

„Atunci am început să-i vorbesc urât."

„— Ascultă cufăr plutitor ce eşti, mahalagioaico, ce poţi tu să-mi oferi? Poate carapacea ta, în care-ţi ascunzi trupul. Aş da-o pe niscai bănuţi ca s-o facă pieptănaşi."

„Ţestoasa, de nervoasă ce era, s-a facut verde şi-mi zise:

— Pe fundul iazului este o cheiţă fermecată şi eu cunosc o persoană care ar da orice s-o aibă."

Dar nu termină bine de isprăvit aceste cuvinte şi Carabas Barabbas începu să ţipe cât îl ţinea gura:

„— Era vorba despre mine, de ce nu ai luat cheia drăgălaşule Duremar?"

„— Ei asta-i bună, răspunse Duremar schimonosindu-şi faţa, să dau eu bunătate de lipitori pe o amărâtă de cheiţă." Concret, m-am certat cu ţestoasa, iar ea s-a jurat ridicând o lăbuţă în sus:

„— Mă jur că nimeni nu va primi cheiţa din adâncuri. Totuşi acea persoană care va convinge întreaga populaţie a iazului să mă roage, acela o va primi..."

„Ţinându-şi laba sus, broasca s-a cufundat în apă..."

„— Trebuie să ajung cât mai repede în Ţara Proştilor", zise Carabas Barabbas în timp ce-şi băga barba în buzunar.

Plecă luând cu el pălăria şi un felinar.

Pe drum îşi zise: „Voi face orice să obţin cheiţa: voi zâmbi frumos şi îi voi implora pe toţi locuitorii iazului s-o roage pe ţestoasă să-mi dea mie cheia, le voi promite un milion şi jumătate de muşte de cea mai bună calitate, voi rage ca o vacă în pustietate, voi cârâi ca o găină bolnavă, voi vărsa lacrimi de crocodil. Trebuie să iau cheiţa! Mă voi duce în oraş, voi intra într-o casă şi în cămăruţa de sub scară voi găsi o uşiţă. Voi băga cheiţa în broască şi..."

— Pricepi Burattino, zise Pierrot care stătea pe frunzele uscate, că în acel moment nu mi-am dat seama că ieşisem complet de sub draperie. Domnul Carabas Barrabas mă văzu:

„— Asculţi pe la uşi, nenorocitule! Şi vru să mă arunce în foc, dar norocul meu a fost că s-a împiedicat din nou de barbă şi, răsturnând scaunele, s-a întins pe jos cât e de lung..."

Nici nu îmi mai amintesc bine cum am fugit pe fereastră, ştiu doar că era noapte, vântul şuiera şi ploaia biciuia.

Chair deasupra mea un nor fulgeră şi pentru o clipă se făcu lumină şi i-am putut vedea pe vânzătorul de lipitori şi pe Carabas Barrabas alegând în spatele meu. „S-a zis cu mine", m-am gândit şi m-am ciocnit de ceva moale şi cald. M-am prins cu mâinile de ceva ce părea a fi o pereche de urechi. Era un iepure de culoarea plumbului. De frică, iepurele o rupse la fugă şi astfel fugeam şi eu odată cu el. Şi astfel am străbătut câmpuri, vii şi grădini. Când obosea, iepuraşului îi tremura buza despicată, iar eu îl sărutam pe frunte şi-i şopteam: „Te rog, iepuraş cenuşiu, încă puţin." Şi iepurele suspina şi începea iarăşi să alerge fără o direcţie anume, ba la dreapta, ba la stânga.

Când n-au mai fost nori pe cer şi luna şi-a făcut apariţia, la poalele muntelui am văzut nişte clopotniţe înclinate. Pe drum se vedeau vânzătorul de lipitori şi Carabas Barrabas alegând. Iar iepurele a zis:

„— Gata cu fericirea noastră, se duc în Oraşul Proştilor să angajeze câini poliţişti."

Iepurele a încremenit de frică şi şi-a băgat năsucul între lăbuţe. În zadar l-am rugat, am plâns, ba chiar m-am aşezat în genunchi la picioarele lui, că nimic din toate acestea nu l-au făcut să meargă mai departe. Când au apărut cei doi buldogi, iepurele a început să tremure şi eu de-abia am reuşit să fug spre pădure.

Ce a urmat ştii şi tu, Burattino.

Când Pierrot termină de povestit, Burattino îl întrebă prevăzător:

— Oare unde se află casa şi cămăruţa de sub scară, ce poate fi descuiată cu cheiţa?

— Carabas Barrabas nu a povestit nimic de aceasta. Şi oricum nu putem face nimic fără cheiţa de pe fundul iazului.

— Ce zici de asta? îi ţipă în ureche Burattino. Scoase cheiţa din buzunar şi o plimbă pe sub nasul lui Pierrot:

— Uite-o!

Burattino și Pierrot ajung la Fetița cu părul de culoarea cerului, dar trebuie să fugă de grabă împreună cu aceasta și cățelul Artemon

Când soarele se ridică deasupra culmei stâncoase a muntelui, cei doi ieșiră târșâindu-se de sub tufele cu flori și o luară la fugă peste câmpul prin care liliacul, în urmă cu o noapte, îl dusese pe Burattino de la casa Malvinei.

Pierrot avea o mutră tare haioasă și se grăbea să o vadă pe fetiță.

La fiecare cincisprezece secunde el întrebă:

— Crezi că o să-i facă plăcere când m-o vedea?

— Nu am de unde să știu...

Peste cincisprezece secunde el întrebă iarăși:

— Crezi că o să-i pară rău când m-o vedea?

— Nu am de unde să știu...

În sfârșit văzură căsuța albă care avea desenate pe ferestre soarele, luna și stelele. Coșul casei scotea fum. Deasupra se formase un nor mic ce semăna cu un cap de pisică. Câinele Artemon ridica capul și lătra la norișor. Burattino nu era încântat s-o revadă pe Fetița cu părul de culoarea cerului, dar îi era tare foame și îi mirosea a lapte fiert.

— Dacă fetița vrea să ne educe, atunci o să fugim imediat după ce bem laptele.

Chiar atunci Malvina ieși din casă. Avea într-o mână ibricul cu cacao, iar în cealaltă, coșulețul cu biscuiți. Plânsese, deoarece credea că șobolanii îl mâncaseră pe Burattino. Nici nu se așeză bine la măsuța de păpușă de pe potecuța cu nisip, că albăstrelele începură să se legene, fluturii zburară aidoma unor frunzulițe albe-gălbui și pe cărare apărură cei doi. Malvina făcu ochii atât de mari, că cei doi ar fi putut intra în ei.

Cum o văzu, Pierrot se pierdu cu firea şi începu să îndruge cuvinte fără sens, ce nu mai are rost să le spunem acum. Burattino spuse cu un aer nevinovat:

— Priveşte-l, l-am adus, fă-i educaţie!

Malvina îşi dădu seama că nu visează.

— Oh, ce fericită sunt! zise, dar în clipa următoare adăugă pe un ton sever: mergeţi să vă spălaţi pe mâini, faţă şi dinţi, băieţi. Artemon, arată-le drumul!

— Vezi, zise Burattino, are o fixaţie cu spălatul! Te ucide cu curăţenia asta...

Totuşi, băieţii se spălară. Artemon le perie hainele cu pămătuful din vârful codiţei.

Se aşezară să mănânce. Burattino se murdări cu mâncare pe ambii obraji. Pierrot nu mâncă nimic. El se sătură doar să o privească pe Malvina. Dar fata nu mai putu suporta şi-i spuse:

— De ce te uiţi aşa la mine? Mănâncă liniştit!

— Malvina, răspunse el, nu pot mânca de ceva vreme, tot timpul scriu versuri...

Pe Burattino îl umflă râsul.

Malvina iar făcu ochii mari.

— Dacă e cum spui, atunci recită-ne ceva.

Ea îşi sprijini obrazul în mâna fină şi privi în sus la norul cu chip de pisicuţă. Pierrot începu să recite cu o voce gravă de parcă vorbea din fundul unei fântâni:

Malvina a fugit pe tărâmuri uitate,
Mireasa mea iubită a plecat, din cetate.
De-atunci lacrimile îmi curg şiroaie şi vreau
Să mor degrabă, ori lângă ea să stau!

Nu apucară nici unul să scoată o vorbă, că îşi făcu apariţia pe poteca cu nisip broasca râioasă, care bulbucându-şi ochii, zise:

— Azi-noapte broasca ţestoasă Torttila i-a spus lui Barabbas despre cheiţa de aur...

Malvina ţipă de frică deşi nu înţelegea ce se întâmplă. Pierrot, cu mintea în altă parte, cum sunt toţi poeţii, scoase câteva sunete ciudate. Burattino sări în picioare şi îşi vârî biscuiţi, zahăr şi bomboane în buzunare. Spuse:

— Trebuie să plecăm degrabă. Dacă buldogii poliţişti vin cu Barabas aici, nu mai avem nici o şansă.

Malvina se albi de frică, la fel ca o aripă de fluture. Crezând că moare, Pierrot vărsă deasupra capului ei ibricul de cacao şi rochiţa Malvinei se murdări toată. Artemon care avea grijă de hainele fetiţei, se repezi la Pirrot, îl prinse de guler şi îl scutură până ce acesta îi bolborosi:

— Gata, te rog...

Broasca râioasă fu martoră la toată agitaţia şi spuse din nou:

— Peste un sfert de ceas aici vor sosi Carabas Barabbas şi dulăii poliţişti.

Malvina fugi să-şi schimbe hainele. Pierrot îşi frângea palmele şi vru să se arunce pe spate pe poteca cu nisip. Artemon trăgea după el bagajele. Uşile se izbeau cu putere. Vrăbiile gângureau în tufişuri neliniştite. Rândunelele zburau iute ca vântul şi aproape că loveau pământul. Ca să mai pună şi ea paie pe foc, cucuvaia scotea sunete prelungi şi răsunătoare, sus, în podul casei.

Doar Burattino nu îşi pierdu cumpătul. El aşeză pe spatele câinelui bagajele cu strictul necesar. Deasupra o aşeză pe Malvina ce purta o rochie specială pentru călătorii. Îi spuse lui Pierrot să se prindă de coada câinelui. Iar el se instală în frunte:

— Fiţi calmi! Să mergem!

Şi astfel porniră prin iarba deasă din câmpia netedă, iar la scurt timp din pădure se ivi barba cea lungă a lui Carabas Barabbas. El îşi puse palmele la ochi precum o copertină, pentru a vedea mai bine împrejurimile.

Burattino vrea să afle de la Carabas Barabbas taina cheiței de aur cu orice preț

Cei doi se îndepărtară puţin câte puţin de peşteră.

Cât timp avu loc lupta din câmpie, vânzătorul de lipitori vindecătoare stătuse ascuns, de frică, după o tufă. După ce totul se sfârşi, el aşteptă până ce Artemon şi Burattino nu se mai văzură în iarba deasă, şi numai atunci dezlipi cu multă greutate barba lui Carabas Barabbas de tulpina pinului italian.

— Ce va mai cotonogit băiatul! Va trebui să vă pun la ceafă vreo două duzini de lipitori de cea mai bună calitate, spuse Duremar.

— Mii şi mii de draci! Să mergem degrabă după nemernici! urlă Carabas Barabbas.

Şi plecară amândoi iute pe urmele fugarilor. Dând într-o parte şi-n alta iarba cu mâinile, ei căutau în fiecare tufă şi în toate muşuroaiele.

Văzură chiar fumul focului de lângă rădăcinile pinului bătrân, dar nu le-a trecut prin cap că în acea peşteră au îndrăznit să se ascundă omuleţii de lemn, şi încă să aprindă focul...

— Pe nenorocitul ăsta de Burattino am să-l tai cu briceagul, bucată cu bucată! mormăi Carabas Barabbas.

De frică, fugarii din peşteră se ghemuiră. Ce puteau face acum? Să fugă? Însă Artemon, bandajat peste tot, dormea adânc, deoarece trebuia să doarmă două zeci şi patru de ore ca să i se vindece rănile. Să lase pudelul de unul singur în peşteră? Nici vorbă! Ori trăiau cu toţii, ori mureau cu toţii...

Burattino, Pierrot şi Malvina, stând lipiţi unul de celălalt, vorbiră mult timp. Şi hotărâră să aştepte în peşteră până dimineaţă, să astupe intrarea cu crengi şi, pentru a-i grăbi vindecarea lui Artemon, să-i facă o clismă...

— Totuşi, aş vrea sa aflu de la Carabas Barabbas, unde e uşiţa aceea care se deschide cu cheiţa de aur, spuse Burattino. După uşă se ascunde ceva încântător, ceva extraordinar, şi aceasta ne va aduce probabil mulţi bani de aur.

— Mă tem să rămân fără tine! se tângui Malvina.

— Dar Pierrot?

— Oh!... el ştie numai să facă versuri...

— O voi apăra eu pe Malvina, precum un leu! strigă Pierrot, cu glasul răguşit, ca al animalelor mari de pradă. Nici nu ştiţi de ce sunt în stare!...

— Bravo, Pierrot, de mult trebuia să fii aşa curajos!

Şi Burattino o rupse la fugă pe urmele lui Carabas Barabbas şi ale lui Duremar. Nu după mult timp, îi prinse din urmă.

Directorul teatrului de păpuşi stătea pe malul unui râu, iar Duremar îi punea pe cucui un bandaj din frunze de măcriş.

De departe se auzea cât de tare ghiorăia stomacul gol al lui Carabas Barabbas şi bolboroseala enervantă din stomacul vânzătorului de lipitori.

— Domnule, spuse Duremar, trebuie să mâncăm ceva; căutarea fugarilor poate să dureze până noaptea târziu.

— Aş mânca chiar şi un purcel întreg şi o pereche de răţuşte, răspunse posomorât Carabas Barabbas.

Şi cei doi se îndreptară spre cârciuma „La trei guvizi", a cărei firmă se vedea pe o colină. Dar mai repede decât Carabas Barabbas şi Duremar fugi spre acel loc Burattino, alergând tupilat prin iarbă, ca să nu fie observat.

Lângă uşa cârciumii, Burattino se apropie pe ascuns de un cocoş foarte mare, care, găsind o boabă sau o bucăţică de intestin de pui, îşi scutura fudul creasta roşie, răscolea cu ghearele pământul şi chema găinile la masă:

— Co-co-co!

Burattino îi întinse palma cu firimiturile prăjiturii de migdale.

— Luaţi, domnule comandant-şef!

Cocoşul îi aruncă o privire neîncrezătoare, dar nu putu rezista şi-i ciuguli din palmă.

— Co-co-co!

— Domnule comandant-şef, aş vrea să intru în cârciumă neobservat. Mă voi ascunde după coada dumitale cea colorată şi dumneata vei merge aşa până la sobă. Eşti de acord?

— Co-co-co! întări şi mai fudul cocoşul.

Deşi nu înţelesese nimic, el nu vru să arate că n-a priceput nimic şi se îndreptă plin de sine, spre uşa deschisă a cârciumii. Burattino se acoperi cu aripa şi coada cocoşului şi se strecură în bucătărie, tocmai lângă sobă, unde proprietarul chel al cârciumii se mişca încolo şi-ncoace, învârtind pe foc nişte tigăi şi frigărui.

— Pleacă de aici, fosilă bună de supă ce eşti! strigă proprietarul la cocoş, şi-i trase un şut, încât cocoşul ţipă speriat şi zbură în ogradă lângă găinile speriate.

Burattino trecu printre picioarele proprietarului, care nu-l observă şi se aşeză după un ulcior mare de pământ. Atunci, se auziră glasurile lui Carabas Barabbas şi a lui Duremar.

Plecându-se cu respect, proprietarul cârciumii le ieşi în cale.

Burattino se aruncă în ulcior şi se făcu mic.

....

Ce se afla în spatele uşiţei ascunse

În timp ce Carabas Barabbas se tăvălea ca un nebun şi-şi rupea barba, Burattino cobora pe o scară cu trepte abrupte, din piatră. În urma lui veneau Malvina, Pierrot,

Artemon şi ultimul, tata Carlo. Acesta ţinea în mână o lumânare mică, a cărei flacără plăpândă desena umbre înalte pe pereţi, poate de la capul ciufulit al lui Artemon sau de la mâinile întinse ale lui Pierrot. Lumânarea nu răspândea atâta lumină cât să alunge întunericul în care se afunda scara. Malvina, ca să nu ţipe de frică, îşi ciupea urechile. Cum proceda de obicei în astfel de situaţii, Pierrot bălmăjea versuri:

Nu mi-e teamă chiar deloc
De umbrele de pe pereţi
Chiar dacă scara coboară brusc
Şi suntem în pericol,
Drumul ăsta subteran
Ne va scoate la liman...

Burattino se distanţă de ceilalţi. Moţul căciuliţei albe de-abia se mai zărea în josul scărilor. Pe neaşteptate, acolo jos de tot, ceva foşni, se dădu de-a dura şi se auzi un glas care-i striga:

— Ajutor! Veniţi repede!

Cât ai clipi, Artemon, care uitase de foame şi de răni, trecu de Malvina şi Pierrot ocolindu-i, şi ca o tornadă, năvăli în jos pe scară. Se auzi un chiţăit, apoi linişte totală. Doar inima Malvinei bătea cu putere ca un pendul. O dâră de lumină se zărea undeva jos, pe scări. Flacăra mucului de lumânare pe care îl ţinea tata Carlo păli.

— Priviţi, priviţi odată! strigă cât putu de tare Burattino.

Malvina începu să coboare treptele cu spatele; o urma Pierrot care sărea de pe un picior pe altul. Tata Carlo îşi tot pierdea saboţii, aşa că ajunse ultimul. Acolo jos, unde se terminau treptele, Artemon stătea pe podeaua de piatră şi îşi lingea botul. La picioarele lui zăcea mort şobolanul bătrân Şuşara.

Burattino trase cu amândouă mâinile o bucată de pâslă veche care astupa o gaură din zidul de piatră. Pe acolo pătrundea dâra de lumină galbenă.

Trecură dincolo de spărtura din zid şi văzură razele soarelui ca un mănunchi de flori ce veneau din tavan printr-o fereastră mică rotundă.

În lumina razelor de soare dansau câteva fire de praf, în mijlocul unei încăperi rotunde din marmură galbenă. Acolo văzură un teatru de păpuşi de o frumuseţe ca-n basme.

Cortina decorată cu o linie frântă a unui fulger auriu era încadrată de două turnuri pătrate, pictate astfel încât păreau clădite din cărămizi micuţe. Acoperişurile ascuţite şi subţiate spre vârf, din tablă verde, răspândeau o lumină vie în bătaia soarelui. Turnul din stânga avea un ceas cu limbi de bronz. Pe cadran, în dreptul fiecărei cifre, erau desenate feţe vesele de copii. Turnul din dreapta avea o fereastră cu geamuri frumos colorate. Pe acoperişul de tablă verde, deasupra ferestrei, stătea Greieraşul cu glas de om. Cuprinşi de uimire cu toţii se opriră în faţa încântătorului teatru de păpuşi. Greierele vorbi în şoaptă, dar limpede:

— Eu te-am avertizat, Burattino, că te aşteaptă primejdii înfricoşătoare. Acum totul s-a sfârşit cu bine, dar putea sfârşi prost. Deci...

Vocea greierului înaintat în vârstă tremura uşor pentru că odată fusese lovit cu un ciocan în cap şi, cu toate că era un înţelept, avea o fire blândă şi era nins de ani, nu putu trece cu vederea nedreptatea comisă. De aceea nu mai scoase o vorbă. Mişcându-şi mustăţile ridică tot praful, apoi se retrase într-o crăpătură izolată, departe de foiala din jur.

În acel moment tata Carlo zise:

— Eu mă aşteptam să găsim aici o grămadă de monede de aur sau argint şi, când colo, ne-am pricopsit cu încă o jucărie veche...

Se îndreptă apoi spre ceasul din turnuleţ şi bătu cu unghia în cadran. Observă apoi o cheiţă şi începu să întoarcă ceasul.

Se auzi un tic-tac puternic. Acele se puseră în mişcare. Limba mare se apropia de ora douăsprezece, iar cea mică, de ora şase. Înăuntrul turnului se auzi un sunet şi un foşnet. Ceasul bătu ora şase... Chiar atunci, în turnul drept, se deschise gemuleţul de sticlă colorată şi apăru o păsărică de jucărie care, dând din aripi, cântă de şase ori:

— Hai, veniţi! Hai, veniţi! Hai, veniţi! Hai, veniţi! Hai, veniţi! Hai, veniţi! Păsărica se ascunse, geamul se închise şi începu să cânte o muzică de flaşnetă. Cortina se ridică încet, încet...

Nimeni, nici chiar tata Carlo, nu mai văzuse un aşa decor frumos. Scena prezenta o grădină. În pomişorii cu frunze de aur şi argint cântau nişte grauri de jucărie, de mărimea unghiei, într-un alt pomişor atârnau mere, nici unul mai mare decât un bob de hrişcă. Sub ei se plimbau păuni, care ridicându-se pe vârfuri, ciuguleau merele. În poieniţă doi iezi săreau încolo şi-ncoace şi se împungeau, iar prin aer zburau fluturaşi, care abia dacă-i zăreai.

Aşa trecu un minut. Graurii tăcură, iar păunii şi iezii se ascunseră în culise laterale. Pomişorii se scufundară în nişte găuri ascunse, sub podeaua scenei.

Norii de mătase din fundalul decorului se risipiră. Soarele roşu strălucea desupra deşertului nisipos. Din toate părţile se iviră pe scenă liane ce semănau cu nişte şerpi, pe una chiar atârna un şarpe boa. Pe altă liană se legăna o familie de maimuţe, agăţate de cozi.

Aceasta era Africa!

Animale sălbatice mergeau prin nisipul fierbinte. Un leu cu o coamă mare făcu trei salturi într-o goană nebună. Tuturor le era frică de el, deşi nu depăşea mărimea unui mâţe. Se perindă apoi un urs de pluş cu umbreluţă, care şchiopăta pe labele din spate. Apăru şi un crocodil urât iar ochii lui mincinoşi clipeau cu bunătate. Artemon nu-l crezu şi lătră spre el. Trecu rapid un rinocer care, pentru mai multă siguranţă, purta în cornul lui ascuţit o minge de cauciuc.

Veni şi o girafă care semăna cu o cămilă dungată, dar cu coarne şi cu gâtul lung. Apoi intră pe scenă elefantul, prietenul celor mici, isteţ şi bun, ce-şi învârtea trompa în care ţinea o bomboană de soia.

Ultimul care intră fu un câine sălbatic şi foarte murdar: era şacalul. Artemon se repezi pe scenă şi lătră fioros, iar tata Carlo cu greu îl luă de acolo.

Cum parada animalelor se sfârşise, soarele dispăru şi el. Fără lumină, decorurile se schimbară.

Pe un fond muzical de arcuş pe strune, felinarele opace luminară.

Scena prezenta de astă dată piaţa unui oraş. Uşile locuinţelor se deschiseră şi ieşiră nişte omuleţi care se urcară într-un tramvai de jucărie. Cel care vindea bilete dădu semnalul, vatmanul învârti manivela, un băieţel se agăţă de bara ultimului vagon, poliţistul de la circulaţie fluieră şi tramvaiul o luă pe o stradă laterală printre casele înalte.

Cineva trecu pe o bicicletă cu roţile mari cât o farfurioară de dulceaţă, apoi apăru şi un vânzător de ziare. Ziarele erau cât un sfert de foaie de calendar. Un vânzător de îngheţată împingea prin piaţă căruciorul lui cu marfă. Pe balconaşele caselor nişte fetiţe îi făcură semn cu mâna să se apropie, însă vânzătorul de îngheţată ridică din umeri şi zise:

— S-a terminat totul! Veniţi altă dată.

Apoi cortina decorată cu linia frântă a unui fulger auriu căzu.

Tata Carlo, Malvina, Pierrot parcă se treziră dintr-un vis frumos. Burattino, băgându-şi mâinile în buzunare, ridică nasul şi-şi dădu aere:

— Ei, vedeţi? Efortul meu a fost răsplătit! Nu degeaba am intrat eu in iazul mătuşii Tortilla... În acest teatru vom pune în scenă comedia... Ştiţi despre ce vorbesc? „Cheiţa de aur sau Aventurile lui Burattino". Carabas Barabbas va muri de necaz!

Pierrot îşi descreţi fruntea încruntată frecând-o cu pumnii:

— Voi scrie această comedie în cele mai minunate versuri!

— Eu voi vinde îngheţată şi bilete, spuse Malvina. Însă de veţi considera că sunt talentată, voi interpreta roluri de fetiţe simpatice...

— Opriţi-vă o clipă, copii... dar veţi mai avea timp pentru învăţătură? îi întrerupse tata Carlo.

Toţi răspunseră într-un glas:

— Vom învăţa dimineaţa, iar seara vom juca la teatru...

— De acord, copilaşii mei, spuse tata Carlo; iar eu voi cânta la flaşnetă să-i binedispun pe dragii noştri spectatori. Dacă vom colinda prin mai multe oraşe din Italia, eu voi mâna calul şi voi găti tocăniţa de berbecuţ cu usturoi...

Artemon ascultă, ridică o ureche în sus pentru a auzi mai bine, răsuci capul să-şi vadă amicii şi întrebă făcând ochii mari:

— Şi eu, ce voi face?

Burattino răspunse:

— Artemon va avea în grijă toată recuzita şi costumele, dar va primi şi cheile de la magazie. În timp ce spectacolul se va desfăşura, va putea să imite din culise răgetul leului, tropotitul rinocerului, scrâşnetul dinţilor de crocodil, vuietul vântului – pentru asta trebuie să-şi rotească coada cu mare viteză –, dar şi alte sunete de care este nevoie.

— Dar tu Burattino? întrebară cu toţii. Ce rol ţi-ar plăcea să joci în teatru?

— Nu v-aţi dat seama? Voi juca propriul meu rol şi voi deveni cunoscut în lumea întreagă.

....

Fișă de lucru

Răspundeţi în scris la întrebări:

- Cui îi oferă bătrânul Giuseppe bucata de lemn vorbitoare?
- Cum o numește Carlo pe păpușica de lemn?
- De ce îl lovește Burattino cu ciocanul pe Greierașul cu glas de om?
- Ce se întâmplă cu oul pe care îl vrea păpușa să-l mănânce?
- De ce-și vinde Burattino Abecedarul?
- Cine dezvăluie identitatea păpușii de lemn?
- Câți bani primește Burattino de la Carabas Barabbas?
- De ce hoții îl atârnă de ramurile copacului pe Burattino?
- De către cine este el salvat?
- Ce îi dă Fetița cu părul de culoarea cerului să înghită?
- În ce Țară ajunge Burattino?
- De ce vrea păpușa să afle cu orice preț taina cheiței de aur?
- Ce se află în spatele ușiței ascunse?

LYMAN FRANK BAUM (1856-1919)

Vrăjitorul din Oz – *fragmente* –

Capitolul 1
Uraganul

Micuţa Dorothy locuia într-o zonă de câmpie din Kansas, chiar în inima unei întinderi aride, alături de unchiul ei Henry şi soţia acestuia Em. Locuinţa lor era micuţă pentru că fusese construită din lemn, adus cu greu de la mare distanţă, cu căruţa. Casa avea patru ziduri, o duşumea şi un acoperiş, care alcătuiau o încăpere, unde se găseau o sobă cu o maşină de gătit roasă de rugină, un dulap pentru vase, o masă, câteva scaune şi nişte paturi. Unchiul Henry şi mătuşa Em aveau într-un colţ un pat mare, iar Dorothy avea un pat mai mic în alt colţ. Locuinţa lor nu avea pod, ci numai o săpătură în pământ, pe care o numiseră „beciul pentru uragane". Aici îşi puteau găsi adăpost, dacă s-ar fi pornit vreun vânt puternic şi distrugător. În mijlocul duşumelei se afla o trapă, care ridicată lăsa să se vadă o scară ce cobora spre gaura mică şi lipsită de lumină săpată în pământ.

Atunci când Dorothy stătea pe una din treptele casei şi se uita în jurul ei, vedea doar câmpia aridă care se întindea până departe. Nici un copac şi nici o locuinţă nu întrerupea întinderea cenuşie a câmpiei ce părea că se lipeşte de cer. Din cauza arşiţei, pământul pregătit pentru cultivare devenise o întindere acoperită cu praf, despicată de mici fisuri în pământ.

Iarba nu mai avea culoarea verde pentru că razele soarelui, pârjoliseră vârfurile firelor pe întinderi foarte mari. Locuinţa fetiţei fusese zugrăvită cu ceva timp în urmă, însă soarele uscase foarte tare tencuiala care se cojise şi apoi căzu din cauza ploilor, aşa că avea acum o faţă tristă şi întunecată ca toate lucrurile din jur.

Cu mult timp în urmă, când mătuşa Em sosise pe aceste plaiuri era o tânără drăguţă. Însă acum faţa îi era schimbată din cauza soarelui şi a vântului. Nu mai avea ochii sclipitori ci o privire tristă, roşul obrajilor şi al buzelor era acum un cenuşiu trist. Era slabă şi fără vlagă şi nu surâdea niciodată. Atunci când Dorothy – care deşi îşi pierduse părinţii şi fu nevoită să meargă la unchii ei– râse din toată inima, mătuşa Em tresăltă atât de puternic încât fu la un pas de a ţipa, apoi îşi presa pieptul cu mâna de fiecare dată când auzea vocea plăcută a fetiţei. O privea mereu pe copilă şi se mira cum de găsea mereu câte ceva care să o facă să râdă.

Unchiul Henry era mereu posac. Lucra cât era ziua de lungă şi nu cunoştea ce înseamnă să fii vesel. Nu se remarca prin nimic, barba îi era lungă şi cizmele butucănoase, însă părea un om sever şi serios vorbind arareori.

Cel care îi stârnea râsul fetiţei nelăsând-o să devină şi ea posacă, era Toto, căţeluşul negru cu blana lungă şi moale, cu ochii negri ce scânteiau voioşi şi cu năsucul haios. Cei doi se jucau împreună toată ziua, iar Dorothy îl iubea foarte mult.

Însă astăzi nu se jucau. Unchiul Henry stătea pe o treaptă a casei şi privea în sus, către cerul mai cenuşiu ca altădată. Dorothy ţinea câinele în braţe şi privea şi ea cerul. Mătuşa Em spăla vasele.

Cei doi auziră vuietul blând al vântului dinspre miazănoapte şi văzură cum firele de iarbă se mişcau ca valurile prevestind furtuna ce avea să vină. Brusc, dinspre miazăzi se auzi un zgomot ca şi când ceva spinteca aerul cu iuţeală şi observară cum se răsucea iarba în bătaia vântului.

Unchiul Henry se ridică şi strigă către mătuşa Em:

— Se apropie uraganul Em, mă duc la vite.

Apoi o luă la fugă spre şopronul unde se aflau vitele şi caii. Mătuşa Em se opri din spălatul vaselor şi stătea în pragul uşii. Un fulger o făcu să-şi dea seama imediat că îi păştea un mare necaz.

— Fugi repede în beci Dorothy, strigă către fetiţă.

Toto fugi din braţele fetiţei şi se ascunse sub pat. Îngrozită de frică, mătuşa Em fugi în casă, ridică trapa din mijlocul duşumelei şi coborî scara ce ducea spre „beciul pentru uragane". Dorothy reuşi să-l scoată pe Toto de sub pat şi vru s-o urmeze pe mătuşa ei, însă reuşi să ajungă doar la jumătatea drumului, când, pe neaşteptate auzi urletul înfiorător al vântului, casa se cutremură din toate încheieturile şi copila fu trântită la pământ.

Apoi se petrecu un lucru straniu.

Casa se învârti de câteva ori pe loc, apoi puţin câte puţin se ridică în aer asemeni unui balon.

Vânturile neprielnice dinspre miazăzi şi miazănoapte se întâlniră chiar în locul unde se afla casa, iar acum aceasta devenise centrul uraganului. După cum se ştie, în mijlocul uraganului aerul este mai liniştit, însă forţa cu care acţionaseră vânturile dezlănţuite era foarte mare şi ca urmare casa se ridică sus, cât mai sus, deasupra uraganului, iar apoi fu purtată precum un fulg, la o distanţă foarte mare, de mii de kilometri.

Cu toate că nu se vedea nimic şi vântul şuiera îngrozitor, fetiţei nu-i era frică. Nu se gândea deloc la drumul spiralat pe care-l parcursese casa sau la faptul că era înclinată, se simţea ca şi când ar fi fost un bebeluş legănat.

Cel care era nemulţumit era Toto căci tot alerga agitat prin odaie şi lătra. Dorothy nu se mişcă de pe podea, aşteptând să vadă ce va urma.

Pe neaşteptate, Toto ajunse prea aproape de trapa deschisă şi deodată nu se mai văzu. Pentru o clipă copila crezu că l-a pierdut, însă îi văzu o ureche: forţa puternică a aerului îl împiedica să cadă. Dorothy merse de-a buşilea până la trapă, îl apucă pe Toto de ureche şi-l trase înăuntru, apoi închise trapa ca să nu se întâmple vreo nenorocire.

Timpul se scurgea şi puţin câte puţin Dorothy îşi învinse teama. Însă era singură iar vântul şuiera cu putere de-ţi spărgea timpanele. Nu-i mai era teamă ca la început, fiindcă orele se scurgeau şi nu se întâmplase nimic înfricoşător. De aceea fetiţa aşteptă liniştită să vadă ce se va întâmpla. Merse târâş pe podeaua înclinată până la patul ei şi se întinse pe el. Toto veni lângă ea.

Cu toate că odaia se mişca precum un leagăn, iar vântul şuiera îngrozitor, Dorothy închise ochii şi adormi.

Capitolul 3
Dorothy o eliberează pe Sperietoarea de Ciori

Când Dorothy rămase singură, simţi cum o roade stomacul de foame. Merse la dulapul din bucătărie, îşi tăie o felie de pâine şi-o unse cu unt. După ce-i dădu şi lui Toto puţină pâine, fetiţa merse la pârâiaşul din apropiere şi umplu o găleată cu apă limpede ca de cristal. Toto o rupse la fugă printre copaci şi începu să latre la păsări. Dorothy alergă după el să-l prindă şi văzând fructele coapte ce atârnau pe crengile copacilor rupse câteva, gândindu-se că astfel ar putea să întregească micul ei dejun.

Apoi se întoarse în casă şi îşi potoli setea cu apa rece, îi dădu şi lui Toto, după care începu să facă pregătirile pentru călătoria lungă ce urma s-o facă către Oraşul de Smarald.

Lângă pat, agăţată într-un cui se găsea cea de-a doua rochiţă a lui Dorothy. Era o rochiţă curată, subţire şi în carouri albalbastre. Se cam decolorase de la prea multe spălări, însă tot puteai zice că este frumuşică.

Copila se spălă cu atenţie, se îmbrăcă şi îşi puse pe cap pălăria de soare. Apoi aşeză într-un coşuleţ pâine albă pe care o acoperi cu un şervet. Privi în jos şi observă ce vechi şi uzaţi îi erau pantofiorii.

— Nu aş putea să străbat un drum aşa lung cu pantofiorii ăştia, aşa-i Toto? îl întrebă ea pe căţel. Acesta părea că înţelege spusele stăpânei şi începu să dea din coadă, privind-o cu ochişorii lui negri.

Fetiţa zări pe masă pantofiorii de argint care-i aparţinuseră odată Vrăjitoarei din Răsărit.

— Mi-or fi buni? întrebă ea uitându-se către Toto. Cred că sunt potriviţi pentru un drum lung, căci nu par a se toci uşor.

Şi zicând acestea Dorothy îşi scoase din picioare pantofiorii ei cei vechi şi îi probă pe cei de argint, care parcă ar fi fost croiţi pe măsura ei, aşa de bine se potriveau.

În cele din urmă luă coşuleţul şi-i spuse câinelui:

— Toto, hai să mergem în Oraşul de Smarald să aflăm de la marele Oz cum putem ajunge acasă, în Kansas.

Apoi închise uşa şi puse lacătul, iar cheia o vârî cu grijă în buzunarul rochiţei. Şi porni la drum urmată de căţeluşul ei, Toto.

Şi cum erau mai multe drumuri, fetiţa îl căută pe cel pietruit cu cărămidă galbenă şi se îndreptă astfel spre Oraşul de Smarald. Pantofiorii ei de argint scoteau sunete plăcute când copila păşea pe cărămida galbenă. Soarele dogora, păsărelele ciripeau în triluri fermecătoare, iar Dorothy nu se simţea deloc stingheră în mijlocul acelor tărâmuri necunoscute.

În timp ce mergea, frumuseţile din jurul ei îi atraseră atenţia. Drumul era delimitat de un gard vopsit într-un albastru plăcut care-i încânta privirea, iar pe dincolo de el creşteau lanuri de grâu bogate şi multe legume.

Era clar că mititeii îşi lucrau cu drag şi spor pământul, iar recoltele erau pe măsura muncii lor. Atunci când ajungea în dreptul vreunei case, cu toţii făceau plecăciuni în faţa fetiţei, în semn de mulţumire că a ucis-o pe Vrăjitoarea cea haină şi le-a redat libertatea. Casele aveau o înfăţişare ieşită din comun: toate erau rotunde iar nişte cupole mari şi albastre luaseră locul acoperişurilor. Aici, în Ţara de la Răsărit predomina albastrul pentru că aceasta era culoarea lor preferată.

Întunericul începea să coboare. Dorothy se întreba unde îşi va petrece noaptea, fiind şi puţin obosită din cauza drumului. Numai ce ajunse în faţa unei case puţin mai mare decât cele întâlnite până atunci. Acolo observă că un grup de bărbaţi şi femei dansau pe o pajişte. Cinci violonişti cântau cât puteau ei de tare iar ceilalţi se distrau, râdeau şi dansau cu veselie. Undeva, într-un colţ pe o masă mare se afla o bogăţie de fructe: nuci, struguri parfumaţi cu boabe mari, torturi şi prăjituri delicioase, dar şi alte feluri atrăgătoare.

Omuleţii o primiră cu mare drag pe Dorothy şi o invitară la masă, rugând-o să rămână peste noapte la ei. Acea casă era a celui mai bogat dintre omuleţi, iar acum sărbătoreau eliberarea de sub robia vrăjitoarei cele rele.

Fetiţa mâncă pe săturate, fiind servită chiar de omuleţul cel bogat, pe nume Boq. După ceea copila se aşeză pe o canapea şi-i privi pe dansatori.

Boq văzu pantofiorii fetei şi zise:

— Trebuie să fii o mare vrăjitoare!

— Ce te face să crezi asta? întrebă Dorothy.

— Pentru că porţi pantofii de argint ai Vrăjitoarei cea Rea pe care ai omorât-o, iar rochiţa ta are mult alb cum numai hainele vrăjitoarelor au.

— Dar rochiţa mea are carouri alb-albastre, zise fetiţa întinzându-şi cutele şifonate.

— Drăguţ din partea ta că porţi o rochiţă cu albastru, culoarea noastră preferată! Iar albul este culoarea vrăjitoarelor, deci eşti una din cele prietenoase!

Dorothy rămase mută neştiind ce să mai răspundă. Ea ştia că este doar o biată fetiţă căreia uraganul îi luase casa şi o purtase până aici; însă ceilalţi credeau că este o vrăjitoare.

Când fetiţa obosi să-i mai privească pe dansatori, Boq o invită în casă şi o conduse într-o cameră. Acolo se afla un pat mare cu un aşternut albastru. Copila se culcă şi adormi pe loc până dimineaţa, iar lângă ea dormi şi Toto încolăcit pe pătura albastră.

Mâncă cu poftă micul dejun, apoi privi spre Toto care se juca cu un copilaş. Acesta îl trăgea de coadă pe căţel, ţipa şi râdea. Dorothy se amuza şi ea, mai ales că era pentru prima dată când omuleţii vedeau un câine.

— Cât de departe este Oraşul de Smarald? întrebă Dorothy

— Nu ştiu, răspunse foarte serios Boq, pentru că nu am fost acolo. E de preferat să nu ne apropiem de Oz dacă nu avem nimic de rezolvat cu el. Totuşi, drumul până acolo e foarte lung, multe zile de mers... Aici, la noi e totul foarte frumos, însă mai încolo sunt ţinuturi sălbatice şi locuri periculoase.

Mirată de cele auzite, Dorothy ştia că fără Oz nu ar avea cum să ajungă acasă, de aceea nu renunţă aşa uşor la planul său. Îşi luă rămas bun de la amicii săi şi plecă tot pe drumul pavat cu cărămizi galbene. După un timp se gândi că ar fi bine să se odihnească puţin, aşa că se urcă pe gardul de lângă drum. Peste gard se întindea un lan de grâu ca un ocean. Copila văzu înfiptă în gard o Speritoare de Ciori, al cărei scop era de a alunga păsările din lanurile coapte. Dorothy privi îndelung la Sperietoarea de Ciori. Avea capul făcut dintr-un sac umplut cu paie, iar ochii, nasul şi gura erau desenaţi pe acesta. Pe cap purta o căciulă ţuguiată, probabil fusese cândva a unui omuleţ; restul corpului era îmbrăcat într-un costum foarte uzat şi decolorat, umplut şi el cu paie. În picioare avea cizme cu manşete albastre, ca ale bărbaţilor pitici. Sperietoarea stătea înfiptă într-un par, deasupra lanurilor de grâu.

Tot privind-o, fetiţa observă cum Sperietoarea îi făcu cu ochiul. La început crezu că nu vede bine, căci nu era posibil acest lucru, dar Sperietoarea îi făcu un semn din cap. Atunci Dorothy coborî de pe gard şi se apropie urmată de Toto care lătra pe lângă parul înfipt în pământ.

— Bună dimineaţa, spuse Sperietoarea de Ciori cu o voce uşor răguşită.

— Tu poţi să vorbeşti? întrebă fetiţa mirându-se.

— Normal că eu, cine altcineva? răspunse Sperietoarea de Ciori. Ce mai faci?

— Mulţumesc, foarte bine, răspunse Dorothy politicoasă. Dar tu?

— Eu nu mă simt prea bine, spuse Sperietoarea de Ciori, zâmbindu-i lui Dorothy, pentru că e tare plictisitor să stai zi şi noapte înfipt într-un par şi să sperii păsările.

— Nu poţi să cobori colo? o întrebă Dorothy.

— Nu, pentru că afurisita asta de ţeapă mi-e înfiptă în spinare. Ţi-aş fi recunoascătoare, dacă m-ai scoate din ea.

Dorothy se ridică pe vârfurile picioarelor şi scoase Sperietoarea de Ciori din ţeapă; aceasta fiind umplută cu paie, n-a fost un lucru prea greu.

— Îți mulțumesc foarte mult, îi spuse îndatorată Sperietoarea de Ciori ajunsă pe pământ. Mă simt ca și când aș fi renăscut.

Dorothy rămase pe gânduri, pentru că era straniu să vadă cum cineva împăiat vorbește, se apleacă sau merge.

— Tu cine ești și unde mergi? o întrebă Sperietoarea de Ciori, întinzându-și mâinile și căscând.

— Numele meu e Dorothy, răspunse fetița. Mă duc în Orașul de Smarald să-l rog pe înțeleptul Oz să mă ajute să acasă în Kansas.

— Unde este Orașul de Smarald? întrebă Sperietoarea de Ciori. Și cine este Oz?

— Vai, se poate să nu știi asta!? se miră Dorothy.

— Cum aș putea să știu? Eu nu știu nimic! Sunt împăiată și nu am nici un pic de minte, îi spuse Sperietoarea de Ciori tristă.

— O, sărmana de tine! spuse Dorothy. Îmi pare foarte rău.

— Crezi că dacă vin cu tine în Orașul de Smarald, Oz mi-ar da și mie puțină minte?

— Nu am cum să știu asta, răspunse Dorothy, însă dacă dorești, vino cu mine. La urma urmei, dacă Oz nu-i dispus să-ți dea minte, mai rău ca acum tot n-o să-ți fie.

— Ai dreptate, căzu de acord Sperietoarea de Ciori. Știi, continuă ea ca o prietenă, nu-mi pare rău deloc că am corpul, mâinile și picioarele împăiate, pentru că nu simt nici o durere. Dacă cineva mă calcă pe picior sau înfige un ac în mine, nu-mi pasă, că nu mă doare. Dar îmi pare rău că oamenii mă consideră fără minte, însă dacă am paie în cap și nu creier cum ai tu, nu cred că aș putea să învăț vreodată ceva.

Dorothy o compătimi din toată inima pe Sperietoarea de Ciori.

— Te rog să mă crezi, înţeleg ceea ce simţi, spuse fetiţa. Hai cu mine la Oz şi am să-l rog eu să facă tot ce se poate pentru tine.

— Mulţumesc mult, spuse cu recunoştinţă Sperietoarea de Ciori.

Se întoarseră amândouă pe drum. Dorothy o ajută să treacă gardul şi o porniră pe pavajul din cărămidă galbenă spre Oraşul de Smarald.

La început lui Toto nu i-a plăcut deloc de noul partener de drum. O mirosi din toate direcţiile pe Sperietoarea de Ciori, ca şi când ar fi bănuit existenţa vreunui cuib de şobolani printre paiele ei, ba a şi mârâit de câteva ori la ea.

— Nu te speria, o linişti Dorothy. Toto nu-ţi face nimic.

— Dar nu îmi este frică de ea! spuse Sperietoarea de Ciori. Oricum, chiar dacă mă muşcă, nu păţesc nimic, sunt din paie. Dă-mi coşuleţul să-l duc eu; tot nu ostenesc niciodată. Să-ţi spun un secret, continuă ea, există un singur lucru în lumea asta de care mi-e teamă.

— Despre cine-i vorba? întrebă Dorothy. Fermierul pitic care te-a construit?

— Nu, răspunse Sperietoarea de Ciori. Chibritul aprins!

Capitolul 5
Cum a fost salvat Omul de Tinichea

Când Dorothy deschise ochii, razele soarelui îşi croiau drum prin frunziş, iar Toto alerga de ceva timp după păsărele. Sperietoarea de Ciori stătea în colţul ei şi aştepta ca Dorothy să se trezească.

— Trebuie să mergem după apă, spuse Dorothy.

— La ce ne trebuie? întrebă Sperietoarea de Ciori.

— Mă spăl cu ea pe faţă de praful drumului şi trebuie să şi beau, ca să nu-mi rămână în gât pâinea uscată.

— Trebuie să fie neconfortabil când eşti făcut din carne, reflectă Sperietoarea de Ciori. Să dormi, să mănânci, să bei. Ai în schimb minte, atunci lucrurile se compensează când poţi gândi în voie.

Plecară din colibă şi merseră până la un izvoraş cu apă curată; Dorothy se spălă, bău şi luă micul dejun. Văzu că nu mai rămăsese multă pâine în coşuleţ şi se bucură că Sperietoarea de Ciori nu avea nevoie de hrană, pentru că ceea ce rămăsese abia-i ajungea ei şi lui Toto pentru ziua aceea.

Când să se întoarcă la drumul pavat cu cărămizi galbene, fetiţei îi ajunse la ureche un geamăt adânc, amarnic, uşor perceptibil.

— Ce-a fost asta? întrebă ea speriată.

— Nu-mi dau seama, răspunse Sperietoarea de Ciori. Să mergem să vedem!

Exact în acel moment se mai auzi încă un geamăt şi li se păru că sunetul venea din spatele lor. Se întoarseră şi merseră câţiva paşi prin desişul pădurii; atunci Dorothy observă ceva ce strălucea sub razele soarelui ce pătrundeau prin frunzişul des. Alergă într-acolo şi ţipă.

Un copac mare fusese tăiat pe jumătate; lângă copac era un om făcut din tinichea ce avea o mână ridicată şi ţinea un topor în ea. Deşi capul, mâinile, picioarele îi erau prinse de corp, acesta stătea ţeapăn ca şi cum n-ar fi fost în stare să se mişte.

Dorothy şi Sperietoarea de Ciori îl priviră miraţi, iar Toto îl muşcă de piciorul de tablă, dar, bineînţeles se lovi la dinţi.

— Tu ai gemut? îl întrebă Dorothy.

— Da, răspunse Omul de Tinichea. A trecut un an de când stau şi mă plâng aici, în desişul pădurii, dar până acum nimeni nu mi-a auzit gemetele, nimeni nu a venit să mă ajute.

— Cum aş putea să te ajut? întrebă şoptit Dorothy, mişcată de povestea Omului de Tinichea.

— Trebuie să găseşti o cană cu ulei şi să-mi ungi încheieturile, răspunse el. Sunt atât de ruginit, că nu pot să mă mişc. Dacă-mi ungi bine încheieturile, îmi revin imediat. În coliba mea, pe raft, găseşti o cană cu ulei.

Dorothy alergă spre colibă, găsi cana, reveni în grabă la Omul de Tinichea şi-l întrebă cu îngrijorare:

— Unde sunt încheieturile tale?

— Unge-mă în primul rând la gât, spuse Omul de Tinichea.

Dorothy îl unse, dar, pentru că era înfiorător de ruginit, Sperietoarea de Ciori îi luă capul în mână şi i-l roti uşor până când începu să se mişte lin şi din acel moment Omul de Tinichea putu să şi-l mişte şi singur.

— Acum urmează încheieturile mâinilor, spuse el. Dorothy i le unse, iar Sperietoarea de Ciori începu să i le mişte cu blândeţe, până când articulaţiile îi scăpară complet de rugină, devenind ca noi.

Omului de Tinichea i se luă o piatră de pe inimă, lăsă jos toporul şi-l sprijini de trunchiul copacului.

— Altă viaţă! spuse el satisfăcut. De când am ruginit, stau cu toporul ridicat. Acum mă bucur că, în sfârşit, am putut să-l pun jos. Ei, acum mai trebuie să-mi ungeţi şi picioarele şi-atunci totul va fi în regulă.

I-au uns cu toată atenţia şi picioarele, până când şi acestea i s-au mişcat în voie; Omul de Tinichea le mulţumi din tot sufletul pentru că i-au repus articulaţiile în funcţiune, părând un tip foarte politicos şi recunoscător.

— Aş fi rămas aşa mult şi bine dacă n-aţi fi trecut voi pe aici, repetă el. Categoric, mi-aţi salvat viaţa! Dar pe voi căutaţi pe aici?

— Mergem spre Oraşul de Smarald, ca să ne înfăţişăm marelui Oz, răspunse Dorothy. Am dormit noaptea în coliba ta. .

— Şi ce vreţi să-i cereţi lui Oz? se interesă Omul de Tinichea.

— Vreau să-l rog să mă trimită acasă, în Kansas, iar Sperietoarea de Ciori ar dori să-l roage să-i pună puţină minte în cap.

Omul de Tinichea se gândi mult timp la celor auzite. Apoi spuse:

— Ce crezi, ar putea Oz să-mi dea şi mie o inimă?

— Cred că da, răspunse Dorothy. Nu ar fi cu mult mai complicat decât să-i dea minte Sperietoarei de Ciori.

— De acord cu tine, zise Omul de Tinichea. Dacă nu te împotriveşti aş veni şi eu cu voi în Oraşul de Smarald pentru a-l ruga pe Oz să mă ajute.

— Hai cu noi, spuse Sperietoarea de Ciori pe un ton prietenos, iar Dorothy adăugă că e de acord şi ea. Aşa că Omul de Tinichea îşi puse toporul pe umăr şi porniră la drum cu toţii, prin pădure spre drumul pavat cu cărămizi galbene.

Omul de Tinichea o rugă pe Dorothy să pună în coşuleţul ei şi cana cu ulei:

— Dacă ne prinde vreo ploaie o să ruginesc iarăşi! Îmi va folosi atunci.

Să fi căutat un tovarăş de drum mai bun şi nu ar fi găsit! Curând ajunseră într-un loc unde crengile dese se lăsaseră atât de jos peste drum, că era imposibil să mai facă un pas. Şi Omul de Tinichea se apucă imediat de treabă, eliberă drumul pentru a merge mai departe cu bine cu toţii.

Dorothy se adânci în gânduri şi nici nu observă când Sperietoarea de Ciori călcă pentru a mia oară într-o groapă şi se rostogoli în şanţul de la marginea drumului.

Strigă după ajutor ca Dorothy să se trezească la realitate şi s-o ajute să iasă din şanţ.

— De ce n-ai ocolit groapa? întrebă Omul de Tinichea.

— Fiindcă nu am destulă minte, răspunse amuzată Sperietoarea de Ciori. Ştii, capul meu e umplut cu paie, de aia mă şi duc la Oz, să-i cer un pic de minte.

— Acum mi-e clar şi mie, spuse Omul de Tinichea Cu toate că nu mintea este cel mai de preţ lucru în lumea asta.

— Dar tu ai minte? se interesă Sperietoarea de Ciori.

— Nu, capul meu e complet gol, spuse Omul de tinichea. Am avut şi eu cândva minte, ba chiar şi o inimă; şi pentru că ştiu cum e să le ai pe amândouă, dacă ar fi să aleg, mi-aş alege mai repede o inimă nouă.

— De ce? se interesă Sperietoarea de Ciori.

— O să-ţi povestesc viaţa mea, apoi o să înţelegi totul. Şi în timp ce mergeau prin pădure, Omul de Tinichea le spuse următoarea poveste:

— Tatăl meu a fost tăietor de lemne, tăia copacii din pădure şi apoi vindea lemnele tăiate, astfel îşi câştiga pâinea. Când m-am făcut mare, am devenit şi eu tăietor de lemne, şi după ce a murit tata, i-am purtat de grijă mamei mele bătrâne până la sfârşitul zilelor sale. După moartea mamei, m-am gândit să nu trăiesc singur, ci să mă însor.

Pe atunci am cunoscut o fată de piticuţi care era nespus de frumoasă, astfel că m-am îndrăgostit de ea din toată inima. Fata a fost de acord cu căsătoria noastră imediat ce eu voi câştiga destul de bine, ca să construiesc o casă mai bună pentru noi doi. Aşa că am muncit mai mult ca oricând.

Însă fata locuia la o bătrână care nu dorea ca ea să se căsătorească, pentru că era foarte leneşă. De aceea voia ca fata să-i facă de mâncare şi să trebăluiască prin gospodărie. Cu gândurile acestea ea a mers la Vrăjitoarea cea Rea din Răsărit şi a promis că-i dă doi berbeci şi o văcuţă dacă va împiedica această căsătorie. Astfel că Vrăjitoarea cea Rea din Răsărit mi-a vrăjit toporul şi într-o zi însorită pe când lucram cu spor pentru noua casă, toporul mi-a căzut pe piciorul stâng şi mi l-a tăiat.

Am intrat în panică, ştiut fiind faptul că un şchiop nu-i un tăietor de lemne prea grozav. Aşa că m-am dus la un tinichigiu care mi-a făcut un picior din tablă foarte bun. Acest lucru nu a făcut decât s-o înfurie şi mai tare pe Vrăjitoarea cea Rea din Răsărit. Pe când mă aflam la muncă, toporul mi-a alunecat iarăşi tăindu-mi piciorul drept. Am fost din nou la tinichigiu şi el mi-a făcut alt picior din tablă, foarte bun. Apoi toporul vrăjit mi-a tăiat ambele braţe, însă eu nu m-am lăsat învins şi tinichigiul mi le-a înlocuit şi pe acelea. A urmat apoi capul, care mi-a fost şi el retezat. Am crezut că s-a terminat cu mine, dar tinichigiul cel priceput a trecut la timp pe acolo şi mi-a făcut alt cap, tot din tablă.

Crezând că am biruit-o pe Vrăjitoarea cea Rea din Răsărit, care nu mai avea ce rău să-i mai facă, am lucrat şi mai cu spor. Nu am crezut vreodată că duşmanul cu care aveam de-a face era atât de înverşunat. De data asta toporul mi-a tăiat corpul în două jumătăţi. Am fost ajutat ca de obicei de tinichigiu cu un corp nou, de care mi-a fixat cu articulaţii noi mâinile şi picioarele. Astfel, funcţionam la fel de bine ca şi înainte. Dar nu mai aveam inimă, şi nici sentimente, iar acum mi-era totuna dacă mă mai însuram sau nu. E posibil ca fata de care m-am îndrăgostit odată să trăiască şi astăzi în casa bătrânei şi să mă aştepte.

În bătaia soarelui trupul strălucea şi nu aveam nici o teamă că aş mai putea răni sau tăia cu toporul. Mă păştea doar un singur pericol: acela de a-mi rugini încheieturile; aveam însă mereu cu mine cana cu ulei şi mă ungeam cu grijă ori de câte ori era nevoie. O singură dată am uitat de asta, m-a prins o ploaie mare şi, fără să-mi dau seama, mi-au ruginit toate încheieturile, fiind nevoit să stau în pădure până acum, când m-aţi găsit voi şi m-aţi ajutat.

Mi-a fost foarte greu să trăiesc aşa, dar în timpul anului cât am stat acolo nemişcat, am avut timp să mă gândesc la toată viaţa mea şi mi-am dat seama că, dintre toate, cel mai mult mă durea faptul că nu mai aveam inimă. Cât timp am fost îndrăgostit, eram omul cel mai fericit de pe pământ; dar cine nu are inimă nu poate fi îndrăgostit. De aceea vreau să-i cer o inimă lui Oz, dacă mi-o va dărui, vreau să mă întorc la iubita mea s-o cer de soţie.

Dorothy şi Sperietoarea de Ciori ascultară cu mare atenţie povestea Omul de Tinichea, înţelegând de ce-şi dorea atât de mult să aibă inimă.

— Eu am să-i cer, totuşi, mai degrabă minte lui Oz şi nu inimă, spuse Sperietoarea de Ciori, pentru că cine nu are minte nu ştie nici la ce să-şi folosească inima, chiar de-ar avea-o.

— Eu am să-i cer o inimă, insistă Omul de Tinichea. Căci mintea nu-ţi aduce fericirea or lucrul cel mai de preţ din lume rămâne fericirea.

Fetiţa nu interveni în discuţia lor, pentru că nu ştia cui să-i dea dreptate; dar îşi zise că, odată ajunsă în Kansas, la mătuşa Em, îi va fi indiferent dacă Omul de Tinichea va rămâne fără inimă şi Sperietoarea de Ciori fără minte sau dacă amândoi vor obţine ceea ce îşi doresc.

În acel moment era îngrijorată doar de faptul că pâinea era pe terminate, ajungându-le doar pentru o masă sărăcăcioasă pentru ea şi Toto, nemairămânând nimic în coşuleţ. Este adevărat ca Omul de Tinichea şi Sperietoarea de Ciori nu mâncau niciodată, dar ea, Dorothy, nu era făcută nici din paie, nici din tinichea şi nu putea trăi fără hrană.

Capitolul 6
Leul fricos

Dorothy şi tovarăşii ei de drum înaintau prin hăţişurile pădurii. Deşi drumul era pavat pe mai departe cu cărămizi galbene, totuşi înaintau cu greu din cauza crengilor uscate şi a frunzelor ce căzuseră pe jos.

În partea aceea a pădurii nu prea erau păsări, fiindcă păsările adoră căldura soarelui; totuşi câteodată se auzea un mârâit ameninţător, semn că printre copaci se ascundea, cu siguranţă, o sălbăticiune. Sunetele acelea făceau ca inima fetiţei să bată mai repede, fiindcă nu ştia despre ce animal ar putea fi vorba. Însă Toto ştia şi nu se îndepărta un pas de lângă Dorothy şi nici nu lătra ca de obicei, ca răspuns la acele sunete.

— Mai avem mult timp de mers? îl întrebă fetiţa pe Omul de Tinichea.

— Nu ştiu, n-am fost niciodată în Oraşul de Smarald, veni răspunsul. Dar tatăl meu, când era mic, a fost acolo şi ştiu de la el că drumul este lung şi primejdios, cu toate că locurile ce înconjoară oraşul unde trăieşte Oz sunt foarte frumoase. Eu însă sunt foarte curajos cât timp nu-mi lipseşte cana cu ulei, Sperietoarea de Ciori n-are ce să păţească. Cât despre tine, sunt şi mai liniştit, căci tu porţi pecetea sărutului Vrăjitoarei celei Bune şi nu o să păţeşti nimic rău.

— Dar pe Toto cine îl ocroteşte?

— Noi cu toţii, îi răspunse Omul de Tinichea.

Nici nu termină de isprăvit acele cuvinte, că din inima pădurii un răget cumplit le tăie respiraţia. Un leu imens apăru în faţa lor şi lovindu-o cu o labă pe Sperietoarea de Ciori, o aruncă într-un şanţ, apoi îl înşfăcă cu ghearele pe Omul de Tinichea şi-l trânti pe spate însă fără a-l răni, deoarece ghearele-i ascuţite nu străpunseră tabla.

Toto se avântă şi el în luptă şi sări să-l înfrunte pe leu. Acesta căscă gura să-l muşte, când, Dorothy nerealizând primejdia îl plesni pe leu peste bot şi începu să ţipe:

— Să nu-ţi treacă prin cap să-l ataci pe Toto! Nu ţi-e ruşine? O namilă ca tine vrea să se lupte cu un biet căţeluş?

— Nu i-am făcut nimic, răspunse el în timp ce-şi freca botul cu laba.

— Dar nici nu mai aveai mult! Ştii ce eşti tu? Un mare laş!

— Da, ştiu, răspunse ruşinos leul. Ce să fac?

— Tu ar trebui să ştii, nu eu! Cine a mai pomenit să loveşti o biată Sperietoare de Ciori?

— Chiar e un om împăiat! zise leul cu uimire, în timp ce fetiţa modela formele Sperietorii de Ciori.

— Bineînţeles că e împăiat! Ce, nu vezi?

— Aaa, de-aia a căzut aşa de uşor, constată leul. Mă întrebam cum de s-a dat aşa peste cap... Dar celălalt? Tot din paie?

— Nu, din tablă, zise fetiţa, în timp ce-l ridica pe Omul de Tinichea de pe jos.

— Era să-mi rup ghearele, iar scrâşnetul de pe tinicheaua lui mi-a provocat fiori pe şira spinării. Dar ăsta mic, pentru care m-ai lovit, ce mai e?

— Este Toto, căţeluşul meu.

— E din tablă sau e împăiat?

— Păi, este din carne şi oase...

— E un animal ciudat şi tare mititel! Numai un laş ca mine ar fi putut să-l muşte, continuă leul, cu părere de rău.

— Dar tu ce ai păţit de ai ajuns asa de laş? fu curioasă Dorothy măsurându-l cu privirea.

— Asta nici eu nu ştiu, zise el, cred că aşa m-am născut. Voi cu toţii credeţi că regele pădurii este un curajos. Atunci când mi se aud răgetele, am observat că cei din jur se tem şi o iau la fugă. Aşa că profit şi eu de acest lucru şi atunci când întâlnesc vreun om încep să rag şi îl pun pe fugă. Însă, dacă vreun elefant, tigru sau urs mă provoacă eu sunt cel care o rup la fugă, findcă sunt laş, cu toate că atunci când îmi aud răgetul ei fug mâncând pământul, iar eu îi las să fugă...

— Dar nu e bine deloc! Regele animalelor nu trebuie să fie un laş! constată Sperietoarea de Ciori.

— Da, ştiu, răspunse leul, în timp ce-şi ştergea o lacrimă cu vârful cozii. De aceea sunt eu aşa supărat şi nefericit. Dar ce pot să fac, cum simt primejdia, inima îmi bate de parcă ar vrea să-mi iasă din piept.

— Poate eşti bolnav de inimă, îi spuse Omul de Tinichea.

— Posibil, admise Leul cel laş.

— Totuşi, continuă Omul de Tinichea, ar trebui să fii bucuros că ai inimă. Din păcate, eu nu am aşa ceva, ca urmare nici nu pot să fiu bolnav de inimă.

— Dacă n-aş avea inimă, poate că nu aş fi laş, gândi Leul.

— Dar minte ai? se interesă Sperietoarea de Ciori.

— Cred că am, nu am verificat niciodată.

— Eu mă duc la marele Oz, să îl rog să-mi dea minte, zise Sperietoarea de Ciori, căci capul meu este umplut cu paie.

— Mie îmi trebuie o inimă, spuse Omul de Tinichea.

— Eu aş vrea să-l rog să mă trimită acasă, în Kansas, împreună cu Toto.

— Credeţi că Oz ar putea să-mi dea puţin curaj? întrebă leul.

— Sigur, aşa cum ne-ar da nouă minte sau inimă!

— Sau cum m-ar trimite pe mine acasă!

— Atunci, cu permisiunea voastră, vreau să vin şi eu cu voi! conchise leul, căci viaţa asta lipsită de curaj, mi se pare greu de suportat.

— Te primim cu dragă inimă, zise Dorothy. Astfel, vom fi în siguranţă dacă vom întâlni şi alte animale sălbatice. Cred că sunt şi mai fricoase ca tine, dacă doar văzându-te pe tine ne vor ocoli.

— Da, zise leul, dar eu nu pot deveni mai curajos doar pentru că mă ocolesc animalele, fiindu-le frică de mine. Cât timp sunt laş sunt şi nefericit.

Şi astfel, o porniră cu toţii la drum. La început lui Toto nu-i plăcu noul tovarăş şi nu reuşi să uite că ar fi putut să-şi găsească sfârşitul printre fălcile lui, dar cu timpul uită toate acestea şi se împrieteniră.

În ziua aceea nu se întâmplă nimic neobişnuit. Doar Omul de Tinichea, la un moment dat, călcă pe o gâză şi o strivi. Din cauza aceasta se posomorî, pentru că voia să fie plăcut tuturor, apoi vărsă câteva lacrimi de supărare ce se scurseră în balamaua fălcii care începu să ruginească. Când vru să vorbească cu Dorothy, nu reuşi să deschidă gura, şi începu să facă tot felul de semne, din disperare, însă copila nu-l înţelese. Nici Leul nu-i înţelese necazul. Sperietoarea de Ciori, însă, luă cana cu ulei şi unse locul ruginit, astfel că Omului de Tinichea îi reveni glasul.

— Din această experienţă, pot trage concluzia că trebuie să fiu atent pe unde merg. Dacă se întâmplă să mai calc vreo insectă, din nou aş plânge şi aş rugini.

De atunci mergea cu grijă, verificând mereu drumul şi când vedea vreo furnicuţă o ocolea, ca să n-o strivească. Ştia doar că nu are inimă şi de aceea se străduia faţă de oricine să fie milos, nu crud.

— Cel inimos, obişnuia el să spună, nu face rău nimănui; dar eu cum nu am aşa ceva trebuie să fiu mult mai atent. Desigur, după ce Oz mi-o da o inimă, nu va mai fi nevoie de atâta atenţie.

Fișă de lucru

Răspundeţi în scris la întrebări:

- De ce Dorothy se adăposteşte în „beciul pentru uragane" ?
- Pe cine eliberează fetiţa?
- De cine îi este frică Sperietoarei de Ciori?
- Cum îl ajută Dorothy pe Omul de Tinichea?
- De ce vrea Leul fricos să ajungă în Ţara lui Oz?
- De ce trebuia uns cu ulei Omul de Tinichea?

CUPRINS

Editura Astro a mai publicat:

Sârbu Marcela, Seritan Rodica, Georgescu Florea – *Exerciţii de Limba Română pentru clasele 2-4*

Marcela Sârbu, Monica Grozavu, Adrian Florea – *Matematica. Exerciţii şi probleme pentru clasele 2-4*

Eustaţiu C. Gregorian, Victor Dumitrescu, Nicolae Gheorghiu – *Atlas geografic şcolar*

Florin Vartolomei, Dan Eremia, Cătălin Florin Ionescu – *Atlas şcolar al Uniunii Europene*

Ion Luca Caragiale – *Momente şi schiţe. Nuvele.Teatru*
Mihai Eminescu – *Poezii. Proză*
Ion Creangă – *Poveşti. Povestiri. Amintiri din copilărie*
Vasile Alecsandri – *Dan, căpitan de plai*
George Coşbuc – *Nunta Zamfirei*
Petre Ispirescu - *Basme*
George Topârceanu – *Balada unui greier mic*
Emil Gârleanu – *Din lumea celor care nu cuvântă*
Ioan Slavici – *Mara*
Ioan Slavici – *Basme. Budulea Taichii*
Ioan Slavici – *Moara cu noroc. Popa Tanda*
Octavian Goga - *Doina*
Barbu Ştefănescu Delavrancea – *Pagini alese*
Cezar Petrescu – *Fram ursul polar*
Ştefan Octavian Iosif – *Înşiră-te mărgăritare*
*** – *Fabule româneşti*
*** – *Proverbe, zicători, ghicitori*
*** – *Constituţia României*
Cornel Dănăilă – *Mitomanul şi aruncătoarele de flăcări*

Laura Cotoagă– *Dicţionar român-englez, englez-român*
Ionel V. Anton – *Dicţionar român-francez, francez-român*
Anton Vlad – *Dicţionar român-spaniol, spaniol-român*
Anton A. Nicolae – *Dicţionar român-italian, italian-român*
William Shakespeare - *Romeo şi Julieta*
Edmondo de Amicis – *Cuore, inimă de copil*
Hector Malot – *Singur pe lume*
Hans-Cristian Andersen – *Degeţica*
Fraţii Grimm – *Poveşti*
Aleksei Tolstoi – *Cheiţa de aur sau Aventurile lui Burattino*
Lewis Carroll – *Alice în ţara minunilor*
Lyman Frank Baum – *Vrăjitorul din Oz*
Mark Twain – *Aventurile lui Huckleberry Finn*
Mark Twain – *Aventurile lui Tom Sawyer*
Mark Twain – *Prinţ şi cerşetor*
Johanna Spyri – *Heidi, fetiţa munţilor*
Mircea Sântimbreanu – *Recreaţia mare*
Calistrat Hogaş –*Pe drumuri de munte*
Nicolae Filimon – *Ciocoii vechi şi noi. Ce naşte din pisică şoareci mănâncă*
Costache Negruzzi – *Alexandru Lăpuşneanu*
Alexandru Andrei – *Dicţionar explicativ şcolar*
Emil M. Alexandru – *Dicţionar de sinonime, omonime şi antonime*
Laura-Teodora Rădulescu, Corina Despot, Lisa Despot – *Ghid de conversaţie şi călătorie român-englez*

În colecţia *Poveşti ilustrate*
Editura Astro vă oferă:

Degeţica
Vrăjitorul din Oz
Hänsel şi Gretel
Scufiţa Roşie
Black Beauty
Cartea Junglei
Cei trei muschetari
Jack şi Vrejul de fasole
Alibaba şi cei 40 de hoţi
Călătoriile lui Gulliver
Robinson Crusoe
Vulpoiul şi găina
Frumoasa şi Bestia
Aventurile lui Huckleberry Finn
Pinocchio

Tipografia *SHIK & ŞTEFAN* SRL
Strada N.Drăgan nr. 10, sector 5, Bucureşti